京师比较高等

王英杰 刘宝存◎总主编

INTERNATIONAL COMPARATIVESTUDY ON
INNOVATION AND ENTREPRENEURSHIP EDUCATION SYSTEM
IN COLLEGES AND UNIVERSITIES

高等学校创新创业
教育体系的国际比较研究

黄宇 等◎著

北京师范大学出版集团
BEIJING NORMAL UNIVERSITY PUBLISHING GROUP
北京师范大学出版社

图书在版编目（CIP）数据

高等学校创新创业教育体系的国际比较研究 / 黄宇等著 . —北京：北京师范大学出版社，2022.8
ISBN 978-7-303-26622-7

Ⅰ.①高… Ⅱ.①黄… Ⅲ.①高等学校－创造教育－对比研究－世界 Ⅳ.①G640

中国版本图书馆 CIP 数据核字（2020）第 259868 号

联　系　电　话　010-58807068
北师大出版社教师教育分社微信公众号　京师教师教育

GAODENG XUEXIAO CHUANGXIN CHUANGYE JIAOYU TIXI
DE GUOJI BIJIAO YANJIU

出版发行：北京师范大学出版社　www.bnupg.com
　　　　　北京市西城区新街口外大街 12-3 号
　　　　　邮政编码：100088
印　　刷：北京虎彩文化传播有限公司
经　　销：全国新华书店
开　　本：730 mm×980 mm　1/16
印　　张：13.25
字　　数：212 千字
版　　次：2022 年 8 月第 1 版
印　　次：2022 年 8 月第 1 次印刷
定　　价：58.00 元

策划编辑：鲍红玉　　　　　　责任编辑：鲍红玉　　沈英伦
美术编辑：李向昕　　　　　　装帧设计：李向昕
责任校对：段立超　王志远　　责任印制：马　洁

总 序
FOREWORD

习近平总书记在中国共产党第十九次全国代表大会的报告中明确提出新时代的"三步走"战略目标。从党的十九大到 2020 年，是全面建成小康社会决胜期，全面建成得到人民认可、经得起历史检验的小康社会。从 2020 年到 2035 年，在全面建成小康社会的基础上，再奋斗 15 年，基本实现社会主义现代化。从 2035 年到本世纪中叶，在基本实现现代化的基础上，再奋斗 15 年，把我国建成富强民主文明和谐美丽的社会主义现代化强国。这是我国社会主义现代化建设和民族复兴的宏伟蓝图和总体方略，也是我国各项事业发展的基本依据和最终旨归。

为了贯彻落实党的十九大精神，2019 年 2 月中共中央、国务院印发了《中国教育现代化 2035》，明确提出推进教育现代化的总体目标：到 2020 年，全面实现"十三五"发展目标，教育总体实力和国际影响力显著增强，劳动年龄人口平均受教育年限明显增加，教育现代化取得重要进展，为全面建成小康社会作出重要贡献。在此基础上，再经过 15 年努力，到 2035 年，总体实现教育现代化，迈入教育强国行列，推动我国成为学习大国、人力资源强国和人才强国，为到本世纪中叶建成富强民主文明和谐美丽的社会主义现代化强国奠定坚实基础。2035 年的主要发展目标是：建成服务全民终身学习的现代教育体系、普及有质量的学前教育、实现优质均衡的义务教育、全面普及高中阶段教育、职业教育服务能力显著提升、高等教育竞争力明显提升、残疾儿童少年享有适合的教育、形成全社会共同参与的教育治理新格局。为了推进我国教育现代化，《中国教育现代化 2035》提出了教育改革与发展的八大基本理念：更加注重以德为先，更加注重全面发展，更加注重面向人人，更加注重终身学习，更加注重因材施教，更加注重知行合一，更加注重融合发展，更加注重共建共享。基于上述基本理念，《中国教育现代化 2035》聚焦教育发展的突出问题和薄弱环节，重点部署了面向教育现代化的十大战略任务：一是学习习近平新时代中国特色社会主义思想；二是发展中国特色世界先进水平的优质教育；三是推动各级教育高水平高质量普及；四是实现基本公共教育服务均等化；五是构建服务全民的终身学习体系；六是提升一流人才培养与创新能力；七是建设高素质专业化创新型教师队伍；八是加快信息化时代教育变革；九是开创教育对外开放新格局；十是推进教育治理体系和治理能力现代化。

《中国教育现代化 2035》是我国第一个以教育现代化为主题的中长期战略规划，是新时代推进教育现代化、建设教育强国的纲领性文件。《中国教育现代化 2035》的颁布标志着我国新一轮教育改革的开始。为了实现高等教育的现代化，我国将推动高等教育思想创新，分类建设一批世界一流高等学校，建立完善的高等学校分类发展政策体系，制定多样化的高等教育人才培养质量标准，促进高等教育的共建共享，加强高等学校创新体系和中国特色新型智库建设，打造一支高水平的教师队伍，利用现代技术加快推动人才培养模式改革，扩大和加快高等教育对外开放，完善高等教育治理体系，全面推进教育改革。

　　他山之石，可以攻玉。北京师范大学国际与比较教育研究院是首批入选的教育部人文社会科学重点研究基地之一，几十年来一直围绕世界和我国教育改革与发展的重大理论、政策和实践前沿问题开展比较研究，探索教育发展的规律，把握国际教育发展的趋势，为我国教育改革与发展提供理论支撑。正是基于此，我们在北京师范大学出版社的支持下，在 2011 年组织出版了"京师比较高等教育研究丛书"，取得了良好的社会反响。现在我们再次把基地研究人员近期在比较高等教育领域的研究成果结集出版，希望通过丛书第二辑的出版为我国新一轮高等教育的改革与发展作出一点贡献，同时也对比较教育学科的发展有所帮助。

王英杰

2020 年 10 月

序

创新创业教育对提升国家创新能力，促进政府、社会与大学的相互联系，缓解大学生就业压力具有重要意义。目前，创新创业教育和创新创业大学已经成为许多国家高等教育的重要组成部分，并推动着创业经济的蓬勃发展。相对而言，我国高校创新创业教育起步较晚，目前仍处在探索和快速发展阶段。从实际来看，尽管大学生对创新创业教育的认知度较高，创新创业意愿较高，但是真正选择自主创业的并不多，创业成功率也很低。这折射出我国高校创新创业教育理论和实践研究成果的不足。从国际上看，一些国家在高校创新创业教育方面有着不少成功经验和案例，已形成较为完整而有效的体系，可以为解决我国高校创新创业教育实践中出现的问题提供很好的参考。

自 2017 年起，北京师范大学国际与比较教育研究院组成研究小组，结合实地调研，综合运用比较法、调查法、文献法等研究方法，基于创新创业生态系统生成的视角，比较和分析当今世界一些国际组织和国家的高校创新创业教育体系的组织和管理、课程和教学、训练和实践、教师和人力资源、项目和计划、外部联系和网络、成果转化和激励等因素的形成过程、基本模式和影响因素，总结了高校创新创业教育的基本内涵和主要特点，揭示了高校创新创业教育发展的一般性和特殊性，并在此基础上提出了改革和发展我国高校创新创业教育的对策与建议。

本书基于教育部国别和区域课题"高等学校创新创业教育体系研究"的成果完成，由北京师范大学国际与比较教育研究院的黄宇主持编写。北京师范大学教育学部的研究生和本科生谢燕妮、陈泽、杨舒涵、蒋梦涵、朴仙子、崔慧慧等先后参加了课题研究，付出了宝贵的时间，并提供了大量研究资料。课题结题过程中，北京大学的马万华教授、施晓光教授，北京师范大学的谷贤林教授、林杰教授提出了宝贵意见，对本书助益良多。在此一并致以诚挚的谢意。

创新是国家经济社会发展的动力。在全面加强劳动教育的背景下，高等学校创新创业教育体系的改革和发展更具有重要意义。希望本书能够为读者了解国际上高等学校创新创业教育的有关实践提供有益的参考。

目 录
CONTENTS

一、高校创新创业教育的发展

1998 年 10 月，巴黎召开的世界高等教育大会通过的《21世纪高等教育宣言：展望与行动》提出，"高等学校，必须将创业技能和创业精神作为高等教育的基本目标，为了方便毕业生就业，高等教育应主要关心培养创业技能与主动精神"，使高校毕业生"不仅成为求职者，而且成为工作岗位的创造者"。而我国在 1999 年 6 月颁布的《中共中央　国务院关于深化教育改革，全面推进素质教育的决定》提出，"高等学校要重视和培养大学生的创新、实践能力以及创业精神，普遍提高大学生的人文素养和科学素质"。

进入 21 世纪，国务院在出台的《国家中长期科学和技术发展规划纲要（2006—2020 年）》（以下简称《纲要》）中明确指出，我们比以往任何时候都更加需要紧紧依靠科技进步和创新，带动生产力质的飞跃，以推动经济社会的全面、协调、可持续发展。《纲要》还指出，要把创新创业作为面向未来的重大战略选择，在重要的政策和措施中，实施促进创新创业的金融与教育方针，营造有利于科技创新的社会环境；在人才队伍建设方面，要求充分发挥教育在创新人才培养中的重要作用，构建有利于创新人才成长的文化环境；强调发挥高等院校、科研院所和国家高新技术产业开发区在区域创新体系中的重要作用，增强科技创新对区域经济社会发展的支撑力度；大学应该成为区域创新体系的重要支撑环节，成为国家和地区经济发展、社会进步、科技创新的动力源，成为高新科技成果转移和高新科技产业孵化的重要基地，成为国家和地区创新体系中的思想库、知识库、人才库和成果库，成为激发创新思想、传播创新文化、培养创新人才、营造创新环境的中心。

2015 年 3 月 23 日，《中共中央 国务院关于深化体制机制改革加快实施创新驱动发展战略的若干意见》再次将创新驱动发展提高至国家发展战略的新高度，并确立了"人才、资本、技术、知识自由流动，企业、科研院所、高等学校协同创新"的发展目标。

在政府大力推动创新创业环境建设的大背景下，创新与创业也逐渐成为教育领域中的高频词。2010 年出台的《教育部关于大力推进高等学校创新创业教育和大学生自主创业工作的意见》指出，创新创业教育是适应经济社会和国家发展战略需要而产生的一种教学理念与模式，必须加强创新创业教育课程体系建设与创新创业师资队伍建设。高等学校应广泛开展创新创业实践活动，全面建设创业基地建设，提供多种形式的创业扶持，积极开展创新创业培训。2012 年 3 月，《教育部关于全面提高高等教育质量的若干意见》指出，要把创新创业教育贯穿人才培养的全过程，制定高校创新创业教育基本要求，开发创新创业类课程，纳入学分管理。2015 年，《国务院办公厅关于深化高等学校创新创业教育改革的实施意见》发布，明确了高校创新创业教育的九个任务，为各高校开展创新创业教育指明了清晰的发展道路，并确立了到 2020 年建立健全高校创新创业教育体系、普及创新创业教育的总体目标。

进入 21 世纪后，基于创新的发展模式已经成为推动整个世界经济、科技、社会等发展的最主要动力。创新创业教育、创新产业转型、科技创新等概念高频出现在世界各国的发展纲要或教育政策中。

美国政府近年来始终将创新作为提升美国国家竞争力的核心要素，2009 年发布的《美国创新战略：推动可持续增长和高质量就业》和 2011 年发布的《美国创新战略：确保我们的经济增长和繁荣》两个国家战略报告，都显示出美国将创新上升到国家发展重大战略高度的决心。在创业方面，2012 年，奥巴马政府提出"创业美国"计划，鼓励创新创业，该计划提出了五大领域：扩大创业支持资金行动；加强创业者与创业导师联系行动；减少创业屏障；加速突破性技术创新从实验室到市场的转变；释放医疗、清洁能源和教育等产业的市场机会和行动。政府除明确了公共部门的职责与义务之外，尤其还强调注重整合成功的创业者、风险投资家、大学、基金会等各界力量。① 这为美国青年的创业发展和整个创业文化的推动更新起到了重要的支持作用。2013 年全球创业观察（Global Entrepreneurship Monitor，GEM）的报告显示，在美国有超过 70％的人更倾向于选择创业作为自己的工作，一些经济学家称美国为"创业精神的灯塔"（a beacon of entrepreneurialism），而另外一个关于全球经济水平前二十国家的研究发现，美国具备最有利的创业环境。②

在欧洲，传统的实业强国法国，在推动创新创业教育的进程上毫不落后。1999 年，法国政府颁布《创新与科研法》（Loi sur l'innovation et la recherche），鼓励大学教师、研究员、博士生及技术人员积极参与科技创新，将研究成果转化为生产力；2001 年，为了继续促进"创业"，法国研究与工业部成立了创业教育实践观察站，为大学教师及学生创业进行服务并提供相关资源；2007 年，法国政府实施的《大学自由与责任法》（Loi liberté et responsabilité des universités，LRU）被认为创造了发展创业教育的机遇，而 2009 年教育部发起的"大学生—创业者"计划，则将创业真正引入了高等教育政策领域；2013 年，"国家创新计划"（Le Plan National pour l'Innovation）提出，要在高等教育领域进一步培育创业和创新文化，加强学校与企业的直接合作，推动区域的创新产业发展，培养新时代的法国创新人才。③ 英国也同样如此，早在 20 世纪 80 年代，英国高校就掀起了从"研究型大学"到"创业型大学"演变的第二次学术革命，帝国理工学院、普利茅斯大学、爱丁堡大学、布鲁内尔大学等高校纷纷开始营造创业文化氛围，开设创业教育课程，开展创业实践；21 世纪初期，英国政府发布《全国大学生创业教育黄皮书》（NCGE Yellow Paper，2009）等相关政策文件、调查报告，进一步推动了英国高校创业教育的发展，为创业教育的繁荣提供了根本保证；2012 年 9 月，英国创业教育团体在高等教育质量保障署（Quality Assurance Agency for Higher Education，QAA）的协助下，发表了一篇名为《创业与创业教育》的指导报告。该报告为英国在高

---

① 梅伟惠、陈悦：《美国高校创业教育新纪元："创业美国计划"的出台、实施与特点》，载《高等工程教育研究》，2015(4)。

② Ahzilah W．，Amlus I．& Norashidah B．H．，"The Review of Teaching and Learning on Entrepreneurship Education in Institution of Higer Learning，"*Journal of Technical and Vocational Education*，2017，1(2)，pp. 82-88.

③ 张力玮：《法国创业教育发展历程和政策举措》，载《世界教育信息》，2016，29(9)。

等教育阶段贯彻创新创业素养提供了新的指导，提出创新创业教育的最终目标是产生创业效能，高校应加强创业意识、创业思维和创新能力三部分素养的培养。[①]

近几年来，从全球对创新素养的强调与教育政策的频繁推进中可以看出，世界各国越发重视在教育中推行创新创业能力的培养，中国的创新创业教育也在这样的大趋势中稳健发展。基于我国国家发展战略和高等教育自身发展的长远规划，并伴随着我国经济、社会、科技等各方面的高速发展与知识经济时代的到来，中国的经济发展、科技发展、社会发展的动力源泉都逐渐转向创新驱动。作为培养人才最为关键的高等教育系统，也在创新推进、市场导向越发占据主导的今天迸发出新的生命力，在创新人才的培养、知识与技术的创新以及创新型国家建设中发挥着越来越重要的作用。大学和科研机构也正在逐渐成为知识和科学技术创新的核心部门，成为推动社会和国家发展的关键力量。一方面，传统大学的教学、科学研究和社会服务职能得到了进一步的巩固和扩展，大学教师、研究生、本科生们开始积极参与创新研发，学校与产业界的联系也越来越密切，形成了合作互利的关系，共同致力于技术革新，推进产业进步；另一方面，产业技术创新与产业需求的改革又反过来影响和推动着新知识、新科学技术体系的构建，形成技术创新和知识体系相互反馈、灵活发展的局面，同时这又催生出对高等教育人才培养的新要求与新教育模式的需求。在这样充满生机与挑战的大背景下，大学与创新创业教育组织会发生怎样的行为变革？它们与产业界、政府、社会机构等外界环境会产生怎样的交互？作为创新型人才培养根基的高等教育，要如何建立起更为完善的创新创业教育体系？这些都成为教育研究者们不可忽视的研究课题。

2015年路透社以包括科学网（Web of Science）在内的几大数据库为数据来源，对全球大学的创新性进行了排名，并发布了全球创新型大学排名报告。这一排名遵循的原则是，"真正的创新意味着拥有最可靠的原创研究、创造最有用的技术、产生最显著的经济影响力"。排名指标包括：①科研论文数量；②大学上报专利成果（在世界知识产权组织——WIPO注册）的数量和商业价值；③专利出让率（评估时间内）；④是否已向美国、欧洲和日本专利局申请

---

① 韩建华：《英国高校创业教育研究——以牛津大学赛德商学院创业教育实践为例》，硕士学位论文，河北师范大学，2011。

许可；⑤专利引证率；⑥专利被论文引用率；⑦商业论文引用率；⑧合作作者来源为商业人士的比例。

结果显示斯坦福大学排名第 1，2012 年其校友创立的企业为全球经济创造了 2.7 万亿美元的产值，它的每一项指标均远超第 2 名麻省理工学院和第 3 名哈佛大学。排名进入前 100 的大学中一半位于加拿大、欧洲和亚洲。日本有 9 所，各国中排名第 2；排名前 10 的大学中的韩国科学技术院（KAIST）是唯一不位于美国的大学。欧洲排名最靠前的大学为位于英国、建校于 1907 年的帝国理工学院（第 11 位），也是上榜大学中最"年轻"的一所；比利时鲁汶大学（KU Leuven）排名第 16，建校于 1425 年；剑桥大学排名第 25，建校于 1209 年；瑞士有 3 所大学上榜，如果按人口（800 万）比例计算，瑞士的创新型大学的数量最多。从拥有创新型大学的数量来看，排名前 10 的发达国家分别是瑞士、英国、瑞典、荷兰、美国、芬兰、新加坡、爱尔兰、卢森堡、丹麦，发展中国家包括中国、马来西亚、越南、印度、约旦、肯尼亚、乌干达。从创新型大学的质量来看，创新水平最高的发达国家是美国、英国、日本、德国和瑞士，发展中国家是中国、巴西、印度。

经济合作与发展组织（Organization for Economic Co-operation and Development，OECD）发布的《全球创新政策指数报告（2012）》认为，创新政策是指为研发提供赞助以吸引企业投入研发、建设科技基础设施、科技成果转化基础设施、可持续性创新生态体系，将使全世界受益，因为商业模型和价值链是无法复制的。报告中列举了各国核心政策涉及的领域和权重（见表 0-1），发现各国对科学与研发的权重为 17.5%，和贸易与外资的权重并列第一，说明各国均意识到科学与研发政策对于保持经济活力至关重要。

表 0-1　创新创业核心政策涉及的领域及其权重

核心政策涉及的领域	权重
贸易与外资	17.5%
科学与研发	17.5%
内部市场竞争	15.0%
知识产权	15.0%
数字/信息和通信技术	17.5%
政府采购	10.0%
技术移民	7.5%

发达国家的劳动力成本高，制定科研政策能够不断地为经济提供新鲜的想法并推动商业化发展。而发展中国家制定科研政策能够促进更新更好的技术产生。毋庸置疑，大学承担了一个国家主要的基础研究和早期研究项目，私营企业虽然也搞研发，但往往要考虑效益和成本回收的时间，因此它们不愿意在得不到即时利益的项目上花费时间，相反，大学在这方面的顾虑较少，因为大学会把从政府、企业和产业收入中获取的大量公共研究经费用于基础研究。OECD 报告显示，高等教育科研经费投入较高的国家有奥地利、加拿大、丹麦、芬兰、冰岛、荷兰、瑞典和瑞士，超过本国 GDP 的 0.6%；美国占 0.36%，巴西占 GDP 的 0.43%，而俄罗斯、印度、中国分别占 0.07%、0.04% 和 0.12%，均低于 OECD 国家和欧盟成员国的平均水平。

只有科研成果被转化为商业应用才是对经费的最有效利用，才有助于市场创新。美国 1980 年通过《拜杜法案》(Bayh-Dole Act)的主要目的就是促进大学科研成果的商业化，规定由政府赞助的研发成果可以归属于承担研发的大学。这极大地推进了大学的成果转化工作，研发成果的商业化程度大大提升，企业的技术来源更加丰富。继《拜杜法案》之后，一大批国家模仿出台相关的政策，包括中国、新加坡、韩国、印度、新西兰等。因此，本研究将结合实地调研，综合运用比较法、调查法、文献法等研究方法，从整体的角度，比较和分析当今世界若干典型国家的高校创新创业教育体系的组织和管理、课程和教学、训练和实践、教师和人力资源、项目和计划、外部联系和网络、成果转化和激励等因素的形成过程、基本模式和影响因素，从而总结出高校创新创业教育的基本内涵和主要特点，揭示高校创新创业教育发展的一般性和特殊性，并在此基础上提出改革和发展我国高校创新创业教育的对策与建议。

创新创业教育对提升国家创新能力，促进政府、社会与大学的相互联系，缓解大学生就业压力具有重要意义。目前，创新创业教育和创新创业大学已经成为许多国家高等教育的重要组成部分，并且推动着创业经济的蓬勃发展。相对而言，我国高校创新创业教育起步较晚，仍处在探索和快速发展的阶段。从实际来看，尽管大学生对创新创业教育的认识比较明确，创新创业意愿较强，但是真正选择自主创业的大学生并不多，创业成功率也很低，这反映出我国高校创新创业教育理论和实践研究成果的不足。从国际上看，一些国家在高校创新创业教育方面有着不少的成功经验和案例，已形成较为完整而有效的体系，可以为解决我国高校创新创业教育实践中出现的问题提供很好的参考。因此，从国际比较的角度研究高校创新创业教育的机制、路径和模式，是一个具有重要现实意义的研究课题。

二、创新创业教育及其生态系统

(一)创新创业教育

在大量文献中，创新和创业这两个概念被视作一对密切相关的概念，国内外学者在对其进行关注的同时，也一直在努力探索二者之间的联系，以及其本质上的渗透与融合。比较系统的研究始于 20 世纪 30 年代熊彼得对创新理论的探讨，他认为企业家的职能之一是实现创新，而创业活动则是创造竞争性经济体系的重要力量。他在其创新理论中指出，创新来源于创业，并且应该成为评判创业的标准。① 之后，在对美国社会创业现象的研究基础上，彼得·德鲁克在《创新与创业精神》一书中，分别从创新实践、创业精神的实践、创业型策略等方面对创新与创业的内涵、关系及相互渗透融合等进行了分篇探讨。②

传统意义上，创新教育与创业教育是两种不同的概念。创新教育的核心含义是："以培养创新意识、创新精神、创新思维、创造力或创新人格等创新素质以及创新人才为目的的教育活动。"③"创新教育就是以培养人们创新精神和创新能力为基本价值取向的教育。"④创业教育则由英文"enterprise education"翻译而来，是联合国教科文组织在 1989 年"面向 21 世纪教育发展趋势研讨会"上提出的。大会指出，创业教育从广义上而言，是为了培养具有开拓性的个人。国内学者李时椿等人对"创业教育"的定义是："创业教育体现为以人的综合素质培养与创新能力为核心的广义的创业教育和以创业基本素质与具体创业技能为主要目标的狭义的创业教育的相结合。"⑤

在国际上，创业教育的概念使用更为广泛。研究者普遍认为，"创业"是可以被教育的。⑥ 当代管理学思想奠基者之一彼得·德鲁克曾说过："创业可

---

① [美]熊彼得：《经济发展理论：精华本》，北京，中国商业出版社，2009。

② [美]彼得·德鲁克：《创新与创业精神》，上海，上海人民出版社，2002。

③ 温恒福：《从创新教育走向教育创新》，载《语文建设》，2012(16)。

④ 阎立钦：《关于创新教育的几个问题》，载《创新教育研究与实验》，2001(1)。

⑤ 李时椿、常建坤、杨怡：《大学生创业与高等院校创业教育》，北京，国防工业出版社，2004。

⑥ Gorman G., Hanlon D. & King W., "Some Research Perspectives on Entrepreneurship Education, Enterprise Education and Education for Small Business Management: A Ten-year Literature Review," *International Small Business Journal*, 1997, 15(3), pp. 56-77.

不是魔术，它并不神秘，它与基因无关。它是一门学科，而且就如同任何一门学科一样，创业是可以学习的。"①创业教育最早可追溯到 1876 年经济和农业领域的相关文献，但创业教育作为商学院的一种教育方式开始于 20 世纪 70 年代初。② 到 20 世纪 80 年代初，已经有超过 300 所大学拥有与创业相关的课程，到 20 世纪 90 年代，这一数字增加到了 1000 所以上。③

创业教育在英文中有两种表述，分别是"Entrepreneurship Education"与"Enterprise Education"，即企业家教育与创业教育。在过去，特别是 21 世纪之前各国学者的研究与政策制定者的文件里，这两者很多时候可以互换使用，没有被明确区分。学者阿瑟顿（Atherton）已经意识到有必要在未来的研究语境中区分并确定这两者的概念。④ 为了最大限度地减少混淆的可能性，琼斯（Jones）总结了"企业家教育"与传统意义上的"创业教育"的侧重点，试图就两者的差异进行区分（见表 0-2）。

表 0-2　企业家教育与创业教育的内容与区分

企业家教育	创业教育
如何创业？包括创业的关键流程，如何规划并开办创新企业	积极的学习型教育方法
如何发展和管理企业	在灵活的市场经济中，公民、消费者、雇员或自由职业者所需的知识
提高经营业务所需要的技能与行动	培养个人的技能与行为，以便在不同的工作情况中适应
在商业环境中运用创业技能和知识	在生活中运用创业技巧、行为与特质
自由职业与自营企业相关的知识与技能	企业，特别是小型企业是如何运作的

资料来源：Jones B, Iredale N. Enterprise Education as Pedagogy[J]. Education＋training, 2010, 52(1), pp. 7-19.

---

① Drucker P., *Innovation and Entrepreneurship*, Routledge, 2014.

② Katz J. A., "The Chronology and Intellectual Trajectory of American Entrepreneurship education: 1876-1999,"*Journal of Business Venturing*, 2003, 18(2), pp. 283-300.

③ Solomon G. T., Weaver K. M. & Fernald Jr L. W., "Pedagogical Methods of Teaching Entrepreneurship: An Historical Perspective," *Gaming and Simulation*, 1994, 25 (3), pp. 67-79.

④ Atherton A., "Unbundling Enterprise and Entrepreneurship: from Perceptions and Preconceptions to Concept and Practice,"*The International Journal of Entrepreneurship and Innovation*, 2004, 5(2).

　　通过对比不难发现，创业教育侧重于个人的发展与能力构建，而企业家教育则包含了创业、个人成长和企业管理。但随着世界范围内创业教育的发展，两种术语的界限逐渐被打破，并且人们越来越多地使用"Entrepreneurship"一词来代表更大范围与更为全面的"创业"内涵，而不仅是企业家所需要的知识、技能、意识。因此在21世纪的许多研究与政策文本中，世界各国普遍使用"Entrepreneurship Education"指代创业教育。

　　在实践过程中，创新教育与创业教育的共同性远远大于其差异性。广义而言，两种教育是高度一致的。作为一种新的教育理念，从知行统一观的角度与教育价值的维度，创新教育与创业教育应该是统一的[①]，故应当作为一个统一的范畴进行分析和研究，即创新创业教育。国外高校如麻省理工学院、南洋理工大学也设定了创业与创新（Entrepreneurship and Innovation）硕士专业。托尼·瓦格纳（Tony Wagner）认为，每个创新者并不都是创业者，反之亦然。但是他采访的大多数年轻人都渴望同时成为创新者和创业者，而且不管他们的兴趣领域有何不同，都拥有许多共性。他在访问南洋科技创业中心时，其首席运营官瑞克·泰（Rick Tay）也认为："创新教育与创业教育严格意义而言并不能等同，但是我们在进行教育或文化传播的时候，必须将两者进行结合、共同促进。所谓创业教育，是去培养未来的企业家，但创新意识从始而终都贯穿整个过程，你必须还是一个创新者，无论是科技理工类创新还是社会创新，无论是破坏式创新还是渐进式创新，我们一直强调用创新去驱动你的创业，去引发更大的改变，让区域和世界变得更好。"

　　据此，本研究中对创新创业教育概念的界定为：创新创业教育是创新教育与创业教育的有机结合，是理论与实践的有机结合，重点培养学生的创新思维与开创精神，传授从事创业实践活动所必备的知识、能力与品质，同时注重对人的综合素质培养与个人价值的实现，以培养面向未来的创新创业人才。

（二）创新创业教育生态系统

　　在创新创业教育体系相关问题的研究中，国内外学者们曾提出过不同的理论视角，如在分析大学、产业界、政府三者关系问题中被广泛采用的"三螺旋理论"，强调三方以经济发展需求为纽带，彼此联系，相互作用，很好地解

---

① 张冰、白华：《"高校创新创业教育"概念之辨》，载《高教探索》，2014(3)。

释了在知识资本化过程中高校、产业、政府三者间的复杂关系。①②③ 在传统高校的职能扩展方面，"创业型大学"的相关理论为之在战略转型、知识经济与技术商业化等研究问题上提供了很好的演化视角。④⑤⑥ "区域创新系统"理论则把一定区域内参加技术创新和转化的企业、大学及研究机构、中介服务机构、政府等要素统一起来，关注不同组织、机构、角色在科技创新中的定位及功能问题。⑦⑧⑨

2005 年，美国学者杜恩(Dunn)将生物学中的生态系统的相关理论用于高校创业教育研究，指出麻省理工学院的创业教育已经不再局限于传统学院与家族企业，而是形成由多样化的项目组织共同组成的"创业生态系统"(Entrepreneurship Ecosystem)。⑩ 事实上此研究已经强调了教育在创业生态系统中的重要地位，但仍未扩展出创业教育生态系统的概念。泰勒(Tether)、伊森贝格(Isenberg)等人的研究都发现创业教育作为创业生态系统中的重要因素，在大学—产业—政府三者之间的协同关系以及在知识商业化中起主导作用⑪，并在大学、学生、科学家、企业家和政府等受益于知识溢出的利益方之间形

① 吴敏：《基于三螺旋模型理论的区域创新系统研究》，载《中国科技论坛》，2006(1)。

② 陈红喜：《基于三螺旋理论的政产学研合作模式与机制研究》，载《科技进步与对策》，2009，26(24)。

③ 柳岸：《我国科技成果转化的三螺旋模式研究——以中国科学院为例》，载《科学学研究》，2011，29(8)。

④ 李世超、苏竣：《大学变革的趋势：从研究型大学到创业型大学》，载《科学学研究》，2006(4)。

⑤ 刘林青、夏清华、周潞：《创业型大学的创业生态系统初探：以麻省理工学院为例》，载《高等教育研究》，2009，30(3)。

⑥ 邹晓东、陈汉聪：《创业型大学：概念内涵、组织特征与实践路径》，载《高等工程教育研究》，2011(3)。

⑦ 刘曙光、徐树建：《区域创新系统研究的国际进展综述》，载《中国科技论坛》，2002(5)。

⑧ 范旭、方一兵：《区域创新系统中高校与政府和企业互动的五种典型模式》，载《中国科技论坛》，2004(1)。

⑨ 任胜钢、陈凤梅：《国外区域创新系统研究新进展》，载《外国经济与管理》，2006(4)。

⑩ Dunn K. ，"The Entrepreneurship Ecosystem,"*Technology Review*，2005，(9)。

⑪ Isenberg D. J.，"How to Start an Entrepreneurial Revolution,"*Harvard Business Review*，2010，88(6)。

成了新的框架。①

随着创业生态系统利益相关者的丰富，以及大学、企业、政府对于知识商业化过程越发重视，"创业生态系统"的范畴和组成也在发生着变化。② 奥蒂奥等人（Autio et al.）在 2014 年对"创业生态系统"做出定义，认为创业生态系统是以创业态度、能力、意志的转移为特征，存在于大学与产业界之间动态的、深入的互动系统，这种互动通过创建新企业或技术转移的形式使得各类资源被灵活分配。③ 新的创业生态框架包含了大学、区域文化、资源与信息的流动性、正式和非正式网络、市场规模、管理和知识转移合作的形式、附带利益等，这些共同成为知识商业化的强大渠道。④ 对创业教育和创业生态体系的框架整合给予更多关注的原因是大学教学与研究所带来的附带利益与商品化价值⑤，产生的知识溢出可能作为区域创业的促进因素发挥重要作用⑥，并带来更大范围的企业变革⑦与经济发展⑧。

正是在这样的过程中，传统创业教育的研究者们已经意识到，在考虑大学—产业—政府合作在知识商业化中的作用时，作为承载创业教育职能的教育组织在整个创业生态系统中十分重要，但创业生态系统的理论与研究框架

---

① Tether B. S. & Tajar A., "Beyond Industry-university Links: Sourcing Knowledge for Innovation From Consultants, Private Research Organisations and The Public Science-base,"*Research Policy*，2008，37(6-7).

② Acs Z. J., Audretsch D. B. & Lehmann E. E., "The Knowledge Spillover Theory of Entrepreneurship,"*Small Business Economics*，2013，41(4).

③ Acs Z. J., Autio E. & Szerb L., "National Systems of Entrepreneurship: Measurement Issues and Policy Implications,"*Research Policy*，2014，43(3).

④ Giunta A., Pericoli F. M. & Pierucci E., "University-industry Collaboration in the Biopharmaceuticals: The Ltalian Case,"*The Journal of Technology Transfer*，2016，41(4).

⑤ *The Development of University-based Entrepreneurship Ecosystems: Global Practices*，Edward Elgar Publishing，2010；Markuerkiaga L., Caiazza R., Igartua J. I. et al., "Factors Fostering Students' Spin-off Firm Formation: an Empirical Comparative Study of Universities from North and South Europe"，Journal of Management Development，2016，35(6).

⑥ Caiazza R., Richardson A. & Audretsch D., "Knowledge Effects on Competitiveness: From Firms to Regional Advantage,"*The Journal of Technology Transfer*，2015，40(6).

⑦ Owen-Smith J. & Powell W. W., "Knowledge Networks as Channels and Conduits: The Effects of Spillovers in the Boston Biotechnology Community,"*Organization Science*，2004，15(1).

⑧ Mueller P., "Exploring the Knowledge Filter: How Entrepreneurship and University-industry Relationships Drive Economic Growth,"*Research Policy*，2006，35(10).

无法深入地解决教育问题，或许需要将创业生态系统进一步向教育延伸，那便是创业教育生态系统（Entrepreneurship Education Ecosystem）。

格里（Golley）认为，英国生态学家坦斯利（Tansley）在 1935 年发表的一篇题为《植物学概念与术语的使用与滥用》的文章，第一次提出了"生态系统"这个术语，"生态系统是指由生物成分和自然环境结合成的一个系统，是一个整体的、综合的生态学概念"，坦斯利着重强调了生态系统中生物和非生物成分之间的联系。① 格里还指出，奥德姆（Odum）在《生态学基础》（*Fundamentals of Ecology*）中，进一步将生态系统由一个专门术语转化为更具广泛理论和应用意义的概念。② 此后，在很长一段时间内，克里斯托弗森（Christopherson）对于生态系统的定义被科学界广泛接受："生态系统是一个由所有植物、动物和微生物（生物因素）组成的自然系统，与环境中所有物理因素（非生物因素）一起发挥作用。"③这个概念的核心是，生命有机体不断地与环境中的每一个要素建立关系，它们能够受到一些可控制的干扰（人为干预等），也能受到一些不可控制的干扰（如天气、地质活动等），而且常常存在一个等级或社会秩序（第一级、第二级或第三级消费者等）。描述生态系统的另一种方法是看它们是天然的还是人工的。自然生态系统存在于自然环境中（如河流、池塘、森林），而人工环境在某些方面是由人类改造的（如农场、农作物）。与此同时，生态系统的大小是根据不同语境下所考虑的区域范围而变化的，即其可以界定和讨论的范围各不相同。此外，劳伦斯（Lawrence）将生态系统定义为："不同物种之间相互依存的群落以及它们之间的非生物环境。"④瑞思等人（Reece et al.）将生态系统定义为"生活在特定区域内的所有生物体和它们相互作用的非生物因素的综合"⑤。

早在 2006 年，赖特（Wright）等人就对创业教育生态系统有了初步的概念

---

① Golley F. B., "A History of the Ecosystem Concept in Ecology: More Than the Sum of the Parts,"*Yale University Press*, 1993.

② Odum E. P., "Fundamentals of Ecology,"*WB Saunders Company*, 1959.

③ Christopherson R. W., Geosystems: An Introduction to Physical Geography, 1997.

④ Lawrence E., "Henderson's Dictionary of Biology", Pearson Education, 2008.

⑤ Reece J. B., Urry L. A. & Cain M. L. et al., *Campbell biology*, Boston, Pearson, 2014.

构思，表示创业教育生态系统为多层次协作联系的复杂系统，其中的主要利益相关者(包括大学、企业、地方政府、学生、研究人员等)与多个相关要素共同促进知识的转移与商业化进程①，但当时未引起较大反响。布拉什(Brush)将创业教育生态系统定义为"以大学为基础，以创业课程与研究活动为核心，创业设施、文化、资源等为外围环境，是一个包含个人与组织等多个要素的统一体"②。近年来，创业教育生态系统的思想也传入了国内，国内学者刘海滨则将创业教育生态系统视为创业生态系统的子系统，它是以培养创新创业人才为目标，由高校、政府、企业等多元主体，以及课程、项目、资源、政策等多要素构成的自我调节、可持续发展的育人系统。③

政界与学术界一直密切关注并积极扩大创业教育生态系统的应用范围，旨在促进学术衍生产品，并促进学生与科学家的就业能力④，改善制度框架的知识商业化和学术副产品的创造过程⑤。创业教育生态系统的观点要求利益相关者在各个地区创建更强大的学者和企业家链接，为区域和国家的创业生态系统做出贡献，创业教育者、科学家、企业家和政府则被要求在研究和知识商业化之间建立更强有力的联系。⑥ 里贝罗等人(Ribeiro et al.)则再次针对麻省理工学院的创业教育体系进行了创业教育生态系统视角下的研究，对麻省理工学院的创业教育框架、教师参与、教育方法、创业活动等方面及当下的创业教育框架进行了分析。⑦

---

① Wright M., Lockett A. & Clarysse B. et al., "University Spin-out Companies and Venture Capital," *Research Policy*, 2006, 35(4).

② Brush C. G., "Exploring the Concept of an Entrepreneurship Education Ecosystem, Innovative Pathways for University Entrepreneurship in the 21st Century," *Emerald Group Publishing Limited*, 2014, pp. 25-39.

③ 刘海滨：《高校创业教育生态系统构建策略研究》，载《中国高教研究》，2018(2)。

④ Mustar P., Renault M. & Colombo M. G. et al., "Conceptualising the Heterogeneity of Research-based Spin-offs: A Multi-dimensional Taxonomy", *Research Policy*, 2006, 35(2).

⑤ Caiazza R., Audretsch D. & Volpe T. et al., "Policy and Institutions Facilitating Entrepreneurial Spin-offs: USA, Asia and Europe," *Journal of Entrepreneurship and Public Policy*, 2014, 3(2).

⑥ Audretsch D. B. & Belitski M., "Entrepreneurial Ecosystems In Cities: Establishing the Framework Conditions," *The Journal of Technology Transfer*, 2017, 42(5).

⑦ Ribeiro A. B., Uechi J. N. & Plonski G. A., "Building Builders: Entrepreneurship Education from an Ecosystem Perspective at MIT," *Triple Helix*, 2018, 5(1).

　　基于以上的讨论，本研究试图从生态系统的角度对高等学校创新创业教育体系进行研究，并将创新创业教育生态系统定义为：由参与到创新创业教育过程的多利益方（如高等学校、政府、企业、社会机构等）共同组成，在具备诸多生态学特征的同时，系统中的各组成部分同样存在类似于生态系统中不同等级的角色职能，构成一个内部要素之间相互作用、相互影响的复杂性系统。目前，在高等学校创新创业体系相关问题的研究中，从生态系统的视角开展研究的相关成果并不多。已有研究多数聚焦在代表性高等学校创新创业教育的举措、行为、课程、师资、活动、目标等具体要素上，集中于对具体机构内部环境和活动的梳理，缺乏对外部环境要素和整体视角的系统分析。因此，本研究试图从内部和外部要素联系的综合视角出发，把高等学校创新创业教育体系置于区域的整体生态系统中，对创新创业教育生态的外部环境、内部运行、主要特点和基本模式进行分析，力图展现特定区域内高等学校创新创业教育体系的完整图景。

第一章 欧盟高校创新创业教育体系

一、政策环境

欧盟委员会在 2003 年发布的《欧洲创业绿皮书》(*European Green Paper on Entrepreneurship*)中首次提出创业教育的重要性；2005 年发布的《欧洲小企业行动》(*Small Business Act for Europe*)将具有"创新和创业意识"作为知识社会公民必备的八项能力之一；2012 年的《反思教育交流》(*The Communication on Rethinking Education*)、2013 年发布的《创业行动计划 2020》(*Entrepreneurship Action Plan 2020*)和 2016 年通过的《欧洲新技能议程》(*New Skills Agenda for Europe*)等一系列文件中都不断提到推动创业教育和创业学习，使欧洲大陆形成了良好的创新氛围。

根据欧盟委员会出台的政策分析报告，欧盟成员国可以划分为五组，分别代表五种政策模式和两大类别——上游研发和下游研发(见表 1-1)。

表 1-1　欧盟创新创业政策的不同模式

组别	政策模式	代表国家
1	结构化资助；更注重公立机构科研	波兰、爱尔兰等
2	公立机构科研与企业研发合作模式	德国、芬兰、瑞典和瑞士等
3	研发成果商业化；财政补贴	法国、荷兰和英国等
4	企业研发与创新	比利时、丹麦和挪威等
5	结构化资助；更注重企业研发	斯洛文尼亚、保加利亚等

第一组和第五组主要由新加入欧盟的成员国组成，它们的政策模式是结构化资助(Structual Funds)。第一组包括波兰、爱尔兰等国，第五组包括斯洛文尼亚、保加利亚等国。这种模式主要靠大学和公立科研机构的研发项目驱动，采用研发税收奖励的方式支持企业创新并进行技术升级，对企业研发的投入并不高，未来政策的重点是支持大学等研发机构为企业提供咨询服务以及用产业集群化推动企业创新。第一组的国家更强调发展上游研发，第五组国家注重下游研发。

第二组国家为合作研发模式，即大学等公立研究机构与企业之间开展合作，包括德国、芬兰、瑞典和瑞士等科技水平处于世界前沿的国家。这些国家投入大量资金以搭建学术与产业的创新与技术合作平台，并设立贷款和风投基金。由于企业的研发需求非常低，这些国家并不倾向于使用税收鼓励政策，比如，德国创新政策的重点就是加强合作和集群，很少赞助某些单独的研发项目，也不用税收鼓励政策。

第三组国家的创新政策模式为研发成果商业化和财政补贴，包括法国、荷兰和英国等，它们更喜欢制定诸如税收鼓励这样间接的政策。为了尽可能地使公立研发机构的投资资本化，这些国家为研发投资提供税收补贴，并尽力使研发成果商业化。2008年经济危机发生后，这种政策模式更加明显，在公立研发投入巨大的情况下，成果的可视化有助于发展经济，这种情况在英国尤为明显。

第四组国家的创新政策模式为企业研发与创新(下游研发)，与第二组类似，这组国家的科技水平也处于世界前沿，包括比利时、丹麦和挪威等，这些国家为企业研发投入大量资金，帮助它们进行技术升级。

爱尔兰促进创新的政策

爱尔兰遭受过经济危机的沉重打击，自2009年起用于创新和研究的经费一直在缩减，即便如此，爱尔兰在2010年的创新能力依然强劲，中小企业是主要力量，尤其是外资企业。爱尔兰的政策模式属于结构化资助，其2007—2013年国家发展计划中最大的开支是研究经费，占总开支的56.6%，辅以一系列间接鼓励措施，包括为专利、研发、种子资本和能提高创新意识的项目抵免税收。2008年经济危机发生后，政策倾向于为与市场开发相关的研究提供经费以及加强高等教育机构与产业之间的联系，比如，2010年成立的爱尔兰创新基金，用于为企业提供风投资金，并关注与产业相关的研究项目。爱尔兰对自身的定位是一个拥有高科技产业和服务的国家，它支持跨国公司设立研发中心，其产业结构中的大部分企业都由研发驱动，具有很好的创业环境。未来爱尔兰创新政策将要解决的问题是本土企业的研发水平以及下游商业研发，目前采取的最有效措施是鼓励年轻人选择计算机、科学、工程以及有研发税收减免政策的职业。

荷兰促进创新的政策

荷兰的创新政策模式为商业驱动，最强调非技术创新。自 2006 年起其创新能力增长速度一直保持最快，非科研创新支出大幅增长。其有支持企业研发最重要的基金，用于赞助雇员的工资和社会保险费用。荷兰还为创新型企业、初创企业、羚羊企业(指快速发展的捷足企业和小型技术、服务公司)提供支持，包括为中小企业创业者提供信用保障计划、风投计划、种子基金和成长基金。

二、能力框架

欧盟对创业教育的定义是"帮助人们成为具有责任感和创业精神的个体，使其获得能实现目标的技能、知识和态度"。然而欧盟各国制定本国的政策时参照的创业能力标准各不相同，导致无法对各国开展统一的效果评估。为此，欧盟联合研究中心(Union Joint Research Centre，JRC)于 2015 年 1 月开启了创业能力(EntreComp)研究，以期发展出一套统一的标准，并于 2016 年正式发布创业能力框架(EntreComp Framework)，该框架包括三个能力领域——想法与机会、资源、行动，每个领域又包含五种能力(见图 1-1)。

图 1-1 欧盟创业能力框架

如图 1-1，圆形结构表示每一项能力虽然隶属于一个领域，但并非严格的分类，与其他领域也有所交叉，比如，创新虽然属于想法和机会领域，创造的过程却仍需要资源和行动。欧盟创业能力的概念框架具体内容见表 1-2。

表 1-2　欧盟创业能力的概念框架

领域	能力	内涵	主要观测点
1. 想法与机会	1.1 识别机会	利用想象和能力识别能创造价值的机会	识别、创造和抓住机会；关注挑战；确定需求；分析背景
	1.2 创新	产生创新的和有目的性的想法	好奇心和开放思维；发展想法；定义问题；设计价值；具有创意
	1.3 具有愿景	为未来的目标而工作	想象；战略性地思考；指导行动
	1.4 评估想法	充分利用想法和机会	识别想法的价值；分享和保护想法
	1.5 伦理和可持续地思考	评估想法、机会和行为的结果和影响	有道德的行为；可持续地思考；评估影响；具有责任心
2. 资源	2.1 自我意识和效能感	相信自己、持续发展	明确志向；识别自我优缺点；相信自我的能力；分享未来
	2.2 动机和毅力	保持专注、不放弃	有驱动力；意志坚定；关注潜在动力；有弹性；不放弃
	2.3 调动资源	收集和管理所需的资源	管理物质和非物质资源；负责地使用资源；充分利用时间；获得支持
	2.4 金融和经济素养	寻求融资和经济的诀窍	理解经济和财务概念；预算；寻求资助；理解税收
	2.5 动员他人	激励、吸引他人加入行动	激励与被激励；说服别人；有效沟通；有效使用媒体
3. 行动	3.1 采取主动	主动去做	承担责任；独立工作；采取行动
	3.2 计划与管理	确定优先级、组织计划和后续流程	定义目标；计划与组织；开发可持续的商业机会；定义优先级；监管进程；灵活地适应变化
	3.3 处理不确定性、模糊和风险	在不确定、模糊和有风险的情况下做决策	应对不确定性和模糊性；测算风险；管理风险
	3.4 和他人一起工作	团队合作与沟通	接受多样化(他人的不同)；培养情商；积极地倾听；团队工作；合作工作；扩展人际网络
	3.5 通过经验学习	在做中学	反思；学会学习；从经验中学习

资料来源：欧盟委员会联合中心发布的《创业能力框架》。

三、基本模式

2013 年欧盟发布的《创业行动计划 2020》中提到参与过创业项目和活动的大学毕业生未来成为企业家的比例为 15%～20%，而没有接受过创业教育的毕业生创业的比例仅为 3%～5%，且创业时间比前者落后 255 天。在这一背景下，欧盟 2015 年发布《支持高等教育创业潜能最终报告》（*Supporting the Entrepreneurial Potential of Higher Education*：*Final Report*），又称为 sepHE 报告，该报告的参考框架如图 1-2 所示。

图 1-2 欧盟高校创新创业教育体系

该体系的核心问题是创业教育设计，包含教师如何向目标群体传授知识、创业教育的场地和管理；除了教育，该框架还包含了制度以及社会文化、经济和政治语境的影响，创业教育的最终指向是对社会和经济带来的影响。这项研究挑选了 20 个国家中的 20 所大学进行案例分析，由此我们可以把握欧洲创业教育的整体特点。

(一)总体特征

第一,发展历史不同。一些大学仅开设了 3 年创业教育项目,如立陶宛考纳斯理工大学;一些大学已经运行了几十年,如荷兰鹿特丹大学。

第二,教育范围不同。在创业教育课程和课外实践的设置上,一些大学专设授予学士、硕士和博士学位的专业课程,一些则只开设几门课程。

第三,跨学科性。创业教育已经融合进不同的学科中,尤其是非商业学科。

第四,锚定。从内部来看,创业教育受到了大学管理者、教师和学生的支持;从外部来看,受到了企业家、投资者、科技园等利益相关者的支持。

第五,作为一门新兴学科,创业教育面临着与老牌强势学科竞争人力资源和资金的局面,其实现可持续性发展和扩大化依托于四个要素:教师、大学领导层、强有力的关系网络和成就动机强的学生。教师不必有创业或企业管理的经历,但一定要有激情,学校应储备充足的教师资源;大学领导层的支持尤为重要;强有力的关系网络即邀请商业人士为导师、投资人,为学生提供充足的实践机会;成就动机强的学生是指那些已做好接受挑战的准备并具有创造性的学生。

第六,创业教育驱动力包括内部驱动力(教师、管理者、学生)和外部驱动力(政府、商业、其他),其中教师是最重要的驱动力,其次是管理者、学生和政府,政府扮演的角色包括制定支持性的政策、设立专项基金、专项扶持、实施监管、非正式鼓励等,其他驱动力包括孵化器、加速器、科技园或有重要影响的人物等。

第七,创业教育的阻碍有以下几点。

①学术中立与商业利益的冲突:一些保守人士认为大学内的学术活动不应该染指商业利益,否则违背了科学的中立性和独立性。

②受轻视:一些理工科背景的人士认为创业教育提供的是"软技能"而不是正式的科学知识。

③学科文化差异:经济或商业学科与理工学科的价值观、习惯存在差异。

④同行嫉妒:即使在一些创业教育高度发展的大学中,也存在同事之间、管理人员之间的嫉妒,一些由个人发起的项目获得了大量支持,引发同事或管理人员的不满。

⑤学生对稳定职业的追求:学生对成为企业家并不感兴趣,只想找到稳

定的工作。

(二)正式课程

1. 课程目标群体

主要授课目标群体为学生至博士的学生群体，次要群体为包括教职工、研究者、初创企业管理者在内的非学生群体，20所大学中对各群体的授课比例见图1-3。

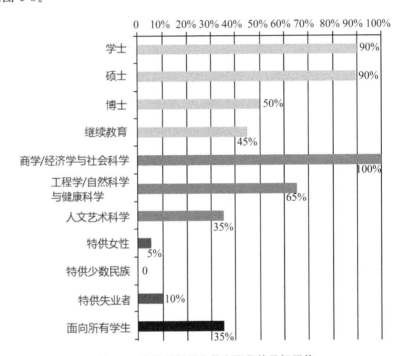

图1-3　欧盟创新创业教育课程的目标群体

2. 课程设计

(1)课程目标

传授与创业有关的理论知识、培养创业技能和竞争力，即关于创业的教学和为了创业的教学。为了创业的教学是指让学生学会像企业家一样思考和行动，懂得如何产生创意并独立成立和运营一个企业，让学生熟悉创业时会遇到的典型问题和解决方案。

不同层次的授课目标群体的课程目标也不相同，比如，科索沃科技大学为大一学生制定的目标是掌握创业管理以及企业家社会角色的基本概念，对大三和大四学生的目标是培养特定的创业能力；哈德斯菲尔德大学（University of Huddersfield）为音乐、人文与传媒学院的学生开设了一门课程，教授新闻专业学生如何发行新杂志；还有一些大学力图为学生提供创业机会，如考纳斯理工大学的创客空间项目，课程的提供方为真实的企业。

（2）课程内容

与创业过程相关的理论，包括：机会识别、机会评估、创业财务、管理市场、管理工具、商业模型、商业计划撰写、公益创业知识、创业研究最新成果、创业实践、本学科领域内的商业知识、个人能力训练等。

3. 教学方法和媒介

①实践教学。包括：教师合作教学（即请客座专家参与）、导师制、案例研究、校外实习或国际实习、校企合作、角色扮演、使用商业模拟软件、翻转课堂。

②媒介。传统媒介与电子媒介并重，但电子媒体并未被广泛使用，剑桥大学使用线上学习平台让学生自我管理学习进度。研究表明，慕课、线上会议、在线学习这样的平台为学生的小组合作与交流提供了便利，而且能提升学生的责任感和自我管理能力。此外，电子媒介能够汇总知识并提供给学生。

4. 创业教育工作者

①校内人员：分为创业教育专职教师和兼职教师，各大学通常在商业与经济学院设立创业中心，并由专职人员任中心主席。荷兰还专门设立公益创业中心；聘任教师的标准是必须取得硕士学位或博士学位。一些大学要求教师熟练掌握商业和创业知识，仅有几所大学有创业经历的要求，对教学能力的要求也是各大学关注的重点。

②校外人员：包括企业家、企业内创业者、经理、风投家、天使投资者、创业咨询与培训讲师等，这些校外人员承担讲座、指导、提供资源、分享经验等工作，一些大学也让他们参与课程设计或全职聘用他们。选拔这些校外人员的标准包括从事信息技术行业、拥有一家企业、由政府推荐、具有丰富的创业经验等，但很多大学也提到这些人员供职时间有限、承诺度低、教学能力弱、无法与课程衔接等问题。

5. 场地和时间保障

创业教育大多在大学里的教室、讲堂、工作室等场所进行，或是配有相关设备的实验室；企业也为创业教育提供了空间，学生定期或长期造访当地企业，以便与企业家们一起工作，企业提供实习机会也是一种方式，这些硬件设施最大限度地保证了学生接触到真实的商业环境；此外，一些大学尝试利用虚拟教室、在线学习的方式把学习空间搬到了网络上。

大学为创业教师安排的课时从数周到几年不等，每年或每两年开设这类课程，每天上课时间视课程长度而定，如若每周上课则每节课为 90～180 分钟；如若连续数天上课则每节课为 4～8 小时；一些大学尝试使用灵活性课表，减少上课的频率，延长每节课的时间，视课程内容和目标确定上课时间；采用在线学习的学生则自我管理学习时间，这消除了学习和休闲之间的界限。值得注意的是，课程的时间安排还取决于外部资金是否充足，有些校外实习课程可能会因赞助方的拖延而取消。

6. 管理体系

（1）校内人员管理

校内人员的选拔需经选拔委员会同意并遵守严格的程序，校内人员还要定期接受评估和培训，培训方式包括讲授、小组学习、工作坊、同辈互助等。

例如，克罗地亚奥西耶克大学（University of Osijek）的员工培训采用"影子"教学法，为新入职员工指定一位有经验的校外教师，通过课堂参观和研讨等方式提升员工能力；另外，为员工安排的培训一般由国际教师在国外授课。

（2）学生扶持管理

学校设有专门部门管理校外合作方对学生的扶持，这些部门也承担着为学生提供指导、资源、场地的工作。

例如，哈德斯菲尔德大学成立创业小组，帮助学生将点子转化为商业实体，并开展一系列活动，向学生普及商业知识。

比利时列日大学（University of Liège）为意图创业的学生设置一种新的学生身份——"学生创业者"，允许他们把创业作为修读学位的一部分，并为他们提供指导、设备、孵化等方面的便利，学生可以申请拥有这一身份的时间为 12 个月，过期后可申请更新。

（3）课程整合管理

课程整合是指将创业类课程整合进学分项目或学位课程中。

例如，荷兰鹿特丹大学开设"创业与新企业创立"和"现代经济中的创业"两门课程作为本科生辅修课。

德国吕内堡大学（University of Lüneburg）在本科生课程中开设的创业课叫作"补充学习"，在商业、经济和教育硕士学位课程中也安排了创业课，在继续教育课程中开设"创新管理"作为取得职业资格证书的必修课。

南丹麦大学(University of Southern Denmark，SDU)首次提出每个专业的课程至少安排一门与创业和创新有关的必修课。

(4)评估管理

学生测评采用纸笔考试、口头陈述、商业报告、学术论文、学习反思记录等形式来评估学生的学习效果，由教师、校外合作者和其他学生担任评估者，是一种正式测评。对学生的非正式测评包括课堂展示、同辈互评等形式，常常邀请校外企业家担任评估者，并对学生的表现做出及时点评和建议。

(三)课外活动

1. 目标群体

课外活动是指商业计划竞赛、创业俱乐部、创业培训等不纳入学分或学位课程的学习项目，参与此类活动的人不一定是学生，也可以是学校教职工或校外利益相关者，比如，大学所在社区的成员，但学生是参与活动的主体，尤以来自社会科学、商业、经济学、工程和自然科学专业的学生最多。活动通常自下而上由学校教职工或校外人员发起，带有营利性质。

2. 活动设计

(1)活动目标

提升学生的创业意识和思维，培养创业能力，提供展示商业想法的平台以及为创业者搭建沟通网络，帮助他们将想法变为商业模型。

(2)活动形式和内容

主要形式有工作坊、讲座、竞赛、俱乐部等。

例如，西班牙瓦伦西亚大学(Valencia University)的 VPSS 项目中，教师以小组的形式帮助学生解决问题，由参与项目的 20～35 位教师开发出模型帮助学生提升创业意识，让他们思考传统之外的问题，保持好奇心、进取心和冒险精神，教师采取户外角色游戏的形式，把学生分成小组以培养他们的相互信任感。校内教师授课无须支付费用，校外教师需支付 400 欧元。

比利时列日大学引入了一种叫作"创业护照"的模式，参与足够数量活动的学生可获得一本护照，参与的活动数越多，获得的积分越多，最后将为每本护照评定金、银、铜三个等级并授予奖励。此举是为了鼓励学生积极参与创业类活动，包括讲座、课程、会议等，同时也是为了感谢他们在活动中付出的精力。对于学生来说，"创业护照"可以为他们以后的创业或就业提供个人能力证明。

（3）方法与媒介

翻转课堂作为一种教学方法，使学生课堂讨论的时间最大化，基础理论和概念由学生在家自行学习；融合式学习是另一种方式，学生在线上平台学习并提交反馈，主要的线上平台包括慕课、moodle（一种课程管理系统）和黑板系统，这种形式还没有被大规模采用，但代表了未来的发展方向。

（4）活动管理

课外活动主要由学校创业部门管理，在那些没有设立专门部门的学校中由对创业教育热心的校内员工管理，管理的内容包括以下几点：①为学生提供的支持，一些学生创业者遇到的最大问题是没有时间和能力兼顾学业和创业，学校为这样的学生开通绿色通道，给予其三个月的时间从事全职创业，同时为他们提供咨询、能力指导和资源筹募服务。②教育质量，校外教师或非创业专业的校内教师需经培训上岗，以保证教学质量。③学生激励，为了使课外活动更具吸引力，首先，学校会向学生说明参与活动可带来的益处，如提升个人技能、拓展人脉、回报社会等；其次，学校为学生设立奖项或基金，鼓励其参与；最后，将课外活动融入学分课程也是一种普遍的做法。

（四）主要制度

1. 组织模式

（1）中心式

中心式由一个中心部门运营、规划并管理创业教育，又叫"磁铁式"，大部分大学采用的是这种模式。该中心部门负责筹集创业资源并充当学校其他对创业感兴趣的人员的联络站。比如，南丹麦大学设立了"IDEA"机构，负责协调全校的创业活动。

（2）辐射式

辐射式又称"雷达式"，几个并列的部门共同领导创业教育，如法国里昂大学。

（3）混合式

混合式是指由一个中心落实创业教育的某些功能，其他功能由一些并列的部门执行，比如瓦伦西亚大学。

2. 管理规章

（1）学校发展战略

多数学校在其制定的年度发展战略中都提及了创业教育，可被视为一种

"软"规定。比如，奥地利林茨大学在《2013—2018 年发展规划》中提出了六大重点发展的领域，其中的"管理与创新"领域包括四个方面，"经济和公共行政中的创业"是其中的一个方面；都柏林大学在其发展目标中明确指出"成为爱尔兰创新和创业者的首要支持者"；德国吕内堡大学认为"创业和经济"是 21 世纪文明社会的七大主题之一，并在其官网上指出，"创业活动本身不是一个终点，除了开发新市场，创业者还创造了社会附加价值"。

(2)法律文件

一些东欧国家的大学专门以法律的形式对创业教育进行限制，阻碍了创业教育发展。比如，斯洛文尼亚卢布尔雅那大学规定学生创业者一旦注册自己的公司就会失去学生的特权，还要以"单独创业者"的身份缴纳额外税款，此外不注册公司就售卖产品也是被禁止的，这些规定大大削弱了学生的创业热情；克罗地亚奥西耶克大学的高等教育法严格限制未取得博士学位的校外人员在大学开设讲座，使创业教育与实践结合变得特别困难。

(3)教师激励

教师激励包括物质激励和非物质激励。对创业教师而言，最重要的是物质激励，就是让他们有机会投资富有潜力的创业项目；非物质激励则更为常见，包括获得继续教育的机会、人脉以及国际交流机会。对校外教师的激励包括讲座酬劳、差旅补贴、社会声誉以及获得未来雇员的机会。

(五)创业教育社会网络

不同的利益相关者在参与欧盟创新创业教育时有不同的形式，具体内容见表1-3。

表1-3　欧盟创新创业教育的社会网络成员

序号	利益相关者	参与方式
1	企业	提供资金支持；组织活动；合作开创项目；提供实习机会；开设讲座或分享会；评估、训练、指导学生；购买服务
2	金融机构	赞助与投资；提供客座讲师、咨询专家
3	服务提供者	提供培训和资金；知识产权审查与专利支持；开设讲座；提供咨询、指导服务
4	孵化器和加速器	提供客座讲师；促进知识交换；建立信息网络；提供资金、指导、商业建议、场地服务；联合举办研讨会、工作坊、会议、项目等

续表

序号	利益相关者	参与方式
5	科技园	为创业者提供工作场所；搭建工作坊网络
6	学生组织	联合举办竞赛、建立人际关系网络
7	盟校	交流经验、开展合作
8	校友	担任讲师、咨询委员会成员、评估者；为学生提供支持

四、经验和启示

欧盟在总体上非常重视创新创业教育。在这些年连续发布的一系列文件中可以看出，推动创业教育和创业学习成为反复强调的主题词。十多年的持续推进，使得欧洲大陆形成了良好的创业教育氛围。从 2015 年路透社发布的《全球创新型大学排名报告》来看，欧盟国家拥有的创新型大学数量多、水平高，对国家经济有显著的积极影响，这也反映出欧盟创新创业教育已经取得了令人瞩目的成效。

研发和创新政策是国家创新体系的核心，也是创新创业教育的关键依托。基于此，欧盟委员会制定了欧盟创新政策工具（Innovation Policy Instrument）如表 1-4 所示，并进行了效果评估和分类。

表 1-4　欧盟创新政策工具

政策目标	政策工具	措施
人才创新技能提升	科研人才支持	授予相关领域的博士学位；鼓励成立科研团队；科研人员专业化发展；开发博士后项目；国际合作
	科研能力教育	提升研究者、企业管理者、学生的创新创业能力；职业教育融入创新和科研元素；企业/大学人员管理创新
科研与技术投资	大学/公立科研机构研发经费	资助基础性研究以及能够解决社会问题的研究
	企业研发经费	资助企业在其产业内的研发
	研发基础设施	建设国家用于研发的基础设施，如通信网络等
	卓越中心	将某一特定领域的人才、商业概念、技术等聚集起来追求该领域的卓越发展

续表

政策目标	政策工具	措施
企业创新能力提升	直接资助	直接资助企业进行产品、市场、服务、管理、工业设计、设备升级、国际化、技术等方面的创新
	资助初创企业	初创企业包括从大型企业内部分离出的企业以及商业想法试运行阶段的企业
	创新网络和平台	为企业、大学和科研机构搭建创新平台
	创新服务	为企业提供创新咨询、培训和国际化服务，搭建中介平台
	创新担保	建立特定的创新担保制度
	孵化器（技术）	建立孵化器
创新系统联动	合作研发项目	鼓励公立/大学/非营利性研究机构与企业合作研发（包括鼓励企业作为投资方）
	集群项目	推动集群化发展和集权化管理
	学术与商业间流动	鼓励企业雇用科研人员；大学引进企业专业人才
	科技转化	建立促进知识与技术相互转化的机制；资助建设技术转化办公室和网络，为中小企业匹配合适的"技术提供者"以解决相似的技术问题
	大学衍生项目	通过专利、授权、培训科研人员、提升意识等方式促进大学科研成果商业化
	科技园	大学或科研机构附近建立科技园，推动科研与市场相结合
创新需求与条件	提升意识	资助能够促进社会认识到创新的重要性的项目，包括研究、调查、成果传播、工作坊、会议、展览、网络、出版物、媒体、风投等
	信息化社会	建设宽带基础设施；提升公民信息技术能力和意识；引入电子管理手段（比如电子医疗卡）
	知识产权保护	支持通过路演、开放日、展览、建设专利信息中心等方式帮助专利、商标、版权、设计权实现商业化
	财政工具	补贴贷款、信用担保、私募基金等形式
	风险投资	支持公共基金投资企业的创新项目
	公共采购	采购未大规模投入市场的创新型产品或服务，并进行一致性测试
	税收优惠	通过税收积分鼓励研发投资，提升创新需求

资料来源：European Union，Lessons from a Decade of Innovation Policy，2013，pp.88-90.

根据政策实施情况，欧盟将其成员国分成 5 种模式。第一种模式主要依靠大学和公立科研机构的项目研发驱动创新，对企业研发的投入不高，政策重点是支持大学等研发机构进行上游创新，同时为企业提供咨询服务以及产业集群化服务。第二种模式鼓励大学等公立研究机构与企业开展合作，投入大量资金搭建学术与产业的创新与技术合作平台。第三种模式强调成果商业化和技术转移，往往通过制定税收鼓励和补贴政策，推动大学和公立研发机构与资本和市场结合。第四种模式致力于投入大量资金帮助企业自主研发和技术升级，而不是依赖高等教育机构开展创新。第五种模式从总体来看企业创新力相对薄弱，比较注重下游科技研发，特点是在应用型的重点项目上向企业投入大量研发资金来促进创新。

欧盟的创新创业教育在课程设置上具有多样化的特点。一些大学仅开设了几年时间，另一些大学已经运行了几十年；一些大学设有从学士到博士的成体系的课程，另一些大学只有数门课程。但从总体上看，欧盟创新创业教育已经广泛地融合进不同的学科尤其是非商业学科之中，形成了跨学科的教育特点。另外，欧盟的创新创业教育在大学内部得到了大学管理者、教师和学生的支持，在大学外部受到了企业家、投资者、科技园等利益相关者的支持。

但是，作为一个新兴领域，创新创业教育面临着与老牌强势学科竞争人力资源和资金的局面，还受到侵蚀大学学术中立的指责。一些人士认为创新创业教育提供的是"软技能"而不是"正经的"科学知识，不符合大学的理念。另外，创新创业教育具有跨越文理、联通商界的特点，相关方涉及不同学科，其中的价值观和思考习惯存在很大差异，有时甚至难以调和。一些研究还指出，同行嫉妒的危害在创新创业教育中亦不可忽视。一些由个人发起的项目获得了大量支持，从而引发同事或管理人员的不满甚至抵制。学生的意愿也值得创新创业教育的设计者们认真对待。在大多数情况下，学生对成为企业家并不感兴趣，而只是想找到一份稳定的工作。

欧盟的经验揭示了创新创业教育持续发展和扩大化所依靠的基本要素，即教师、大学领导层、强有力的关系网络和成就动机强的学生。此外，从宏观层面来看，创新创业教育的驱动力包括内部驱动力（教师、管理者、学生）和外部驱动力（政府、企业、其他驱动力），其中教师是最重要的驱动力，其次是管理者、学生和政府，其他驱动力则来自孵化器、加速器、科技园或有重要影响力的人物等。另外，欧盟创新创业教育的政策工具比较成熟，并且形成了有效的组合模式，具有很好的借鉴价值。总的来看，欧洲大学创业教育形式多样，不断推动创业教育有热情的教师和管理者的发展，学生对创业越来越感兴趣，一所大学的教育政策、结构、资源、组织文化是营造创业氛围最重要的因素，未来还面临着资源有限、创业思维不足等问题，创业生态系统的构建需要教师、学生、管理者及其他社会利益相关者的共同参与。

第二章 美国高校创新创业教育体系

一、政策环境

(一)政策环境

20世纪70年代，美国经济衰退，创业者面临极大的压力和挑战。而随着硅谷的崛起和微软的出现，一些大学开始涌起创新和创业的风潮，使得大学创业教育的需求大增，许多学校纷纷创办创新创业教育，才有了现在的发展。可以看到，这种创新创业精神一直深深植根于美国的历史与文化之中，从国家建立，不断探索生存之路，到逐渐稳定，靠的是一群富有进取精神的冒险家不断寻求新的机会和突破。

2013年的全球创业观察（GEM）调查显示，当下有超过70％的人更倾向于选择创业。美国有世界上最有利的创业环境，这种相对优势主要来源于几个方面：文化方面，历史上的美国就一直被认为是"机会的土地"，创新创业的文化已形成了一种积极的模式。立法方面，美国有关专利、产权、劳动力以及破产等相关的法律制定与保障都促进了商业的加速形成以及动态发展市场方面，美国有活跃的经济市场，包括稳定的投资资源，众多风险投资家，天使投资机构，以及众筹市场等。美国拥有一批更加"冒险"的消费者，他们更愿意尝试新的产品支持本国的创业者。美国也有积极参与的学术机构。美国高校在创业发展中扮演着十分重要的角色，美国高校积极地联系社会，共同促进创业生态系统的建设，并很快集中于创业教育部分。①

(二)政策支持与法律保障

美国政府注重创新创业体系的顶层设计，先后出台了多项相关的政策与法律。

1. 美国创新战略

美国政府先后发布并更新"美国创新战略"，为创新创业的发展提供了坚实的政策基础。2015年，美国再次更新"创新战略"，指出联邦政府在投资基础创新领域、鼓励私人部门创新和培养更多创新人才方面应发挥更重要的作用，政府将为实现上述目标采取了三项战略举措：创造高质量就业岗位和长期稳定的经济增长，推动国家重点创新领域取得突破以及建设创新型政府。尤其提到要培养更多的创新人才，这对于高校创新创业教育既提出了新的挑战，也带来了发展的机会。

2. "创业美国"计划

2012年，奥巴马政府提出"创业美国"计划，鼓励创新创业。该计划涉及五大领域：扩大创业支持资金行动；加强创业者与创业导师联系行动；减少创业屏障；加速突破性技术创新从实验室到市场的转变；释放医疗、清洁能源和教育等产业的市场机会和行动。除明确公共部门的职责与义务外，奥巴马政府还强调注重整合成功的创业者、风险投资家、大学、基金会等各界力量②，为美国青年的创业发展和整个创业文化的推动更新起到了重要的支持作用。

3. 创业及产权保护等法律的出台

20世纪中叶起美国颁布了一系列的法律、法规，保护中小企业的利益，如《小企业创新发展法案》。另外，1980年，《拜杜法案》的颁布对研发者的权益进行了充分保护，激励了研发成果向产业界流动，带动了科技成果的产业化，对创业教育与创业活动的开展起到了推动作用。

---

① Ahzilah Wahid, Amlus Ibrahim & Norashidah Binti Hashim, "The Review of Teaching and Learning on Entrepreneurship Education in Institution of Higer Learning," *Journal of Technical and Vocational Education*, 2017, 1(2), pp. 82-88.

② 梅伟惠、陈悦：《美国高校创业教育新纪元："创业美国计划"的出台、实施与特点》，载《高等工程教育研究》，2015(4)。

(三)高校在创新创业教育中发挥主要角色

美国高校主要从以下几个层面开展创新创业教育。

1. 创新创业课程的实施与发展

美国创新创业课程经过长时间以来的实施与发展，已形成了比较成熟的体系，课程已完整涵盖了理论与实践等多个方面。这些课程离不开高校对创业发展的重视，离不开专业教师对课程开发所付出的努力。以斯坦福大学为例，创业基础理论课程主要由商学院及其下设的创业研究中心开设，主要包括创业基础类课程、金融类选修课程、市场与运营类选修课等类型；在实践课程方面，斯坦福大学设立了创业工作室，给学生提供创业实践的平台，并为学生提供到新创企业实习的机会，提供更直接生动的创业体验。

2. 优秀的师资与强大的校友力量

高校由于拥有在学术领域具有威望的学者，因此在创业教育上占有得天独厚的优势，一些培养出的学生成为出色的企业家，再吸引优秀的校友力量来促进高校的创业教育，真正形成了创业教育的良性循环。以 MIT 为例。MIT 一直以来就有创新创业的传统学院氛围，其历史和独有的文化构成了MIT 的创业生态系统。MIT 的创业教育充分利用了自己强大的校友资源，开展了许多形式的教育活动，包括校友研讨会、创业论坛等。

(1)校友研讨会

MIT 的校友研讨会成立于 1969 年，由 MIT 校友协会组织的一小部分志愿团体组建了这个项目，目的是吸引至少 30 位 MIT 的老校友来共同完成周末授课的一门课程——"开始并建立属于你的公司"。这门课程包括组织、财务、影响，以及相关法律知识。之后该项目不断发展，美国的 8 个城市都开展了此类研讨会项目，超过 3000 名 MIT 的校友参会。据了解，这是 MIT 促进创业活动的首次努力。

(2)MIT 创业论坛

MIT 另一个影响深远的举措则是纽约 MIT 创业咨询所的建立，一直到现在，创业咨询所坚持邀请 MIT 校友来为新创业家们提供创业相关的建议和反馈。经过不断的发展，1982 年，创业论坛的剑桥分支的校友们组织了首次正式的创业课程——"开始并运营一家高科技公司"。

(3)创业中心(The MIT Entrepreneurship Center)

1990 年，爱德华·罗伯茨(Edward Roberts)教授建议组成 MIT 创业项目，目的是对创立高科技企业感兴趣的人提供教育和资源。尽管最初设立在管理学院，但创业项目的首要任务是联系 MIT 的其他 4 个学院，尤其是将以商业为主导的学生与科学技术专业的学生联系起来。同时，与其他大学的创业课程不同，创业中心更加强调 MIT"Mens et Manus"的传统，强调"手脑并用"，而其他大学多依赖于企业家和投资者的经验分享为主。创业中心不仅仅追求成功经验的知识性分享，更强调将这种知识运用于实践。因此，罗伯茨提出了一种"双轨制"的教职人员制度，将研究创业的学者和成功的企业家、风险投资家联系起来，建立一个合作的学习项目来教授、指导将来的创业者们。创业中心的特殊之处就在于十分强调现实社会的实践学习，同时将管理专业的学生与科技专业的学生混合在一起共同应对正在发生的科技机会。

3. 举办创业竞赛并提供指导

高校不断通过举办各种类型的创业竞赛来提升学生的实践创业水平与能力。从 1990 年开始，MIT 每年都有多家新创企业从创业计划大赛中诞生，并有相当数量的项目发展为优秀的高新技术公司。类似的高校创新创业竞赛通过学校平台为学生实践创业搭建了桥梁，锻炼了学生的创业能力与素养，极大提高了创业教育的实效性。同时，很多大学已经建立多样化的孵化机构，包括大学内部的技术转化办公室、科技园、孵化器、创客中心等，为学生创新创业实践提供空间、实验设备和专业指导。①

4. 非政府力量的积极支持与参与

企业界、投资界以及非营利社会组织对于创业教育都有不同侧重的支持与贡献。美国许多卓越企业（如英特尔）不仅通过资金支持、技术指导等硬性资源来帮助创业青年积极实践，另外还开展了创业学习计划。惠普曾创立创业学习计划来提供技术业务方面的指导和服务，帮助了许多创业者。此外，投资界各种基金与项目也为新创企业提供融资服务与经费支持。以考夫曼基金会为代表的致力于支持创业教育发展的非政府组织，于 2003 年推出了"考夫曼校园计划"，通过资助创业教育、推广创业教育理念来推动美国创业教育的发展。

二、课程设置

创新创业教育是一种通过传授关于企业建立与发展的知识与技巧来发展

---

① 郝杰、吴爱华、侯永峰：《美国创新创业教育体系的建设与启示》，载《高等工程教育研究》，2016(2)。

个体有关创业能力、创新意识等特质的教育活动。同时，创新创业教育对于学习者来说，也是一个寻求商业机会、提升自我效能，以及学习相关知识技能的过程。[①] 最早的双创教育是由哈佛大学的麦尔斯·梅斯（Myles Mace）提出的创业课题相关内容而发展得来的，到今天，不同的学院与大学都已纷纷发展出不同类型的创业训练项目。

创业课程是发展创新创业教育最直接的基础和保障，也是双创教育最基本的培养模式。美国是创业教育课程创立、实施最早的国家，其高校创新创业教育课程发展至今，内容丰富，形式多样，对我国双创教育的发展具有重要的借鉴意义。

（一）课程特点

经过长时间理论与实践的探索，美国高校创新创业教育的课程体系逐渐形成了稳定而鲜明的特点。

1. 课程目标定位

创新创业教育课程不同于其他课程，其目标定位于培养一定的人才以适应经济发展的环境，因此，其课程目标是要培养具备长远眼光与良好执行能力的人才。联合国教科文组织 1989 年发布的《21 世纪的高等教育：展望和行动世界宣言》提出，"使他们不再是求职者，而应成为就业机会的创造者"，因此创业教育在目标定位上要具备一定的前瞻性与战略性。[②] 美国高校的创业教育课程核心是与社会发展紧密联系，致力于运用知识和技能解决一定的问题。因此其课程目标是培养学生的创新能力与实践能力。

2. 课程设置系统

课程的具体设置作为创业教育实施的核心载体，承担着培养人才的直接任务。美国高校创业教育由于发展历史已久，在课程体系的设置与衔接上都已趋于完备。如百森商学院（Babson College）的"三段式"与"模块化"课程体系，其他高校也都在课程设置上具备了一定的系统并发展出不同形式的特色课程。

---

① A Wahid，A Ibrahim & NB Hashim，"The Review of Teaching and Learning on Entrepreneurship Education in Institution of Higher Learning，"*Journal of Technical and Vocational Education*，2016，1(2)，pp. 82-88.

② 沈东华：《美国高校创业教育课程设置及其启示》，载《中国高教研究》，2014(11)。

3. 课程实践形式

创业课程从课程的性质上来说需要较强的实践性。美国高校创业教育重视创业精神与学科教学的相互渗透，通过为学生提供创业的实践机会，让学生置身于创业的情境，将创业意识的培养和创新能力的提高贯穿于教学活动中。高校为更加强调课程的实践性，积极吸引一部分既有丰富创业经验又具备自身创业成果，且具有学术背景的企业人士担任学校的兼职工作，聘请有创业投资经验的业界资深人士担任学生创业顾问，构建多元化教师团队。①另外，针对不同的课程设置，采用不同的教学方法，包括案例教学法、项目教学法、模拟创业、讲座、社会考察等多种方法。

(二)课程案例

1. 百森商学院②

创业教育是百森商学院教育的核心任务，其开设的创业教育课程被誉为"美国高校创业教育课程化基本范式"，其中包括"三段式"和"模块化"课程体系。"三段式"是本科创业课程体系，就是把本科四年分为三个时段授课。一年级为入门时段，针对所有新生跨学科开设创业必修课程，即"管理和创业基础"(Foundations of Management and Entrepreneurship，FME)；二年级为加速时段，针对有兴趣的学生开设一门创业基本原理选修课程"创业精神培养强化课程(ACE)"，三、四年级为定制路径时段，学生可以根据自己的兴趣方向，从涵盖新创企业、公司创业、家族企业或社会创业等领域的 14 个门类中，选修若干专门课程，进行深化学习(见图 2-1)。

百森商学院的 FME 课程为期一年，由一组专业的教职人员统一进行协调、管理与教学等工作。这些教职人员主要来自管理、营销、财务、金融等领域的专业人员，拥有相关的专业技能和经验。该课程属于学院所有大一新生的必修课，无论来自哪个专业，在该门课程中的学生都要学习团队合作来构思、建立、管理并维持某一个商业项目。其设计旨在带领所有新生进入创业的世界当中并为其提供几年的相关知识积累。学生由此学会将课程中的理

---

① Patricia G. Greene, Candida G. Brush & Elaine J. Eisenman et. al, "Entrepreneurship Education: A Global Consideration From Practice to Policy Around the World,"2015, pp. 69-78.

② 部分内容参见沈东华：《美国高校创业教育课程设置及其启示》，载《中国高教研究》，2014(11)。

论、实践、方法、模型等加以应用，FME 课程的五个学习目标如下。

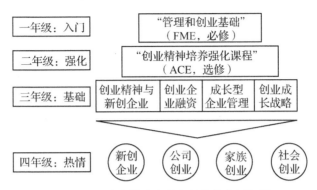

图 2-1　百森商学院本科生创业教育框架①

①体验企业的本质；

②实践创业的构想与行动；

③识别、发展并评估创业机会的社会与经济效益；

④创业相关的宏微观分析能力；

⑤拓展企业领导力相关的个人、团队、组织的认识。

FME 课程分为探索、巩固、实操三个阶段，见表 2-1。

表 2-1　FME 课程框架

阶段	阶段目标	组织行为	阶段收获
阶段一：探索	创意产生；探索个人价值和兴趣	以 10 个学生为一个团队，每个团队需要产生 2～3 个商业项目创意，对其进行经济效益和社会效益的评估	决定每个创意的可行性和商业价值，为下一阶段做铺垫
阶段二：巩固	深入探索范围内各商业项目的可行性	团队评估市场潜力、发展，进行关于供应链的社会责任评估	通过投票，选择 2～4 个商业项目
阶段三：实操	进行项目经济控制、市场沟通等方面的实际操作	学习团队能力，求同存异，有效控制团队之间的冲突并产生积极的表现和影响	最终学生通过 PPT 展示企业创业以及个人职业的相关课程收获

2014 年学院对 FME 项目进行了重新设计，将原有对计算机工程的重视

---

①　梅伟惠：《美国百森商学院的创业教育哲学》，载《高等农业教育》，2009，（2）。

转向对组织行为学(Organizational Behavior，OB)的重点关注。学院的这一转变是为了应对当前对于社会资本的重视，原因是社会资本是决定企业或创业成功的关键因素。学院认为，通过将创新创业教育和组织行为的课程内容贯穿于整个课程，学生能够在创新和推动一个项目进行的过程中自我发现，探索自己合适的工作类型、工作热情、领导力和团体合作，进而达到课程的目的。学生通过 FME 课程的学习，能够学会使用创新和前瞻的思维逻辑，以应对创业带来的风险挑战(见表 2-2)。

表 2-2　FME 学生评价量表

评价参数	占比	
课堂参与	20%	
期中考试(Mid-Term Exam)	20%	
期末考试(Final Exam)	30%	
商业计划(Business Project)团队成绩＋个人成绩	30%	
	创意时间 (Rocket Pitch)	15%
	可行性 (Feasibility)	25%
	推行计划 (Launch Plan)	45%
	导师评价 (Individual)	15%

创业精神培养强化课程是百森商学院于 2001 年设立的创业强化课程。它主要针对二年级学生中具有较高创业潜质的学生。通过强化学习，学生能够更好地理解成为创业者是怎样的，如何评价和调查新的商业机会以及如何准备创业计划等问题。在百森商学院，具有强烈创业动机的学生有机会在大学早期就接触到各种创业活动。通过这些训练，学生得以掌握创业的重要原则，为今后的创业生涯做好充分的准备。

百森商学院为完成核心课程学习的高年级本科生另外设计了 10 门选修课程，包括家族企业创业、社会创业管理、筹集资金、实时案例学习等。学生可以根据自身的创业兴趣，选择新创企业、公司创业、家族创业或社会创业四个特殊领域继续深化学习。通过这些本质上是跨学科课程的学习，高年级本科生深化了对创业的认识。除了正规的课程学习外，百森商学院还围绕创业周期设计了不同的学习主题。这种基于创业全过程的学习有效培养了学生的创业视野。

除此之外，"模块化"是研究生创业课程体系，其中最主要的是工商管理硕士（Master of Business Administration，MBA）创业教育课程体系。学院为所有的全日制 MBA 学生提供综合创业课程，所有的 MBA 项目采用统一的课程，主要采用模块化的形式开展。MBA 创业课程分为核心课程和公共选修课程两大类。核心课程主要是指"创业学"课程，由不同的教师为学生授课。课程包括战略与商业机会、创业者、资源需求与商业计划、创业企业融资、快速增长 5 个部分。学生还可以从一组公共课程中选学各自所需的课程，也就是公共选修课程。选修课程有：高科技创业、家庭企业的主要改变和增长、管理成长企业、公司创业、收购小企业、社会创业者、家庭创业者、连锁经营、风险资本和增值资本、理论和实践、创业者营销、企业成长战略、筹集资金、对社会负责任的创业、创业者的并购战略、特许经营等。

2. 斯坦福大学①

斯坦福大学相信，一旦存在能够让未来的企业家们分享创意、想法并提供充足资源的地方，就会有更多创新创业行为的产生。斯坦福大学的方法是鼓励学校和企业之间的近距离接触以及彼此不断地学习、交换经验。学校认为环境对于青年企业家来说是至关重要的，企业家们在良性的环境下能够更好地思考目前能够做什么、如何实现技术的传递、怎样将创意转化为产品等问题。这一理念在学校的多个部门和专业都产生了不错的效果。斯坦福创业教育课程可以分为三类，即教师主导类型、学生主导类型以及校友主导类型，每种类型分别有不同的代表机构。

（1）斯坦福科技创业项目（Stanford Technology Ventures Program，STVP）

STVP 作为斯坦福大学工程学院的创业中心，是由斯坦福大学的教职人员和博士研究生组成的领先世界的创业研究项目。STVP 于 1996 年由汤姆·拜尔斯（Tom Byers）教授以及他的同事创立，由管理科学与工程学院主持。这一中心的建立源于学校对高科技创业项目相关的学术研究的大力支持。该项

---

① Charles E. Eesley & William F. Miller，"Impact：Stanford University's Economic Impact via Innovation and Entrepreneurship，"*Foundations and Trends in Entrepreneurship*，2018，pp. 60-79.

目的教职人员向斯坦福大学科学与工程专业的学生教授大量广泛的课程内容，进而加速了全世界范围内的高科技创业项目的研究和教育。创业项目的日常活动包括定期举办会议，在全校范围内鼓励创业合作，以及通过学校的ECorner网站对教学内容进行大力宣传。其中，"创业精神"(The Spirit of Entrepreneurship)课程旨在帮助学生发展一系列的潜能，使学生在创业的过程中能够形成合适的企业文化与价值。2011年，该中心为2350名学生提供了31门相关课程，许多行业领导、投资者、企业家也都分享了经验与想法，同时也就科技与商业领域的热门话题举办了研讨会。

(2)梅菲尔德伙伴计划(Mayfield Fellows Program，MFP)

MFP是一项课程设置相对密集，为期九个月的工作或学习计划，该项目设计的初衷是提高对当前科技发展的理论与实践上的双重认识。项目的课程与暑期实习相结合，每年招收12～15名优秀的科学与工程专业的学生并向他们提供深度的学习和工作体验。从1996年创立至今，通过该项目的学生已超过200人。

(3)创业家研讨会(Entrepreneurship Corner，ECorner)

ECorner是一个免费的线上创业资源与教育网站，该网站分享相关的创业教育教学资源，以帮助全世界范围内从事创业教育和相关领域有需要的教职人员。ECorner于2001年运行，分享了2000多个音频与视频文件。几乎40％的浏览者来自美国之外，同时发布的资源也被世界各地的志愿者们翻译为多国语言，下载量每天超过1万次，并且在ITunes的高等教育专栏中一直排在最受欢迎的博客榜单上。

(4)阿塞尔创业教育圆桌会议(Accel REE Conference)

阿塞尔创业教育圆桌会议将全世界范围内关注创业项目的各行各业的人员聚集在一起，包括商业、工程、科学设计等领域。圆桌会议对于深入了解发展创业项目相关的实践问题是一个很好的学习机会，同时也能帮助参与者制定最新的创业教育的发展策略。

(5)斯坦福创业网站(Stanford Entrepreneurship Network，SEN)

斯坦福创业网站的主要目的是将斯坦福大学各种各样的创业项目集合起来，主要通过以下方式发挥其对斯坦福学生、教职员工、校友以及所有相关者的帮助：

一是为斯坦福大学所有创业项目相关人员建立联系；

二是帮助学生或者其他人在斯坦福大学能够发现可获取的合适的创业

资源；

三是为创业教育提供多学科的方式途径。

(6)国家创新工程路径中心(National Center for Engineering Pathways to Innovation，EPI Center)

2011年7月，美国国家科学基金会给予斯坦福大学1000万美元，支持其建立一个国家级别的工程类创新创业中心，这个中心即为EPI。EPI中心旨在推动美国本科工程教育的发展，通过动机机制来鼓励学生探索专业上的不断可能性并且创造可行的富有创新性的产品和服务，以做出更多的经济和社会贡献。

(7)创业研究中心(Center for Entrepreneurial Studies，CES)

CES自成立的15年来一直在研究探索创业公司和创业者面临的各种问题。CES提供包括个人咨询、帮助初创企业家介绍投资者并寻求具有创业经验的企业家指导。同时，CES还联合教职工、学校学生、校友和硅谷社区共同举办创业相关的活动，支持创业投资相关课程的开发，比如"Creating a startup"。通过为学生提供直接与硅谷企业家接触的机会，学生们能够得到关于创业计划的有效建议与反馈。

(8)其他创业相关团体(见表2-3)

1996年3月，5名斯坦福大学的毕业生认为需要扩展他们的相关课程来学习更多关于创业的知识，因而他们创建了斯坦福学生商业协会，该协会现已成为所有学生创业活动中影响力最大的一个。

斯坦福大学工程系学生商业协会(Business Association of Stanferd Engineering Studonts，BASES)是由斯坦福的在校生与毕业生共同成立的协会，协会的咨询委员会成员有资深教授、风险资本家和企业家，协会最重要的活动是斯坦福大学创业竞赛(Stanford E-Challenge)，这是斯坦福每年举办一次的商业计划竞赛，参与者以团队的形式合作，目的是发掘下一代的创业家和企业家。另外，还有其他竞赛项目，如社会创业项目(The Social Entrepreneurship Challenge)，大体流程和E-challenge一样，但其更加关注创立的公司是以解决某一特定的社会问题为目标，鼓励申请者申请一些非营利或营利企业，通过一些创意来产生社会影响。

Forge创立于2010年，旨在为学生创新者和创业者提供以下服务。

一是资金支持：根据每个队伍的生产发展需要提供最多20000美元的资金支持。

二是法律咨询：提供给学生可能需要的法律建议。

三是指导资源：提供一对一的与投资者和成功企业家交流指导的机会。

四是办公区域：为刚起步的公司提供办公区。

五是 SWAT 咨询团队：提供 SWAT 逻辑知识以及团队咨询。

表 2-3　其他创业相关的学生团体

简称	创业团体	介绍
ASES	亚太学生创业协会（Asian-Pacific Student Entrepreneurship Society）	成立于 2000 年，由斯坦福学生创立并以促进亚太地区不同文化的创业为目的，包括国际会议、咨询指导、校友联系等活动
SELA	拉丁美洲创业协会（Society for Entrepreneurship in Latin American）	关注拉丁美洲地区创业创新的学生组织，致力于形成学生、专业人员、相关领域的学者之间的联系，以鼓励、发展该地区的投资
CEO	中国创业组织（Chinese Entrepreneurs Organization）	由具有中国背景的斯坦福学生和校友构成，目的是帮助成员发展企业和成长战略，提供各种成功管理的方式和途径
SLATA	斯坦福法律与技术协会（Stanford Law & Technology Association）	成立以来，协会一直致力于将有志于法律与科技领域的人才通过一系列演讲、社区活动、专家咨询组等形式集结在一起
SVCC	斯坦福风险投资俱乐部（Stanford Venture Capital Club）	SVCC 是以研究为主的学生组织，重点在于帮助学生学习有关风险投资的知识，组织成员从学士到博士，通过主持或参与商业、经济与创业领域的课题项目，为斯坦福大学的学生提供广泛的相关知识网络
SWIB	斯坦福女子商业社团（Stanford Women in Business）	SWIB 为斯坦福大学的女性学生提供建立企业并成长为职业女性的机会，为年轻女性提供抓住灵感创意的重要工具，通过各种领导力、职业企业的相关活动，帮助更多女性找到职业定位，建立职场网络，实现职场理想

3. 麻省理工学院①

随着学生对创业课程感兴趣的部分不同，麻省理工学院的创业课程由最初的一门传统课程发展为具有各种形式、各种内容的课程。其分类见图 2-2、

---

① Edward B. Roberts & Charles E. Eesley, "Entrepreneurial Impact：The Role of MIT—An Updated Report," *Social Science Electronic Publishing*，2011，pp. 51-82.

表 2-4。

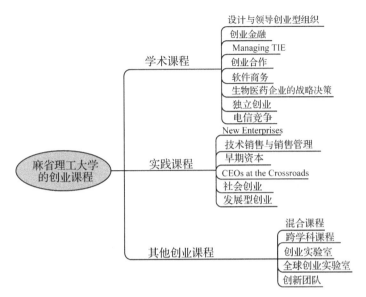

设计与领导创业型组织
创业金融
Managing TIE
创业合作
软件商务
生物医药企业的战略决策
独立创业
电信竞争

学术课程

New Enterprises
技术销售与销售管理
早期资本
CEOs at the Crossroads
社会创业
发展型创业

实践课程

麻省理工大学的创业课程

混合课程
跨学科课程
创业实验室
全球创业实验室
创新团队

其他创业课程

图 2-2　MIT 创业课程类型

表 2-4　MIT 创业课程介绍

课程类型	课程特点
学术课程 （Academic classes）	由 MIT 终身教职的教授进行教学和科研工作，主要集中于博士生培养和科研项目，课程设置为创业的具体行动提供了基本的行业知识与理论指南
实践课程 （Practitioner classes）	大多由成功企业家和出色的风险投资家担任教学任务，内容主要是分享商业创意，案例多来源于实际经验，比较缺少学术理论
混合课程 （Integrating the academicians with the practitioners）	课堂采用"双轨"的教学形式，许多课程由学术轨和实践轨的教职人员共同合作讲授，学生能够在理论与实践两个方面都有所获益
跨学科课程 （Mixed-team project classes）	四五个学生为一组，成员中既有具有管理学背景的同学，也有来自理工科背景的同学，共同解决现实社会中创业可能遇到的问题，更加倾向于"做中学"的概念
创业实验室 （E-lab）	创业实验室中的学生从波士顿及周边地区的成立较晚的小型企业（多由斯坦福校友创办）中挑选某一企业，识别该企业中存在的问题并提出解决方案，该过程可以锻炼学生的团队管理、项目分析、用户关系、市场调查等能力

续表

课程类型	课程特点
全球创业实验室（G-lab）	全球创业实验室针对在美国以外创业会产生的问题，探索全球创业的方式与途径
（创新团队）i-team	创新团队也是以"做中学"的方式，针对 MIT 的科研项目进行商业计划和商业评价，主要锻炼学生的分析、信息搜集以及判断能力等

三、成果转化

通常来说，将研究和思想成果转化为有价值的产品和服务是一个冗长而复杂的过程，需要消耗大量的资源。大学是肩负一个国家研发产出任务最重要的机构之一，美国大学普遍通过设立技术转化办公室（Technology Transfer Office，TTO）来保护其教师和学生的研究成果，保护的方式是商业化和专利申请，许多大学甚至通过现金奖励的方式鼓励其申请专利，一旦这种保护得到实施，就可以将成果公开出来，从而产生社会效益。

加州理工大学为每一项在其技术转化办公室备案的发明申报临时专利，并在一年内对这些发明的技术和商业价值进行评估，以决定是否为它们正式申报。

斯坦福大学技术授权办公室（Office of Technology Licensing，OTL）一直是美国众多大学中颁发技术许可领域的翘楚，尤其是为新创企业服务方面。该办公室成立于 1970 年，使命是增进斯坦福大学技术转让产生的社会效益，同时获得收入以支持研究和教学。截至 2010 年，OTL 已授权 8000 多个发明，赚取了约 13 亿美元的版税。OTL 的技术转让流程如下所示。

1.发明者向 OTL 提交专利申请书，提供其发明的具体信息和赞助者，并为其命名。

2.为每一位申请者分配一个号码和一名联络员，他将负责管理该发明从"摇篮到坟墓"的全部事宜。

3.联络员与申请者会面，评估其成果的可行性、潜在适用性和市场潜力，并制定申请许可的策略。

4.OTL 根据以下几个要素确定一项发明是否符合专利申请要求：新颖性、竞争性技术、潜在产品或服务的可保护性和可销售性、市场的规模和增长潜力、开发所需的资源和潜在竞争对手。

5.联络人负责将发明出售给各类企业，如果成功售出，联络人将与发明者进行许可谈判，签署许可协议后，OTL将监控许可期间该产品的销售业绩，并可随时修改协议。在协议规定的时间内，发明者可继续从事研究，大多数协议要求被授权者定期向斯坦福大学报告产品绩效和财务，由OTL审核，如果不满足基本要求，OTL将与被许可人会面商讨解决方式。

OTL在每个年度会计日(8月31日)向被授予专利的企业收取版权费和分配费，15%的费用用来维持OTL的运营，版权费被分为三部分：三分之一分给发明者；三分之一分给发明者所在的单位；三分之一分给发明者所在的学院(如工程学院、医学院等)。分配给斯坦福大学的机构和学院的费用将继续用于研究和教育。除现金外，OTL也可与公司谈判选择股权支付，若选择股权，则由斯坦福管理公司管理，作为研究院院长和研究生教育副校长的专项费用。

(一)减少技术转化壁垒

美国大学和学院高度重视简化技术转让的过程，以便更高效地发掘具有市场潜力的研究，将其从实验室转移到市场。一方面，大学和学院正努力提升技术转让能力，以满足日益增长的市场需求；另一方面，它们也在尽可能降低将研究成果商业化的成本和风险，通过扩大技术转化办公室规模、雇用高水平员工、加大对研究人员的技术和资金支持等方式实现上述目标。这些做法带来了显著效果，大学科技管理者协会(Association of University Technology Managers，AUTM)的数据显示，2011财政年全美的专利数量比2010财政年增长了14%，初创企业数量增长了3%。如今越来越多的企业家关注"环境、社会、经济"或"地球、人类、利润"，它们被称为"三重底线"，这使技术转化办公室不得不越发重视低成本且环境友好的研究成果，以及可能让投资者感兴趣的项目，TTO也正在简化这些项目的专利申请流程。①

(二)扩展技术转化办公室的支持层面

美国技术转化办公室聘请了很多在知识产权法、专利、校企合作等方面具备专业知识和技能的人员，同时从大学内部招揽人才，如法学院、商学院

---

① U. S. Department of Commerce，"The Innovative and Entrepreneurial University: Higher Education，Innovation & Entrepreneurship in Focus,"Washington，2013.

的教师和毕业生。专业人才能够降低提交专利申请和谈判的成本和时间，此外，TTO还邀请了许多成功的企业家作为顾问，向那些教师和学生传授创业知识。目前，成果转化方面的新兴趋势是为学生和教师提供协助、指导、专利申请信息等"一站式"服务，这些"站点"具备成果转化所需的全部功能，能够简化成果公开流程。感兴趣的学生和教师可以在此评估自己科研成果的创业潜力，并获得技术和市场营销的支持。

除了传统的计算机科学和工程领域，TTO如今正在为许多新兴学科提供服务，很多大学设立了被称为"概念中心"的机构，比如麻省理工学院德什潘德技术创新中心和加州大学圣地亚哥分校的冯·利比格中心。这些中心通过一系列项目旨在实现三个目标：①提升校园创业项目的规模和多样性；②帮助校园创业者提升其企业的质量；③与当地投资者和企业家合作为本校学生提供服务以保证本校创业者留在本地发展。TTO还聘请本科生和研究生作为实习生和员工，这些学生能够在参与商业项目的过程中获得很多经验，比如如何申请专利或拉到投资。

北卡罗来纳教堂山分校科技发展办公室（OTD）为希望了解知识产权保护和技术商业化的研究生、博士后研究员设立了为期8个月、每周8～12小时的实习项目，实习期内为大家安排了讲授技术转化、市场评估、直销等基础知识的培训，实习生也有机会参与北卡罗来纳教堂山分校科技发展办公室与行业合作伙伴之间正在进行的谈判。

(三)缩小资金缺口

科研成果被转化前要跨越一条被称为"死亡之谷"的鸿沟，美国大学和学院与TTO合作设计了一系列机制，为填补这一鸿沟寻求资金，通过创建风险投资、成长基金、向当地社区和校友寻求支持等方式来满足不断增长的创业所需资金。

阿克隆区域变化天使网络（ARCHAngel）是一个地方性论坛，该论坛向投资者介绍有市场潜力的投资项目，通过为天使投资者和有潜力的技术公司牵线搭桥，提升该地区在医疗保健、信息技术、聚合物等先进材料方面的竞争力。

(四)成立区域性技术转让中心

据公共土地赠款大学协会对其成员的近期调查，很大一部分公立大学没有设立独立的技术转化办公室，一些小规模学院的学生和校友急需本地区其他校友的支持，但学校却并未在校园内设立 TTO。一种替代性机构——区域性技术转让中心——填补了这一空白，它为本地区内的公立大学、州立地方大学、非营利研究机构和小型学院提供成果转化服务，其中最具代表性的是得克萨斯大学。

得克萨斯大学南得克萨斯技术管理中心隶属于位于圣安东尼奥的得克萨斯大学健康科学中心，它与得克萨斯大学泛美分校（UT Pan Amerian，UT-PA）、得克萨斯州立大学（Texas State University，TXState）、得克萨斯大学布朗斯维尔分校（University of Taxes at Broursvilte，UTB)和斯蒂芬·奥斯汀州立大学（Stephen F. Austin State University，SFA)都建立了合作关系。它支持拨款申请、专利申请和成果商业化，为本地区的机构提供服务。

2011 年，奥巴马政府发布了一项名为"加速联邦科研成果转化及商业化，支持高增长企业"的总统备忘录，要求联邦政府密切参与研发和创业项目，加大联邦资助的科研项目在未来几年的商业化程度，这一决定对高等教育也产生了影响。国家标准与技术局下设的机构间技术转让工作组发布了有关总统备忘录执行情况的初步报告，报告中列举了联邦政府与包括大学和私企在内的社会科研机构开展的成功的合作项目，联邦政府还将采取更有效的指标来衡量这些项目的成果转让和商业化程度，这些指标将帮助政府了解其内部研发以及与合作伙伴（如大学）的共同研发带来的商业影响。①

①鼓励教职工参与技术转化过程：OTL 向学术研究主管报告，使得教师能够最大限度地接触技术转让过程。

②将新技术转让给尽可能多的公司：OTL 的目标是"播撒尽可能多的种子"，即将新技术转让给尽可能多的公司，衡量标准即颁发的许可证数量。

③与各方建立长期合作关系：灵活性在 OTL 的成功中发挥了重要作用，专利联络人有极大的自主权做出授予专利的决定，他们用简明的英文起草协议，加快了协商的过程，与被许可方建立长期合作关系，OTL 的董事有权在没有事先进行法律审查的情况下签署所有许可协议，OTL 的目标是在大学和企业间建立强大的合作关系，因此协议精神和双方关系比实际合同重要得多。许可期限通常为 20 年，由于其间经常出现意外情况，OTL 与被许可方可以

---

①　U. S. Department of Commerce，"The Innovative and Entrepreneurial University：Higher Education，Innovation & Entrepreneurship in Focus，"Washington，2013.

根据情况更改许可证。

④拓宽教职工和发明者获取信息的渠道：OTL 开发了内部平台以简化运营、提升沟通效率，方便教职工和发明者远程访问 OTL。这些平台包括：TechFinder 门户（个人可注册获取最新技术的推送）、OTL 研究员门户网站（允许教师查询其研究成果的转化进程，让所有发明者获知其发明的市场、专利、版税分配信息）、一个强大的定制数据库（方便联络人与发明者和企业保持联系）、接收信用卡的支付系统、数字签名系统。

⑤管理许可证颁发流程以减少潜在的利益冲突。OTL 与斯坦福大学教师共同管理技术转让过程，OTL 不主动参与筹款或新公司成立，不偏向大学衍生企业，尽可能地为更多领域的企业授予许可。

⑥协助其他非营利组织颁发许可证：斯坦福大学成立了一家独立的全资子公司（Stanford OTL－LLC）帮助非营利组织。许多这类组织没有资源或知识成立正式的技术转让办公室，因此向斯坦福大学求助。斯坦福大学成立OTL－LLC 是为了使斯坦福大学最大限度地发挥其专业性。

四、校企合作

大学与企业建立伙伴关系对于进一步开发从研究中衍生的思想和技术至关重要，它能帮助资本流向富有前景的研究，弥补研发阶段和市场化阶段经常面临的资金短缺状况。大学和企业都认为双方的合作是互惠互利的，因为共同目标的实现需要知识和资源的共享。企业可以及时获取最新的科学进展、知识产权和商业机会，而大学则可以为教师和学生提供更多的收入。

(一)资源与知识的共享

随着联邦资源的日益紧缩，大学正为其科研事业寻求更广泛的赞助者，尤其向企业寻求帮助。很多大学正在制定所谓"前门政策"（front-door policy），以便吸引私营企业。大学可以为它们提供丰富的人力和智力资本，帮助其培训员工并提供研发基础设施（如实验室）。通过实施"前门政策"，以及开发门户网站以便企业浏览大学的许可颁发政策，加快了私营企业和初创企业识别具有商业潜力的研发项目的速度，也极大地方便了它们与大学建立合作关系。

一些在制造业或能源研究领域比较有优势的大学与大型企业建立了长期合作关系，比如，BMW®，FedEx®，JohnsonControls®，IBM®，Cisco®，Proctor&Gamble®和 Minova®，这样的合作使得学生和教师在参与尖端研究的同时帮助企业解决问题。不过,这样做的局限性是可能将大学的研究限制在了企业关心的领域内,比如,医药、天然气开采、绿色能源、航天工程等。

克莱姆森大学国际汽车研究中心(CU-ICAR)是大学、企业和政府机构共同建立的高科技研究基地,来自汽车、赛车运动、航空航天和移动领域的专家共同参与研发。该中心侧重应用教育,与行业领导者共同开发包含尖端技术的课程,培养学生在汽车行业所需的研究能力。与 BMW®,Michelin®,Koyo® 这样的大企业的合作,让学生和教师通过汽车研发了解系统工程。

此外,大学正努力让其设备、实验室和基础设施能够为企业所用,主要通过合同研究、许可协议和企业家入驻计划几种方式实现。企业家入驻计划即允许投资者和企业家将其最具潜力的员工送入大学学习一段时间,以便让他们了解尖端技术并评估其商业潜力;近期兴起的早餐论坛、非正式圆桌讨论、行业演讲者活动也为大学科研人员和企业科学家提供了交流的机会。而企业能向大学提供市场信息和公共关系资源,帮助大学将其研发成果商业化,并为学生和教师提供实习机会,双方的合作还能促进就业。

密歇根大学商业参与中心(BEC)隶属于主管科研的副校长办公室和大学发展办公室,旨在与政府和企业合作推动创新和经济发展。自 2007 年成立以来,它已经为 1000 多家公司提供了一站式门户服务,包括密歇根大学的研究、技术、教育、设备和人力资源等;同时它也与各学院和部门合作促进企业赞助科研项目,比如波音公司作为密歇根大学的长期合作伙伴,已经赞助了 50 名学生,并已与 4 个学院合作开展科研项目。目前中心每年吸纳超过 200 个企业成为其伙伴。

目前,一个新兴趋势是大学使用在线数据库提供有关研究和专利的信息。大学普遍增加了其信息的开放性和透明性,一些大学设立对外门户网站或开放的基于网页的数据库,为注册用户和其商业伙伴提供与创新研发有关的内容;还有一些大学,比如,密苏里大学开发了 Source Link 在线工具,用来宣传学校的教育资源,以便企业可以很容易地发现其感兴趣的专家。这些大学使用固定的域名提供信息,极大地减少了用户的搜索时间,并让用户能够高效地识别潜在的商业机会。

(二)建设"加速器"

另一个新兴趋势是在大学校园附近建设"加速器",这些加速器配备了世界一流的科研设施、技术人员、测设和诊断设备,为不易获得这些资源的新创企业服务，一些加速器致力于帮助企业度过孵化后期，为它们提供技术和资金支持。

明尼苏达大学

明尼苏达大学于 2000 年成立了校企合作基地——IPrime，该基地聚集了超过 40 家从事材料工程基础研究的企业，这些企业在该基地能够深入了解其产品背后的基础科学。IPrime 的主要目标是为供职于企业的科学家和工程师提供一个非竞争性的合作环境，让他们与 IPrime 的教师和学生保持密切接触。

特拉华大学

特拉华大学经济创新与合作办公室与工程学院和莱纳商学院共同开发了一个名为 Spin Inc 的项目，该项目与当地亟须改进技术或产品的企业合作，聘用工程学院和商学院的本科生组建跨学科团队共同改进产品，在预定的期限内将改进后的技术或产品重新交给企业实现其商业化。该项目还为本科生和研究生提供成果转化或商业开发领域的实习机会。

斯坦福大学

1. 将研究兴趣与市场的长期需求相匹配。这是斯坦福大学与现有企业合作最为独特的方式，伙伴关系也随着市场需求的变化而变化。十几年前，思科(Cisco)的规模并不大，3Com 是行业龙头企业，网络研究中心承担着将大学研究者和企业专家聚集起来的重要角色。如今网络研究中心已不存在，市场需求和技术发生了改变，思科已经与谷歌、Docom 和国家科学基金会齐名，成为互联网设计的十大品牌之一。

2. 强大的会员联盟项目。斯坦福大学的会员联盟项目支持企业与研究项目建立伙伴关系，这类项目旨在确保教师和学生了解现实世界的现状和需求。整个大学开展了超过 60 个该类项目，为企业提供了获取研究信息、了解参与教师、招募优秀学生的渠道。

3. 为企业提供大学的实验室作为其研发场所。针对那些只能在大型实验室进行的研究项目，斯坦福大学采用会员制；为企业和政府机构提供研究室。例如，纳米技术能够推进许多技术的进步，如燃料电池、医疗成像等，但它需要非常昂贵和复杂的仪器，斯坦福纳米制造实验室为其会员提供设备、软件和人员培训，极大地方便了没有条件购买设备的小企业的研究者。

佐治亚理工大学

佐治亚理工大学 Flashpoint 是提供创业教育的加速器，它吸纳经验丰富的导师、专家、投资者在一个沉浸式、共享和开放性的空间工作，它是美国第一个公私合营的加速器项目。一家由亚特兰大天使投资人组成的公司为创业基金注入了 15000～25000 美元的资金，2011 年 1 月，佐治亚理工大学 Flashpoint 举办了第一次"展览日"，最初吸纳的 15 家初创企业以及佐治亚理工大学的学生和教师参加了展览。

由于产品是双方共同开发的，校企合作仍然面临知识产权归属的问题，当务之急是制定实用的知识产权政策。一些大学与其所有的合作者就责任和分红问题达成了标准化协议，还有一些大学仿照宾夕法尼亚州立大学的模式，采用简单、灵活的协议授予企业知识产权。明尼苏达大学通过让企业预付费的方式，极大地缩短了知识产权谈判的时间，企业预付费后便可以获得全球独家许可证以及相关版权。一些规模大的院校主动放弃版权费（通常为 25％～35％），不过主要针对那些在全球范围内发展迅速的企业，因为这种商业模式往往比版权保护更为重要。上述政策减少了不确定性，消除了大学和企业对财务问题的担忧，加强了双方的合作关系。

(三)参与本地区发展

大学通过为本地区输入合格的劳动力、产品和服务推动本地经济发展，同样地，大学和学院拉动其所在区域的投资对其自身也有益处，高品质的社区将吸引教师、学生和高水平工人进入这一区域的大学。如今，大学已经成为参与区域经济规划和振兴的重要一员，其主要通过以下几种方式实现：直接与当地企业和社区接触；建立地方社区与联邦政府、州政府、企业、风险投资家之间的网络；与地方政府、行业和其他利益相关者合作，共同制定推动区域创新和经济发展的策略。

1. 直接参与

大学和学院鼓励学生和教师参与能够振兴本区域经济、满足地区发展需求的创新创业实践，学校向企业征集待解决的问题，并将其纳入课程，鼓励学生通过咨询企业或非营利机构的方式提出解决方案。一些大学甚至收购了当地小公司供学生管理和运营，以磨炼他们的创业技能。这些项目降低了企业的成本，也给学生提供了一定的学习体验。

杜兰大学社会创新与创业项目让整个学校成为周边经济和社会生态系统

的一部分，为地区经济发展做出了贡献。商学院、建筑学院、科学与工程学院都参与了项目。该项目还派生出了许多由学生领导的组织，这些组织主要负责帮助学生离开教室，参与到新奥尔良社区的发展中。该项目推出了几大品牌赛事，包括杜兰商业计划大赛、城市创新挑战赛、PitchNOLA、NewDay社会创新挑战赛等，鼓励地方团休带着他们亟待解决的问题参与，由学生借助大赛提供的资金和技术支持给出解决方案。该项目每年还给学生超过10万美元的可支配资金。

2. 合作模式

大学与区域内其他团体的合作有多种模式，包括研发园区、创业加速器、共享实验室、孵化器、研究走廊、创新和制造集群。这些模式将基础设施和人员聚集在一起，为他们提供成果转化和咨询服务，甚至居住场所，共同应对区域经济面临的挑战。集群效应使得科研、技术开发、开拓新市场的成本更低、效率更高。孵化器专注于解决本区域问题，如为本地创业公司提供指导和技术支持。研究走廊作为本地区有相似研究兴趣和问题的社区、大学和学院的资源管道，重点关注某一领域的技术，如生物技术、纳米技术、健康、能源和先进材料。一些走廊能够联合不同州的社区，解决这一地区的问题，如绿色科技、失业人员就业培训、创立小企业等。此外，走廊还承担着分析区域经济数据的任务，如就业增长率、州的收入、国营创业公司业绩等，创造就业机会也是走廊的一大职能。

加州大学劳伦斯伯克利分校的东湾绿色走廊是一个支持清洁技术经济的区域合作体，该区域是新兴的绿色科技创新中心，走廊正是利用区域本身的实力建立起来的。

宾夕法尼亚州立大学 I－99 走廊已获得美国国家科学基金会的资助，旨在利用宾州州立大学的科研和教育优势帮助附近县城创造就业机会，这些县城包括贝德福德、布莱尔和森德里。

密歇根大学的研究走廊（URC）联合了密歇根州立大学、密歇根大学和韦恩州立大学，共同推动本州经济的转型和多样化发展。

爱荷华州立大学的研究走廊从埃姆斯（Ames）一直延伸到得梅因（De Moines），致力于推动农业机械领域的研究与制造，爱荷华州立大学和杜邦公司、先正达公司这样的科技企业都参与了这一过程。

3. 建立网络

如今的大学越来越多地致力于为地方企业、社区的领导者和全国的投资者搭建沟通网络，以及设计并执行地方经济发展战略。大学在地方社区中的位置独树一帜，它可以为所有的研究人员、风投者、企业家、咨询顾问、地方官员提供场地，让大家共同解决本地区的问题，还能提供源源不断的人力资源。许多大学重点扶持经济发展落后的社区，开发专门支持妇女和少数民族企业家的项目，以推动整个地区的经济发展。

加州大学伯克利分校派本校青年企业家中心的学生与来自东湾和湾区等贫穷地区的青年共同工作，与他们分享创业实践和对教育的热情，并帮助这些地区的高中生完成学业。

得克萨斯大学的计划致力于增加该州妇女企业家的发展机会，聘请有经验的投资者、创业者、发明家和商业领袖对她们进行指导，指导内容包括经营不同阶段的公司，如初创期、成长期和扩展期应掌握的知识和技能。

4. 政策推动

美国州政府和地方政府出台了法律、法规和措施促进区域创新和经济发展，它们通过投资研发商业项目、劳动力培养、创造就业机会等方式与大学合作共同推动地方经济发展。例如，政府给大学提供研发所需资金，大学用这些额外的资源发展绿色技术、健康科学、工业制造和基础设施，这样既解决了当地问题，又增加了就业机会。许多大学寄希望于美国财政部发出的关于扩大投资的指导，希望能够吸引更多的基金会和慈善信托直接投资于创业者和大学内部的创业企业。

五、基本模式

美国的创业教育课程，从教育对象而言可分为两类：第一类主要针对商学院和管理学院开展的比较具备专业性和学术性质的创业教育课程，被称为聚焦式（focused）创业教育，由学院优秀的教职人员或教授进行统一的课程编制；第二类是针对其他学院开设全校性的创业教育课程和相关实践活动，注重学生的创业精神和创业意识，以提升学生的创业素养和创业能力，也被称为全校式（university-wide）的创业教育，也是一种自下而上式的课程模式。①全校式的创业教育课程又分为磁石模式、辐射模式。②

---

① 叶维：《美国创新创业教育课程组织的模式分析——以百森商学院、斯坦福大学、密苏里大学为例》，载《重庆广播电视大学学报》，2017(2)。
② 梅伟惠：《美国高校创业教育模式研究》，载《比较教育研究》，2008(5)。

(一)聚焦模式

聚焦模式作为美国创业教育的传统模式,对于创业教育的学科发展与专业化发展起到了核心的作用。在聚焦模式中,商学院和管理学院进行创业教育的课程设置、师资配置、人才培养等实践工作。从授课教师而言,多以专业化、系统化的讲授和实践为主,旨在传递给学生更加真实、更加系统的课程体验,也因为这种课程各方面包括师资和配置的专业性,参与的学生名额有限,一般是具备商学和管理学背景的学生,且经过一定程序的测试以及评定筛选。简单来说,这是一种对于课程、教师、学生等条件都有严格限定的课程模式,哈佛大学商学院则是这种创业教育模式的代表。哈佛大学商学院作为最早开设创业教育课程的学院,一直以来都重视申请学生的资格条件,同时在课程设置上注重学科基础,学生第一学年统一学习强度较高的必修课程,每一门课程都包含大量的案例分析,一年的必修课能够帮助学生夯实知识基础与提升创业管理经验;进入第二学年,学生可以根据自己的兴趣选修课程并进行相关实习。

(二)磁石模式

磁石模式也称为中心模式,是一种介于聚焦模式和辐射模式之间的创业教育模式。

磁石模式与聚焦模式相比,主办机构同为商学院或者管理学院,但不同之处在于磁石模式会有主办机构成立创业教育中心,并且由该中心将创业教育的丰富资源合理分配利用,最终统一协调。磁石模式与聚焦模式最大的不同是磁石模式面向的对象不再局限于商学院和有管理背景的学生,非商学院学生也能利用有效资源并参与创业教育。在这种模式下,各种背景的学生都可以在现有专业的基础上,拓展创业知识。麻省理工学院作为磁石模式的代表,主要体现在课程的多样性与学生的主动性方面。在课程的多样性方面,除了设置分别注重理论与实践的学术课程与实践课程外,还积极尝试其他授课形式与合作方式,其中跨学科课程便可以由来自不同学科背景的成员共同通过"做中学"来学习创业知识与实践,另外项目式的创业实验室、创新团队等都是课程设置"磁石"性质的表现。在学生主动性上,学生可以根据自己感兴趣的重点在多样的课程中有所侧重,充分满足了学生的学习需求。

(三)辐射模式

辐射模式也被称为发散模式,这种模式反映了美国高校文化中的创业文化,将创业作为一种普及式的教育,重视学生的职业能力与创业素养,可以说,辐射模式的目的并非要将所有的学生都培养成为成功的企业家,而更多的是培养他们的职业意识。辐射教育作为一种全校式的教育,设置立足于每个专业的创新创业之路。不同学院、不同专业的教师和学生都被鼓励参与其中,此时则变成了由线到面的延伸与扩展。辐射模式鼓励学生立足于本专业创新思想,打破学科界限,营造一种积极的学习氛围。康奈尔大学(Cornell University)可作为这种模式的代表,为了满足全校师生的需求,康奈尔大学开设的创业课程十分多样,学生也可任意选修,自愿修习,学校并不做统一要求,参与创业课程的学院也达 10 所之多。而在课程内容上康奈尔大学的特点则为循序渐进地设置并且与专业紧密结合,具体的循序渐进课程包含创业前区域、创业区域、企业管理区域等,另外康奈尔大学结合不同的专业还开展了不同特色企业的课程,内容涵盖了食宿、健康、娱乐、房地产等多个专业领域。[①]

表 2-5　美国高校创新创业教育三种模式对比

	聚焦模式	磁石模式	辐射模式
对象	主要面向商学院与管理学院	商学院与非商学院学生均可参与	全校性的创业教育
目标	创业学科建设 创业教育教学发展	激发、训练以及指导不同学院的新一代创业者	鼓励不同学院的师生积极参与创业教育
特点	学生多来自商学院与管理学院背景; 师资力量强大; 课程设置系统化、专业化	由商学院和管理学院成立创业教育中心,整合全校资源; 学生根据自身情况和兴趣辅修创业	突出不同学院教师的参与; 教师根据不同专业的特征设置课程,保证学生结合专业背景创业; 不同学院可互选课程,打破学科边界,实现资源共享
代表	哈佛大学商学院	麻省理工学院	康奈尔大学

另外,有学者指出还存在项目模式、混合模式等其他模式。项目模式更多的是以项目为基础开展的课程,认为课程的内容需要囊括众多基础知识的

---

① 杨玉兰:《美国研究型大学创业教育课程设置探析——基于三所大学的实证研究》,载《现代教育管理》,2014(2)。

跨学科学习，需要一种跨学科的人才培养模式，学习者通过合作将不同领域的知识加以结合运用。美国密苏里大学堪萨斯分校布劳克管理学院的创业课程组织方式是这种模式的典型代表，麻省理工学院也设置了类似的课程。可以看出，在课程模式上，由于各学者的分类标准与命名原则不同，研究成果中出现了不同的模式类型，以上仅参考了较为普遍的分类方法与原则。

第三章 英国高校创新创业教育体系

一、基本情况

20 世纪 80 年代以来，以爱丁堡大学、普利茅斯大学、帝国理工学院、布鲁内尔大学等为代表的英国高校开始打造创业文化氛围，设立创业教育课程，开展创业实践，引领英国高校从"研究型"转向"创业型"，促进了第二次学术革命。然而，要想促进高校创业教育的长远发展，就离不开英国政府对高校学生在创业和创业教育上予以支持、引导和规范。因此，英国政府在 1987 年便制订了致力于培养大学生创业能力的可迁移性的"高等教育创业计划"（Enterprise in Higher Education Initiative，EHEI），开启了对高校学生进行创业教育的进程。该计划要求将与工作相关的学习（work-related learning）纳入高校课程之中，鼓励学生为自己的学习负责。到了 21 世纪初期，为继续推动英国高校创业教育的发展并为其繁荣发展提供根本保证，英国政府发布了《全国大学生创业教育黄皮书》等相关政策文件和调查报告。[1] 2012 年英国政府颁布的"创业型高校"政策报告则进一步明确了创业型高校建设的四大核心要素，即"制度环境""创业师资""学生参与"和"创业影响"，这对于英国创业型高校的建设具有里程碑的意义。[2] 近年来，为了满足英国国家经济和社会发展的新需

---

① 黄兆信等：《英国高校创业教育的现状、特色及启示》，载《华东师范高校学报（教育科学版）》，2016，34(2)。

② 胡瑞等：《英国高校创业教育政策：变迁、特征与反思》，载《现代教育管理》，2021，(2)。

求，英国政府于 2019 年公布了高校《创新创业教育国家框架》(*Enterprise and Entrepreneurship Education Framework*)，对高校创新创业教育进行顶层设计。[①]

显然，未来英国高校的总体发展趋势是从"研究型高校"向"创业型高校"转变，其目的在于释放英国高等教育环境的活力，并尝试从这样的环境中为高校模式的转型积累经验。事实上，全世界的高校都在发生这样的转变。然而，促进创业教育的创新发展，成功实现了英国高校模式的转型，但同时也面临着一系列来自政府干预、国际市场变化、区域间伙伴关系发展、现代信息技术运用、企业创新、社会流动与就业、教育经费以及学生创业等方面带来的压力。虽然英国政府近年来出台了多份与创新政策有关的文件，大力推进国家创新系统的完善，但是，在这样的大背景下，英国高校的转型仍面临着巨大的挑战。

与此同时，英国创业教育的发展经历了从"功利性"向"非功利性"转变的过程。起初，英国的创业教育仅是为了鼓励和培养大学生当老板，在价值导向上具有明显的功利性质。但随着创业教育的发展，教育者逐渐意识到"功利性"的职业训练是片面且缺乏发展持续性的，于是在各高校教育者的努力推动下，创业教育逐渐变成非功利性的系统性的教育活动。这种非功利性的创业教育主要是通过揭示创业的一般规律和介绍创业的基本原理与方法，来培养创业者应具备的、能适应社会变革的素质，具体体现为具有创业意识、创业个性心理品质和创业能力。目前英国高校的创业教育即是此类。为了更好地在高校开展创业教育，英国政府将创业和创业教育作为优先发展领域并在政策上给予支持、引导和规范，为创业教育的发展提供根本保证。除此之外，英国政府和高校在创业教育上投入了很多精力，如开设专门的教育机构，设立创业教育课程，增强实践教学以提高学生的就业能力，鼓励社会各界广泛参与创业教育和创业活动，等等。这些措施不但保证了高校创业教育的顺利进行，还极大地提升了学生们的综合学习能力。值得注意的是，通过对英国高校创业教育的研究，我们发现英国高校开展的创业教育并非权宜之计，而是为了顺应时代大背景下的一个长远选择。其注重的实质并不同于创业职业教育，而是更加强调培养创业意识、进行创业通识教育、提高创业技能、形成创业精神，是终身教育体系中的一个重要组成部分。

---

① 崔军：《创新创业驱动下英国高校发展的动向与借鉴》，载《高校教育管理》，2021，15(2)。

二、政策环境

近 30 年中，英国政府相继颁布一系列法案来促进高等教育的改革，改变了以往对高校实行的不干预政策。例如，在 1985 年 5 月，英国教育和科学大臣和来自苏格兰、威尔士和北爱尔兰的国务大臣联合向议会提出了题为《20 世纪 90 年代英国高等教育的发展》的绿皮书。两年后，他们又联合向议会提出了《高等教育——迎接新的挑战》的白皮书，充分阐述了英国政府发展高等教育的重要意义。1988 年英国国会通过了《1988 年教育改革法》(*The Education Reform Act* 1988)，大刀阔斧地对英国的教育制度进行调整，也揭开了英国高等教育的新篇章。到了 20 世纪末至 21 世纪初，《继续教育及高等教育法》(*The Further and Higher Education Act* 1992)、《迪尔英报告》(*The Dearing Report*，1997)、《高等教育的未来》(*The Future of High Education*)白皮书以及《高等教育法》(*The Higher Education Act*)相继问世，重点强调了高等教育与经济发展的关系问题，明确了高等教育要为社会经济发展服务，要为国家和地区地经济服务。2017 年《高等教育与研究法案》(*Higher Education and Research Bill*)出台。该法案在改善高等教育的监管流程的同时，建立起了更具竞争性的高等教育市场。①

上述举措无不反映出高等教育受到英国政府的高度重视，其主要原因是高等教育对经济发展的重要作用，而这也要求高等教育与企业界发生密切的联系，建立这种紧密的学与产的关系，离不开创业教育的重要作用。再者，在经济迅猛发展的 21 世纪社会中，国家要想发展壮大，就必须提高自身的核心竞争力，这种核心竞争力主要体现在创新和创造能力上。基于此，英国政府将创业教育作为 21 世纪重点发展的四大政策之一，将企业界的创业要求纳入高等教育的发展蓝图上，要求高校培养有创新思维的人才，培养学生的创业精神。如今，英国的创业教育开展得如火如荼。下面我们将进一步介绍英国创业教育发生的政策环境，使读者深入认识英国创业教育的实质。

(一)培养创业精神的政府文件

政府文件影响并反映政策环境。纵观 20 世纪 80 年代以来英国政府颁布

① 崔军：《创新创业驱动下英国高校发展的动向与借鉴》，载《高校教育管理》，2021，15(2)。

的文件，可以看出英国政府倡导的创业教育更多的是从宏观视角出发，希望高校注重培养创业精神，进而建立一个创业型社会，这超越了单纯创建企业教育的狭义范围。

1985年5月，撒切尔政府执政以来颁布的第一份高等教育文件《20世纪90年代英国高等教育的发展》便强调"创业精神对维持和增加就业机会，促进经济发展和公共服务都极为重要，高等教育不能挫伤这种精神，而应该千方百计地鼓励和培养这种精神"。该文件重点提及了创业精神的培养，认识到了高校教育与经济发展之间的密切联系，而且已经上升到政策层面上来加强和鼓励高校创业精神的培养，打破了英国长期以来的保守主义思想，并开始与时俱进地发展经济，这无疑是英国开始其创业教育的一个崭新的起点和有力的政策保障。那么对学生进行创业教育和创业精神培养的重担，责无旁贷地落在了高校肩上。

1987年4月，由英国教育和科学大臣、威尔士国务大臣、苏格兰国务大臣和北爱尔兰国务大臣联合向议会提出的高等教育白皮书《高等教育——迎接新的挑战》进一步阐述了英国政府发展高等教育的目标，即"与工商界建立密切的联系，鼓励创业精神"，该文件再次提及创业精神。可见，无论是高校还是政府，对创业精神都相当重视。但该文件并不只谈及创业教育，而是试图从人的思想根源和从思想意识角度来改变人们的观念，培养和鼓励学生敢于创新、敢于挑战的精神，从根本上提高整个国家和民族的创新能力，这是终身教育思想的一个生动的体现。

2005年5月NCGE发布的《迈向创业型高校——创业教育作为改变的杠杆》在阐述创业的替代模型如何克服接受创业教育的过程中可能出现的障碍的同时，明确了创业教育要关注培养创业价值观，发展战略思维、设计方案和根据有限的信息进行直觉决策的能力，感受创业家是如何在复杂的环境中生存的，抓住一切体验学习的机会。[①] 该文件强调的创业价值观、战略思维、设计能力、决策能力以及适应性能力无不是创业精神的生动体现。

2016年，英国行业技能组织发布了《创业教师国家职业标准》，其中论及了培养具有创新精神和创业技能人才的重要性。

---

① 吴薇：《英国创业型高校发展政策研究》，硕士学位论文，福建师范大学，2015。

(二)倡导校企合作的政策措施

以创新驱动为主要特征的第四次工业革命促使世界主要工业国家通过校企合作等方式提高人才培养质量。① 20 世纪 80 年代以来，英国出台了一系列校企合作的政策措施，试图提高本国创业教育的人才培养质量，进而促进产业升级和新兴产业崛起，以便在国际竞争中取得有利态势。

1986 年，英国各研究委员会和高等教育基金委员会对高校的补助研究专案及其研究成果的商品化，全面授予大专院校自行管理权。自此，高校内产业转移联络办公室林立，高校所属的技术转移公司如雨后春笋般地建立起来，最成功的要数伦敦大学帝国学院、伦敦大学、曼彻斯特理工大学和沃里克大学。这些都是高校科研成果成果转化的案例，知识产权的明晰也为校企合作奠定了法律基础。

到了次年，英国政府公布的白皮书《高等教育——迎接新的挑战》中明确指出，高校应更有效地为经济发展服务并与工商界建立密切的联系。可见，从这一时期开始，政府对校企合作的态度更加明确，并注意到高校与企业界联合的重要性。

1991 年 5 月，英国政府发布的《高等教育的框架》对 1987 年白皮书中的"要更多考虑国家经济需要"提出了新的设想，如引导企业参与高等教育试点工作。这种试点旨在通过高等教育机构和雇主的伙伴关系，培养具有劳动技术知识，并富有创业精神的毕业生。

由此可见，无论是对高校自身发展，还是为了企业的发展，都需要高校和企业建立密切的合作关系，加强两者间的互动。到了 20 世纪 90 年代至 21 世纪初，英国政府出台了一系列校企合作的政策(见表 3-1)。可见，当时在英国，高校与企业合作已是不可逆转的潮流。

---

① 黄道主：《英国政府克服校企合作障碍的探索与启示》，载《高教探索》，2019 (11)。

表 3-1　20 世纪 90 年代以来英国促进大学与企业合作相关政策①

时间	政策
1992 年	法拉第合作伙伴计划（Faraday Partnership）
1994 年	技术前瞻计划（Technology Foresight）
1995 年	连接方案计划（Link Initiative）
1996 年	院校与企业合作伙伴计划（CBP）　共同研究设备方案（JREI）
1998 年	高校挑战计划（University Challenge Schkeme）
1999 年	科学创业挑战计划（SEC）
2000 年	高等教育创新基金计划（HEIF）
2003 年	知识转移合作伙伴计划（KTP）

据统计，英国的高等教育在当时产生了将近 2340 亿英镑的经济效益，同时也扶持了近 50 万个工作岗位，然而只有不到 1/5 的企业利用了高校的技能和知识开发，因此英国政府认为还应该进一步加强企业和高校的联系与合作。例如，增加高等教育创新基金（Higher Education Innovation Funds，HEIF），主要用于鼓励高校加强与各地方、地区和国家间的合作；通过高等教育创新基金建立一个由 20 个知识交流中心组成的网络系统，支持并奖励高校加强与工商业界的联系；强化高等教育机构与地区发展局的合作并增强其分配高等教育创新基金上的作用；建立以工作为基础的基础学位；建立新的行业技能委员会，使行业协会、企业与高校相关的学科联盟，在开发、实施课程以及向企业提供培训方面展开密切合作。

英国政府 2003 年 12 月发布的《商业与高校协作兰伯特评论》终结报告对加强高校与企业之间的合作是最有成效的。这是英国政府关于高校与企业合作最为全面系统的报告，报告发布之后引起了社会各界的强烈反响。报告指出，按照国际标准，英国高校拥有良好的科学和技术表现，而不是单纯的象牙塔的形象，高校在促进地区和国家间发展的作用越来越大。企业应进一步学会挖掘高校的创新能力，在这个过程中，政府要充当高校和企业间发展的桥梁和纽带角色，要支持高校和企业的合作。报告还从各个角度论述了高校和企业合作的必要性，不仅对企业有严格的要求，同时也强调高校要提高自身的工作水平，来加强与企业的合作。

---

① 牛长松：《英国高校创业教育研究》，85 页，上海，学林出版社，2009。

除此之外，近年来英国政府发布的相关文件也体现出校企合作对开展创新创业教育并培养出一批优秀人才的重要性。例如，2016 年 10 月，英国政府在重大科技问题方面的最高咨询机构英国科技委员会给英国首相的信函中指出了大学本科生的科学、技术、工程、数学教育在创新创业教育中的重要性，并建议"创新英国"和"卡特帕尔兹"两个机构及其商业网络机构与地方企业更紧密地联系，为学生提供实习和创业机会，同时让企业家与高校教师一起参与创业教学，也为高校研究人员提供具有商业前景的创意机会。[1] 该年教学卓越框架(Teaching Excellence Framework)的发布对创新创业教育的教学和学生成果提出标准和要求，将学生的成果与学习成绩的衡量指标扩展至学生在企业的参与程度、学生的创新数量等多个维度。到了 2019 年 11 月，英国政府发布的《创新创业教育框架》更是为校企共同参与创新创业教育并凝聚校企共识提供了方法。[2]

总之，校企合作是创业教育中必不可少的部分，创业教育之所以能有如此大的发展空间，也是由于它在课程制定、教学目标、教学模式及其资金来源等方面与其他教育形式有着根本区别，最重要的还是它与社会经济、与企业界的联合，使得它具有很好的发展趋势。

(三)法律保障的建设和实施

政策的贯彻实施需要法律做保障。英国政府十分重视法律在创业活动和在开展创业教育中的作用，保证了创业政策的实施和创业者的权益，同时使得创业教育向着更合理、更有效的方向发展。20 世纪 80 年代以来，英国政府相继颁布一系列有效保护知识产权的法律、促进小企业发展的法律条文以及其他有利于保障创业活动进行的法案，对英国创业活动的开展以及创业教育的进行产生了深远影响。

1. 中小企业的法案

20 世纪 80 年代左右，中小企业对经济增长的意义和作用受到英国政府的重视。创业教育也在小企业经济的带动下发展并迅速蔓延开来。因此，英国在法律的制定上也倾向于保护中小企业的合法权益，以便它们顺利快速地

---

① 谢萍等：《英国创新创业教育的现状及其启示》，载《世界教育信息》，2018(14)。
② 崔军：《英国高校创新创业教育国家框架：理念更新与思路借鉴》，载《比较教育研究》，2020(5)。

发展。

英国出台的中小企业的法案,主要涉及以下几方面:第一,防止大企业吞并中小企业进而形成垄断;第二,保护小企业的发明专利;第三,鼓励并促进政府实验和高校科研技术成果向中小企业转让;第四,解决企业间债务拖欠和任意违约问题,确保中小企业资金正常周转。①

2. 公司法的修改和完善

英国政府十分重视公司法的建立和运用。英国政府以 2002 年政府白皮书为基础,修改公司法。这是英国政府 100 多年来对公司法进行的规模较大的一次修改。2005 年 3 月颁布的《公司法改革白皮书》(*Company Law Reform White Paper*),提出全面改革公司制度以适应现代企业发展的需要的意见。改革主要内容是强化中小企业的地位及设立简便公司以促进中小企业发展。其主要目的是制定一部最适合中小企业发展需要的、尽可能宽松的、更易于理解的法律。同时,通过采取一些诸如自然人可以设立任何种类的公司、简化公司名称规则、降低担任董事职务的负担、简化等级手续的措施,方便了公司的设立,降低了公司的运营成本。可以说,改革在较大限度上维护了中小企业和封闭公司的法律地位。这些举措较为有效地促进了中小企业的建立和发展,最大限度地促进和维护了公司利益,为新创业者提供了很好的法律保障条件,对创业教育的发展是一个较好的铺垫。

3. 高校知识产权的维护

21 世纪的创业涉及更多的是高科技类创业,尤其是一些与新产品、新思想的开发等有关的项目。20 世纪 80 年代中期以来,不少英国高校已经有了较为成熟的保护和利用知识产权的政策,主要包括内部保护知识产权和所有权与外部管理知识产权两个方面。

在内部保护知识产权和所有权上,英国高校没有权利来支配学生自己的创作,原因是学生在学校学习创作而不是作为学校的员工,并且他们也支付了一定的学费,所以不需要把自己的知识产权交给学校来处理。从管理的角度上看,这样也存在一定的问题,因为教师和学生间是指导与被指导的关系,很多成果并不能明确区分二者间的多与少,由此产生的知识产权纠纷不利于师生合作和知识产权的进一步利用。因此,不少高校与学生签订了一些协议

---

① 金丽:《英国高校创业教育探究》,硕士学位论文,东北师范大学,2009。

以避免产生不必要的纠纷。

英国纽卡斯尔高校创业中心主任保罗·弗里曼、商业开发主任爱玛·巴伦博士以及人类与社会学系的教师在英国高校开展了学生知识产权的调查。这个项目的策划小组主要由一个知识产权律师、一个学术创业家以及一个商业开发经理组成。可以看出英国社会较为重视有关知识产权方面的保护，并加大实施相关措施的力度。这个项目采用了问卷调查形式，对英国高校中一些涉及知识产权的问题展开了调查，如产权意识、知识产权教育和培训、知识产权转让、院校知识产权政策等问题。此外还采用了访谈式和半开放式的方法，对所有参加调查的院校的知识产权的情况有了初步了解，同时也得出一些有建设性的结论。例如，不同院校处理知识产权的办法各不相同，有的以学生为中心，有的以管理为中心；与学生在知识产权问题上的沟通也不尽相同，有的高校为了提高学校的声誉，与学生建立长久的联系，同时各个院校与学生的合作方式也与个人工作方式有关。但有一点确定的是，高校知识产权政策的制定应当是一个多方参与的过程，而不仅是法律专家的责任。随着学生对创业知识产权的关注增加，高校必须满足学生这方面的要求。要在教学中培养学生的知识产权意识，也要让学生了解保护知识产权和其商业化的支持机制，这就要求高校要根据学生和学校的具体情况，有针对性地开展相关教学。

目前国际上对外部管理知识产权一般的处理方式，是由政府资助的从研究中产生的知识产权一般属于研究机构，这样有助于识别知识产权的潜在价值以及进一步利用。例如，2001 年 12 月由英国专利局制定的政策便是由研究机构来管理的。还有的是由工商业界或慈善基金会资助的，但知识产权的归属就不同了，一般都是根据具体情况来协商知识产权的所有权以及其他相关的问题等。目前英国各高校十分重视学校教师和学生的知识产权问题，例如，如何保护学校的研究成果以及如何保障学校的知识产权在工商业界的应用和既得利益等。

不同国家采用了不同的知识产权保护政策，具体措施往往也不同。英国高校在保护知识产权上表现得十分积极，有些机构已经取得了一些成绩，其他一些机构也在不断完善中。

三、主要特点

(一)分层多样的创业教育课程体系

英国创业型大学普遍重视创业型人才的培养,并展开"广普式"创业教育。在课程设置上,更加注重培养学生的创业态度、创业技能和创业行为;采用差异化的模式培养专业创业人才,内容多样,形式多元,对创业实践提出的要求更加切合实际。

英国高等教育质量保障署设定的英国国家创新创业教育的总体目标是开发创业的有效性,具体到高校人才培养是:①培养学生的独立性与自主工作能力;②能够设立明确的目标以及评估和反思目标;③成为机遇领导者;④能够评估数据;⑤能够创办企业;⑥能够提升和评估企业价值;⑦成为市场导向型人才;⑧成为媒体沟通者。

依据总体目标的设定,英国创业型大学的创业教育课程目标可分为两个层面:第一个层面定位于学生的创新创业意识和创新创业思维的培养,即共性目标;第二个层面定位于创新创业能力的创业型实践者的培养,即个性目标。

英国创业教育课程设置的主要目标在于向学生教授创业知识、技能后使其具备一定程度的创业动机和意向,并能自主选择创业作为之后的职业规划方向,这一层面的目标称为共性目标。具体内容主要包括:第一,培养学生创新创业的意识,使学生了解创新创业精神在更为广泛的世界中的专业意义和对自我的意义。例如,学生需要了解并能够适应时代发展的变化,知道小企业在行业中的作用,还应该了解社会企业对其所在地区的影响以及创意想法和知识产权管理的价值,等等。创业课程的设计强调介绍当前社会的创新创业活动、探讨相关理论基础和探索小企业中创新与就业机会的关系。主要通过课程内的学习来完成目标,也可以通过社团、学生会、职业服务机构及创业中心等部门开展的校园创业文化活动来激发学生的创新创业意识。第二,注重培养学生的创新创业思维,并鼓励学生发展创新创业能力的自我意识,以及在不同情况下灵活运用这些能力的动机和自律意识。主要包括:①意识到自己的个性和其社会身份;②积极实现个人的抱负和目标;③学会自我管理以及增强适应能力;④对事物潜在的价值充满好奇;⑤学会建立机遇与挑战之间的联系;⑥用正确的态度对待未来的不确定性和模糊性、预知的局限性、风险与失败；⑦对道德、环境与社会等保持正确的个人价值观。

英国创业课程的个性目标注重激发学生个人的创业动机，培养学生将想法变成现实的创业能力与技能，更强调培养实践性人才。由于不同学科和职业对创新创业能力思维的要求不同，因此英国创业型大学培养学生创新创业能力时，一般以学科背景为基础，鼓励学生设计出新的产品或商业服务；同时，训练学生的执行力、决策力以及领导力，使其学会有效沟通与战略分析。除此之外，还注重培养学生在互联网时代运用数据和媒体发展业务的能力。

为实现创业教育的共性目标和个性目标，伦敦大学国王学院建构了一个"企业家心态七要素框架"（the Seven Skills of an Entrepreneurial Mindset），主要包括：①果断、有影响力；②敢于质疑；③自主思考；④能够证明一个新想法的有效性；⑤灵活思考；⑥团队协作能力；⑦执行力。该学院将此框架应用到全校创业教育的开展中，既有利于培养学生的企业家技能和思维方式，也促进了学校不同部门、团体间的对话与交流，提升了整个学校在英国的影响力。

由于创新创业教育目标的不同，英国创业型大学一般将课程划为三类，即"关于"创业的教育课程（'about' courses）、"为"创业的教育课程（'for' courses）以及"在"创业的实践活动（'through' activities）。前两类课程主要是为在读的高校学生开设的，"在"创业的实践活动则倾向于面对教职工、校友、创业者等社会人士。

"关于"创业的教育课程以内容为导向，主要是让学生大致了解创业现象，帮助他们思考和吸收某个主题的理论知识。例如，通过学习创立企业和商业的发展策略，培养学生创业的意识、态度、思维、精神以及价值观，使其了解创业在社会经济发展中的地位，进而产生创业的意愿。这类课程通常会使用较传统的课程实施方法，设有明确的教学大纲，以教师的讲授为主。具体而言，首先，通过教师指定阅读内容和开展讲座的形式让学生学习有关创新创业的基础理论知识，训练学生能够批判性地评估相关的学习资料和著作；其次，通过案例学习使学生参与调查、分析过往事件和决策过程。最后，通过分析性的文字检验其学习效果，例如，进行传统的知识储备测试或要求学生撰写小论文。

"为"创业的教育课程是为创新创业做准备的课程，主要关注学生创新创业思维的培养，学生要学习如何像企业家一样处理商业难题，看待一般问题。课程一般会设置特定的商业情景，以激发学生敢于探索可能的商业机遇以及思考未来将会发生的事情的动力，使学生在未来创业过程中少走弯路。这种体验式的课程实施方式不局限于使学生高效地从教材中获取相关创业知识，反而更多借助于案例和教师为学生创设的氛围和场景，希望引起学生的情感体验，促进创新创业技能的培养，为其成为具备创新创业精神的人做准备。测评方式通常是要求学生演讲、做报告或以小组为单位展示其学习成果。

"在"创业的实践活动重点是发展学生的创新创业能力，也就是注重"在做中学"。课程强调将理论应用于实践，使学生熟练掌握技术，从而具备建立或经营企业的素质。该课程的授课对象较为广泛，既包括有雄心抱负的年轻学生，也包括已经毕业的校友、创业者、企业员工等社会人士。学习模式有全日制学习和在职学习两种模式。课程开设形式较为灵活、多样。

英国创业型大学的创业教育课程逐渐走向专业化。不同层次学生，对应的课程目标也有所不同。课程内容丰富、辐射面广，而且形式具有多样化的特点。例如，斯特拉斯克莱德大学与沃里克大学是英国最早的一批创业型大学。克拉克在 20 世纪 90 年代就在这两所学校进行了深度的实地考察，并对这两所大学的建设成果给予了高度的评价。哈德斯菲尔德大学则是近年来发展较快的创业型大学之一。

1. 本科创业教育课程

斯特拉斯克莱德大学在 19 世纪 80 年代凭借其工程技术与管理类专业久负盛名。除此之外，该校还是欧洲创新大学联盟的成员。建校初期，斯特拉斯克莱德大学便致力于打造一所学生能学习到实用工艺的学校，多年来始终秉承着"让大学成为有用的学习场所"的办学理念，强调"质疑自己的做法"，"挑战传统界限"以及"鼓励所做的一切创新行为"。该大学多次入选英国"杰出创业型大学"，并在 2013 年荣获冠军。该大学商学院的亨特创业中心承担着该校的主要创业教育内容。在本科阶段，便针对有创业意愿、将要接管家族企业或者打算承担领导职务的学生设置了工商企业学士学位课程。

除核心课程外，学生还须在前三年完成管理发展项目（The Management Development Programme，MDP）的实践课程。该课程强调学生学会处理实际商业业务中的问题，使所学的学科理论知识能与实际经验相结合，增强学生的实践能力。来自宝洁、德勒、巴克莱、安永等国际知名企业的雇员和管理者将参与到课程和教学的评估中。第一年的学习结束之后，表现最好的团队将获得相应的奖励。

2. 研究生创业教育课程

沃里克大学成功转型为创业型大学与其优质的创业教育课程息息相关。该大学在研究生阶段设置了专门的创新创业硕士学位（Innovation and Entrepreneurship，MSc），并为学生量身打造了具有实践性的创业课程。该课程涵盖了从新想法的产生、开发和完善到最后项目的启动，是一整套的商业模式过程。学生每完成一个课程模块都需要进行考核。课程考核并非完全以传统的笔试形式进行，更多时候要求学生以个人或小组为单位完成任务并提交一份 3000～4000 字的书面报告，该项目占总体评估的 50%。另外 50% 则要求学生完成 一篇 20000 字的硕士学位论文。除了必修的七门课程，学生还需要根据自己的兴趣爱好再选修两门其他课程。

（1）商学院以外的创业教育课程

在哈德斯菲尔德大学的音乐、人文与媒体学院里，虽然戏剧学位课程没有设置明确的创业课程，但课程的负责老师十分鼓励学生做自由的工作。该大学还有一个学生戏剧公司，为学生们提供剧院运作的机制和预算。音乐技术和声乐系统专业的学生将在最后一年学习一个名为"音乐产业中的商业"的创业教育模块，主要是学习如何在音乐行业中起草合同以及学习如何管理企业。除此之外，来自艺术、设计和建筑学院的建筑学专业学生们还必须学会起草有关建筑的合同并能够获得规划许可。学院会为学生们提供学业完成后创业所需要的工具。计算机游戏设计专业的学生则可以在"运河边工作室"（Canal Side Studios）申请一份"三明治"的实习工作，在那里运营自己的游戏工作室并能获得项目认证。在同一所学校里，如果有项目要求学生为移动设备设计一款游戏，这就需要学生具备创新创业的能力，例如，个人营销技能等。在该项目中，他们可以同时开发与众不同的产品。

音乐、人文与媒体学院开设的"杂志设计与制作"课程，重点分析了制作和设计的本质以及杂志市场的复杂性和多样性。该课程为新闻专业学生的核心课程，而体育新闻、音乐新闻和商业设计专业的学生可作为选修课来学习。该课程内容涉及经济、技术和设计生产组织以及成本的知识，并需要对出版业的性质进行研究。该课程还向学生展示了杂志行业的整体概况以及整个生产过程。学生需要通过市场调查、预算设置、迭代设计和市场营销等过程，完成制作虚拟副本。最后这些成果都会呈现给龙穴风格（Dragon's Den style）行业的专家小组。该课程的第一学期采用的是比较传统的教学方式，例如，邀请经验丰富的行业精英到校内开讲座以及研讨会。第二学期则侧重于通过项目学习提高学生的实践能力。例如，学生需要组成一个业务团队共同完成项目设计，最终需要呈现一份 12 页的杂志虚拟副本，包括具有代表性的副本、设计和广告以及市场的营销策略、可行性分析、基本业务计划方案和基本资产负债表。哈德斯菲尔德大学将该课程视为该校创新创业教育以及提高学生就业能力的最佳实践项目。

(二)专业化的创新创业型师资队伍

创业教师是创业教育质量的前提和保障。自 20 世纪 80 年代以来，受国家政策、经济发展、大学组织转型等因素影响，加上欧盟创业教育项目的推波助澜，英国创业教育冲破了世俗观念的束缚与传统的桎梏，并在创新文化的熏陶下实现了快速发展。与此同时，其创业教师队伍也逐渐走向正规化、专业化和体系成熟化，主要表现为具有明确的创业教师标准、高水平的创业教师、多元的创业教师培训平台。

1. 明确的创业教师标准

创业教师的品质和能力会直接影响学生在创业方面的态度和行为，创业教育师资对于创业教育的顺利推行并提升创业教育的质量发挥着重要作用。英国由于先前缺少相关的标准来规范与衡量创业教师职业，这不仅会影响教师自身对创业教育的理解以及是否具有进行创业教育的技能的判断，而且还影响了大学生的就业能力和雇主的满意度。《英国高等教育机构创业教育指南》(*Enterprise and Entrepreneurship Education：Guidance for UK Higher Education Provider*)于 2018 年 1 月由 QAA 发布。该指南对创业教育的内涵重新进行诠释，主要体现在创业教育(Enterprise and Entrepreneurship Education)被分为创新行动力教育和创业精神教育两大类：创新行动力教育(Enterprise Education)是培养学生产生原创想法的能力，以及将其想法变为现实的态度、品质和技能的过程；创业精神教育(Entrepreneurship Education)致力于创新能力的应用，帮助具有识别创业机会能力的学生将其想法变成现实，并鼓励他们成为个体经营者、开办新企业或为现有企业谋利。目前，英国高等教育致力于培养"创业型"学生，以应对存在诸多不确定性、不可预测性的社会环境。在传统教学方法发生根本性变革的过程中，创业教师作为教学的直接参与主体，对创业教育的有效开展起着至关重要的作用。

随着英国政府推出一系列促进创新创业教育的计划和举措，创业教师的数量在不断增加。这些教师既包括学校中负责与创业教育相关的课程教师，也包括创业大赛冠军、各行各业的企业家等。但英国的小企业创业发展行动组织(Small Firms Enterprise Development Initiative，SFEDI)与 QAA 的一项合作研究表明，英国此前缺乏相关标准来衡量与认可创业教师。最近的一项从企业的角度分析的研究认为，缺乏对创业教师职业发展的支持将成为企业参与创建创业课程建设的主要障碍。所以，英国的小企业创业发展行动组织与英国创业教育者协会(Enterprise Educators UK，EEUK)共同合作，制定了一套创业教师的国家职业标准(National Occupational Standards for Enterprise and Entrepreneurship Educators)以明确创业教师的工作职责及其扮演的职业角色，并使学生的创业学习过程更具价值。该标准明晰了创业教师的四个角色定位：①创业教育课程的开发与传授者。②学生与其他利益相关者之间建立紧密联系与合作的协调者。③学生创业实践的指导者，激发学生动力的学习促进者。④时常反思自己教育实践的学习者。此外，该标准还明确了创业教师的工作任务，如教师个人应与企业建立联系，为学生提供实践的途径，帮助学生获取实操经验，等等。

2. 高水平的创业教师

高水平的创业教师队伍是创业教育有效开展的重要保障。英国高等学校的创业教育师资力量雄厚，主要体现在创业教师来源广泛、声望高以及实践指导能力强。

(1)创业教师来源广泛、声望高

一方面，英国高校创业教育师资的来源是具有丰富理论知识的高校教师，除了商学院的专职教师之外，还有来自各个不同学科的、具有优秀的学术研究背景和丰富教学经验的高学历导师。例如，在剑桥大学里，教授创业硕士学位课程的教师通常来自创业学习中心或剑桥贾吉商学院，他们一般拥有 20 年以上的相关工作经验并有多个领域的博士学位或工商管理硕士学位，包括创业学、人类学、工程学、生物科学和工商管理等。[①]另一方面，英国高校聘请了创业投资家、咨询师、企业家等具有实际管理工作经验的人员担任创业教育教师。除此之外，学校也会聘用政策的制定者、基金会的成员等担任客座教授，主要是向学生解析国家政策方针的具体要求以及申请创业资金的具体细则，为学生提供更全面的创业过程指导。

---

① Bischoff K. "University of Cambridge：Persistently Innovating Entrepreneurship Education Methods," *Entrepreneurship Education at Universities*，2017：419-422.

英国高校的创业教师往往具有较高的声望，无论是在学术界还是在其他领域，他们的个人成就以及社会地位都受到广泛的认可。例如，恩库比（Mthuli Ncube）是牛津大学赛德商学院（Sain Business School，SBS）MBA课程的客座教授，具有非常高的声望。他既是津巴布韦经济发展与财政部的部长，也是世界银行、国际货币基金组织和非洲发展银行的官员。他还曾经担任非洲经济研究协会主席及南非金融服务委员会董事，还是全球发展网络董事会成员，被评选为非洲最有影响力的经济学家。另外，社会创业学的终身教授亚历克斯·尼科尔斯（Alex Nicholls），自2010年以来一直是英国社区利益公司监管机构的技术顾问，并在英国多家著名商学杂志社里担任编辑。他还曾作为英国公民社会办公室的顾问，帮助英国政府制定社会企业政策。

（2）创业教师实践能力强

创业教育重点在于培养学生的实践能力，以经验性课程为主。具有丰富的实际管理或建立企业等相关实践经验的教师有助于学生充分了解创业或企业运作的全过程。例如，曼彻斯特大学在招聘创业教育的高级讲师时，需要求职者具备实际的创业管理经验以及在非营利企业就职的经历。在拉夫堡大学创新中心里，60％以上的创业教师兼任校外企业的顾问，他们可以随时了解市场动态、调整创业课程并指导学生进行创业实践。①剑桥大学战略与国际商学学科组的克里斯·柯勒律治（Chris Coleridge）教授曾经是一名企业家，拥有丰富的企业管理经验。除了担任创业教育课程教师外，克里斯教授还兼任金融科技、医疗、数字领域等9家公司的董事顾问，并与高盛、保时捷等企业保持着密切的商业联系。

在创业课程实施中，成功的企业家经常作为特邀演讲嘉宾向学生传授创业理念，并且会被邀请参加学校组织的各种实践性活动，如参观公司、谈判演习等。哈德斯菲尔德大学所有创业课程都会让业界专业人士和小型企业创业者进行审查。例如，建筑工程学院和艺术设计学院都会与工业设计师展开合作。除此之外，2013年，英国皇家工程科学院授予该大学两个客座教授职位，而世界500强的3M新创公司（3M New Ventures）的总裁斯蒂芬·加布里埃尔（Stefan Gabriel），始终致力于帮助大学建立起成熟的企业孵化器，并培养有潜力的创新创业型人才。

---

① 韩建华：《英国高校创业教育研究——以牛津大学赛德商学院创业教育实践为例》，硕士学位论文，河北师范大学，2011。

3. 多元的创业教师培训平台

培训平台为高校创业教师成长提供土壤，是众多高校及相关组织机构推进创业教师培养的重要依托。英国高校为创业教师的专业成长打造了多元化的平台。

（1）"创业学"的硕士专业学位

苏格兰的创业教育评估组在《决心成功：创业教育》（*Determined to Succeed：Enterprise in Education*）中提出，创业教育师资的培养必须要包含职前教师教育阶段，并将该阶段作为教师专业持续发展中的一部分，而且所有的创业教师都应接受至少每两年一次的教师专业发展培训。因此，英国许多高校均开设了"创业学"的硕士项目。这不仅培养出创业领域的专业人才，也使创业师资供给得到强化。例如，诺丁汉大学开设了"创业学 MBA"（MBA in Entrepreneurship）项目，除了有传统的基础课程之外，该大学还开设了"创业学"和"创造性解决问题"两门核心课程，并要求学生选修两门与创业教育的相关课程。[①] 除此之外，学校还会提供夏季实习机会，鼓励学生将所学的创业理论付诸实践。考文垂大学与全国创业教育中心（National Centre for Entrepreneurship in Education，NCEE）开展合作，开设了旨在培养学生创新能力的课程，教授与创业教育相关的课程以及能指导学生创业实践的创新创业教育硕士文凭项目（MA Enterprise and Entrepreneurship Education）。在该项目中，学生需撰写个人论文、做报告、展示研究的项目、参加合作论坛以及深入研究案例等，最后完成研究论文即可以获得硕士文凭。

英国高校"创业学"硕士的培养独具特色，教学组织形式和效果评价方式灵活多样。2011—2012 年，英国政府在斯旺西都会大学开发并使用了一种"创造主导型"（Creativity—led）的积分制教师培训模块，以完善当前职前教师培训制度，增强未来教师的工作能力，帮助教师开发学生的创新力、创造力、解决实际问题的能力和发掘商业价值的创业潜力，并使任何学科的教师都能开发出个性化的创业课程。这种教师培训涉及教师教育、脑科学、商业管理以及创业设计等多种学科知识。学校会为完成第一年学业的学生颁发教育专业硕士的文凭证书（The Post Graduate Certificate in Education）。斯旺西都会大学为了检验创业教育的有效性，采用了"连续性概念评估模式"（Continuous Conceptual Review Model）。邀请自主创业的校友参加当前项目的开发和各种

---

① 乔明哲等：《英国大学创业教育的特点及其启示》，载《外国教育研究》，2009（6）。

各样的教育实践活动。这些校友不仅要参与授课，还需对学生的创业活动做出评估。他们将真实的创业经验与案例分析带进课堂，让学生体验真实的企业家的世界，并思考如何在未来与企业家一起工作。

（2）创业教师专业发展的培训项目

英国高校开设创业教师专业发展培训项目，其主要目的是增强创业教师的专业水平，促进教师间的合作与交流。2010 年，NCEE 发起了"创业型领导者计划"（Entrepreneurial Leaders），为英国各高校的领导者提供了一个交流创业知识的平台。各院校的高层领导每年会在不同的大学里接受创业课程培训，参与者会从理论和实践经验的角度去探索不同大学的创业教育进程，还会被鼓励去评估其机构的创业能力，并识别潜在的变化和发展领域。参与者之间具有高度的交互性。

国际合作项目不仅为各国创业教师的学习交流提供了平台，而且还促使各国的高校一同推动创业教育的发展。例如，在英国最有影响力的便是由英国高等教育协会（UK Higher Education Academy）与美国考夫曼基金会（US Marion Kauffman Foundation）共同资助的国际创业教师项目（International Entrepreneurship Educators Programme，IEEP）。该项目以培养未来创业教育领导者为目标，为世界各国致力于发展高等创业教育的教师、学者、企业家提供了相互学习交流的平台。在项目中，培训课程将创业理念与实践相结合，旨在加深教师对创业过程和企业管理过程的理解，并激发教师潜在的企业家领导力。目前，已经有 70 多个创业教育机构、100 多个创业教师以及企业管理者共同致力于探索在创业教育过程中应当采取何种教学方法帮助学生掌握相关技能。自 2007 年设立以来，IEEP 的研究成果在英国得到广泛认可。

当时，由于受到欧盟区域环境的影响，英国置身在浓厚的欧盟创业氛围当中，在创业教育方面采取了多种有效措施以实现引领欧洲的愿望。[1]例如，由 NCEE 领导的与芬兰、丹麦、克罗地亚的高校合作共同开发的欧洲创业教师项目（The European Entrepreneurship Educators Project，3EP），旨在提供经济上的支持以及宏观计划上的指导与管理，该项目开展了持续 3 年（2010—2012）。每年一度的"欧洲夏季学术年会"（European Annual Summer Academies，EASA），促进了高校教师与当地企业家共同合作、交流探讨创业教育

---

[1]　胡瑞：《传统伦理与世俗消解：英国高校创业教育发展及启示》，载《中国高教研究》，2013(2)。

教学法和体制的变革，增强了创业师资的实践能力，并在全欧洲范围内增强了创业师资培训力度。

（3）创业教育的研究中心与网络平台

英国不少高校的创业教育研究中心是师生进行创业教育理论学习与实践的场所。校内和校外的教师均可以在创业教育研究中心接受培训。经验丰富的教师、创业教育研究学者、企业家等共同合作开发创业教育课程，并探讨在不同学科、不同领域中行之有效的教学方法。[①] 例如，利兹大学设立的"创业协会"（Institute for Enterprise）、诺丁汉大学成立的"综合学习进步中心"（Centre for the Advancement of Integrative Learning）等。其中最著名的当数由英国约克大学、利兹大学和谢菲尔德大学联合创立的"白玫瑰教与学优异中心"（White Rose Centre for Excellence in the Teaching and Learning of Enterprise，CETLE）。该中心主要是通过奖励优秀教师和探索教与学的新模式，从而更好地发展学生的创业能力。斯特拉斯克莱德大学的搜寻者创业中心（Hunter Centre）是目前英国最大的校园创业教育研究中心之一，它集教学、研究与创业功能于一体，在为校内教师和创业中心的员工提供专业发展的培训的同时，与斯特拉斯克莱德创业网络（Strathclyde Entrepreneurial Network）展开密切合作，为教师提供创业支持。

建立创业教育网络平台为创业教师提供了多样化的教学和研究资源，不仅方便了教师深入创业理论方面的学习，并且有效促进了学生、教师、高校、企业等多方思想的交流。例如，赛德商学院开设的"创业赛德"网站，整合了研讨会、教学实践和其他相关的网络资源，支持创业教师的在线学习。英国南威尔士大学为了指导教师选用正确的教学方法，扩展学科知识，并提升学生创业的信心与技能，开发了课程提升工具箱网站（ETCTOOLKET）。该网站参照了 QAA 的学科标准要求，明确标识出了学生需要掌握的创新创业能力以及教师在该学科领域中如何进行具体的教学设计，并且为教师提供了大量基于实践的创业教育的教学案例。该网站真正做到了精品教学资源共享，有助于教师获得新的教学灵感和提高教学技能。除此之外，一些高校还建立了专属的创业在线图书馆，要求教师通过在线学习的方式，深化对创业理论的认识。例如，伦敦大学国王学院建立了电子学习和教学服务的网站（King's E-

---

① 李坚等：《英国高校创业教育保障体系的探究及其启示》，载《现代教育科学》，2013（3）。

learning and Teaching Service，KEATS）。该平台发布了大量与创业相关的文章、视频、讲座等资源供校内教师进行在线学习。

（三）灵活多样的教学方式

英国高校创业教育的教学方法灵活多样，主要有头脑风暴法、模拟和游戏、竞赛和多媒体案例教学、师带徒学习方法、野外拓展训练法、工作访问以及工作实习项目等。① 全球信息技术革命为创业教育开拓了大规模的市场，加强了以自我为导向的学习方法的潜在灵活性。例如，众多的网络公开课程如"慕课"（MOOCs）逐渐受到大众的追捧，尤其在当下英国全日制高校学费上涨而成人学生数量减少，弹性学分积累与制度转移的可能性增加的形势下，"慕课"越来越受到成人学生的关注。当然，这种方式需建立在他们具有使用社交媒体的能力上。但这种网络学习方式也存在一定的局限性，如较难保证课程资源与认证和评估之间的链接，学生难以拿到达到及格必需的学分。因此，不少高校采用计分卡（Scorecard）的形式来评估创业教育课程。计分卡包括所有与战略领导方法有关的问题，也就是将创业和创业教育融入高校。这种评估方式已被用来研究读者感兴趣的主要领域，探究高校不同活动领域的潜在协同性以及综合审查高校的创业潜力。使用这种方式的还有"创业型领导者计划"的参与者。有的创业导师也会在发展计划中利用计分卡来检测自身对创业活动的知识掌握。这不但为他们的发展状况提供了主观评价，也为创业教育融入高校提供了坚实的基础。

（四）健全完善的组织机构体系

传统高校往往被认为是一种"有序的无政府主义组织"，其主要特点是易受政府政策控制和驾驭而自我驾驭能力薄弱，研究工作的开展更多的是由好奇心驱动，是一种由社会服务功能衍生出的教学和科研活动的前向线性模式。然而，当知识经济时代到来，长期处在象牙塔的高校无法置身事外。对于创业型高校而言，其组织需要的是以市场为风向标，依靠以服务社会为明确目标而开展教学与科研的一种逆向线性模式。基于此，英国高校敢于革新组织结构，将企业管理的先进理念与传统学术价值观融合在一个重建的行政平台

---

① 牛长松：《英国高校创业教育研究》，194～209 页，上海，学林出版社，2009。

上，并赋予学术管理领导者决定高校发展方向主要资源配置的决策权。在强有力的领导核心下，提高了高校应对社会需求不断变化的敏锐程度，增强了学术机构成员的使命感，使他们对高校的发展方向有了清晰明确的认识。

1. 内部组织结构"扁平化"

科学合理的管理体制有助于提高高校的工作效率、加快发展的速度。2019 年 NCEE 一项对高校领导人关于高等教育未来的看法的调查显示，85％的高校领导者认为，当前高等教育机构需要进行彻底的内部组织变革或者做出重大的改变以适应来自各方的压力。沃里克大学的成功转型便与其独特的内部管理体制息息相关。它舍弃了 20 世纪 60 年代之后欧洲大部分高校秉承的分权共治理念以及在系上设院的管理体制，并融合企业管理思想，采取了纵浅横宽的"扁平化"组织结构。

在沃里克大学内部治理结构中，理事会是行政管理机构，拥有最高决策权与财政权，与参议会协同监督大学事务的健康运行。在理事会下，沃里克大学设置了专门的常设委员会，以监督特定业务领域的运作，权力下放给这些校级委员会，期望实现真正的强有力的驾驭核心。最高学术权力机构则是参议会，主要负责与大学运作相关的、在教学和研究方面的学生教育以及纪律、学术工作、学位授予审批以及管理教师福利待遇等。参议会管辖下的每个学系也都设有各自的委员会，校部不会横加干涉，这样巧妙地将学术理念引入大学管理，尽可能给予系部人员自由发挥的空间，以充分展现个人的创新创业想法。学校虽然设有三个学部和一个研究中心，包括医学、科学与工程学部，社会科学部，文学部以及研究中心，但这些并非是实体的管理机构，学校的管理组织简化为校系两级统筹兼顾的内部组织管理形式。除此之外，校级部门产生的重大决策能较快地下达系级部门并及时得到反馈。这样既提高了行政管理的效率，实现院系间的跨学科合作，又能根据市场需求，迅速抓住学校发展的机遇，开发具有潜力的科研产品。同时，基层科研单位的决策权与财政权也得到了加强，如教授能够在较大程度上自行决定研究方向以及开设的课程，可以将精力集中在硕士生和博士生的培养上。这样"扁平化"的组织结构为该校战略目标的实现奠定了重要基础，创造出更为宽松、自主、活跃的学术发展环境。

2. 创新创业部门"市场化"

为确保学术和非学术之间创新创业活动能平稳地展开，英国创业型大学通常会专门设立以市场为导向的创新创业部门，并赋予部门主任相当大的权力，以加快与工商业合作，促进科研成果的快速转化。例如，伦敦南岸大学在践行《2015—2020 企业战略计划》的过程中，于 2014 年 9 月合并成立了一个新部门——科研与创新创业部门（Research and Enterprise & Innovation，REI），并增加人员编制，将组织结构调整为市场导向型，新成立的高层管理团队直接向 REI 部门的部长报告。

3. 参与治理主体"多元化"

英国创业教育的组织机构既包括高校内部的组织机构，也包括高校外部的支持机构。英国"创业型"高校的治理充分体现多元利益主体共同治理的特点，管理层成员构成多样化。①

英国高校内部的组织机构主要有：高校科技园（Science Park）、就业力优异中心、企业孵化中心（The United Kingdom Business Incubation，UKBI）、创业协会、创业中心及各类创业俱乐部等。英国高校科技园的产生与发展不仅有利于高校的组织转型，还满足了创业教育进一步发展的需求。设有科技园的高校，除牛津大学、剑桥大学等久负盛誉的学府外，还有曼彻斯特大学、利兹大学、沃里克高大学、伯明翰大学、萨雷大学等。著名的"苏萨克斯学术走廊（Sussex Academic Corridor）"在英国高校科技园区颇具影响。② 英国企业孵化中心由贸工部组建于 1998 年，旨在为创业高校生提供相关服务、技术和实践平台等。例如，拉夫堡高校创新中心的商业孵化器为有创业意向的学生开放图书馆，提供实验室、工作室以及各类办公服务、咨询服务等。英国高校设立的创业中心、创业协会、创业俱乐部等组织机构，一般用来为学生创业提供专业师资力量和咨询服务，并开设相关的各类课程，以推动学生的创业实践学习。例如，牛津大学赛德商学院科技创业中心制定"创业与商业技能"免费课程，并通过邀请一些富有经验的成功创业者为校内外学员进行相关培训，来推动他们的创业实践。

高校外部的支持机构有全国创业教育中心、全国大学生创业委员会、科学创业中心、全国高校企业家协会、高等教育学院、英国创业教育者机构等。全国创业教育中心旨在推动继续教育和高等教育领域的创业教育的发展，努力促进各高校的文化转型，提高教师自我发展能力，并鼓励支持在校生、毕

---

① 何岑：《英国创业型大学发展策略研究》，硕士学位论文，福建师范大学，2020。

② 胡瑞：《传统伦理与世俗消解：英国高校创业教育发展及启示》，载《中国高教研究》，2013，20(11)。

业生和教职工的职业选择或企业创建项目。全国大学生创业委员会负责开展创业教育的调查研究、服务及师资培训等。科学创业中心与周围区域内的高校有密切的合作，基本上可以覆盖全国，有利于广泛调动社会资源。全国高校企业家协会则是一个民间慈善机构，通过支持、联系社会化企业，激发全国各高校和学院学生的创业热情和创业活动。全国高校企业家协会的社会支持机制一直受到联合国认可，并在世界经济论坛中被誉为"全球青年创业最佳实践模型"。高等教育学院是提高高等教育教学的国家机构。它通过表扬和奖励优秀教师，使人力资源得到最佳的发展和最大化的分享，同时帮助高校制定和实施政策。与大企业不断衔接是高等教育学院解决就业问题的主要策略。高等教育学院还可以通过支持企业和管理等学科来推动高校创业教育的发展。英国的创业者教育机构覆盖全国，包括来自 75 家高等教育机构的 600 多个创业教育者。

英国的沃里克大学体现了多元利益主体共同治理的观点。首先，沃里克大学的理事会最多有 26 名成员，其中除校领导外，大多数为来自专业领域、工商界和地方当局委派的代表等校外人士，他们利用自己特殊的背景为大学的发展进言献策。其次，理事会下属的各个委员会成员构成也涵盖了从校内学者到校外人士、从管理层到学生代表的多类别和多层级。最后，与英国传统研究型大学的直接结构不同，沃里克大学的多元治理主体之间是相互监督的，这为学校多元化的发展方向提供了必要条件和有效的发展策略。

4. 组织管理模式"动态化"

英国高校通过加强对创新创业活动和利益相关者的管理，推动高校组织管理模式不断优化升级。英国高校的组织管理模式具有较强的个人发展主动性，能使组织中各个层次的个体都能享受到行动自由。创新创业驱动下的英国高校鼓励、授权并奖励创新创业活动的进行，努力使传统上作为"学术社区"的高校转变为"实践社区"的高校。

威尔士新港大学（University of Wales，Newport）是英国一所颇具创业精神的新兴高校，该校采取两大策略对组织管理模式优化升级，使学校更具创业精神：一是为整个组织而制定的战略；二是学校高层领导支持创业发展的战略。该校董事会将建设"创业型大学"作为学校发展的主要战略，并成立大学的创业发展小组，优化部门组织结构，提升领导力，确定教职工工作的优先级，并建立相应的奖励和激励机制。学校管理部门还积极支持创业战略，明确执行人员的分工与职责，调动社区等外部力量支持学生参与创业活动。①

（五）良好的政策和社会环境支持

英国良好的创业环境与政府多年的政策支持密切相关。英国政府出台了各项政策措施鼓励创业，例如，知识产权政策、科技创新政策和发展中小企业创业政策等。英国政府还不断地鼓励高校创业教育，对高校创业教育的开展起到推动作用。英国高校创业教育体系中占据着十分重要地位的伦敦商学院的发展便受益于此。

1. 政府支持伦敦商学院的创业教育

（1）颁布创业教育政策

20世纪90年代至21世纪初期，英国政府通过制定战略目标促进创业教育，逐步形成较为完整的政策框架（如表3-2所示）。英国的创业教育不局限于促进学生建立商业基础，而是更加注重培养他们的创业意识。创业政策的最终目的在于促使青年一代提高知识转化能力，并将之运用于今后的经济社会当中。

表3-2　20世纪90年代以来典型的英国高校创业教育政策

年份	政　　策
1991年	高等教育的框架白皮书
1994年	实现我们的潜能——科学、工程和技术战略
1998年	大学生创业项目
1998年	大学生技能和小企业
1998年	高等教育创新基金
1999年	科学创业挑战基金
1999年	新创业奖学金
2001年	科学和创新白皮书
2004年	2004—2014年科学与创新投资框架
2007年	朝着创业型大学发展

---

① 崔军：《创新创业驱动下英国大学发展的动向与借鉴》，载《高校教育管理》，2021，15(2)。

续表

年份	政　策
2008 年	培养创业型大学生——将创业教育置于高等教育的核心地位
2009 年	引领创业型大学——适应高等教育机构创业发展需求
2009 年	培育下一批具有创业能力的企业家以应对 21 世纪的全球挑战
2009 年	全国大学生创业教育黄皮书
2010 年	2010 高等教育创业调查
2011 年	创新与研究战略

(2)提供创业教育资金

自 1987 年英国政府实施"高等教育创业"计划以来，英国高校进行创业教育的经费 80％都来自政府的支持。英国政府在 1999 年设立的科学创业挑战基金，聚焦大学生创业技能培养与创业教育的相关问题，帮助学生、教师和商业机构获得相关的创业知识和技能，同时资助英国高校建立一个中心网络，以促进创业教育和知识技术的转化活动。

目前，科学创业挑战基金已为英国 13 个科学创业中心提供了 570 万英镑的资助，同时也资助了 39 所高校以促进其创业教育的发展，促进其与外部利益相关者的互动，促进形成创业文化和开发科学研究的商业价值。在 2001 年，英国新工党政府设立了高等教育创新基金，以支持高校创业活动。该基金在企业启动支持、研发转化、新公司创办以及开发新产品市场等方面发挥了积极作用，促成了高校与外界建立广泛的伙伴关系，推动了高校创业教育的发展。除此之外，英国政府还设立了大学萌芽挑战基金（University Challenge Seed Fund）、新创业奖学金（New Entrepreneurship Scholarship）等。

2. 伦敦商学院支持自身的创业教育

伦敦商学院支持其创业教育的有利证据便是科学创业中心（Centre for Scientific Enterprise）。在国家科学创业挑战基金支持下，伦敦商学院和伦敦大学一起创立了科学创业中心。该中心的主要活动以及特色便是将学科知识学习与创业团队培养相结合，致力于培养未来企业的领导和管理团队。该创业中心与企业和地区政府紧密合作，成为高校与企业间重要的桥梁，对大学生的就业产生了重要的积极影响。

3. 校友支持伦敦商学院的创业教育

金融硕士课程（Master in Finance，MiF）和斯隆校友奖学金基金（Sloan

Alumni Scholarship Funds)为伦敦商学院的创业教育提供了信息交流的平台以及资金协助的保障。斯隆校友奖学金基金定期为学校捐款，以支持学校开展创业教育。捐助主要表现在以下几个方面：①奖励成绩优异的学生，吸引更多优秀的社会人才来伦敦商学院；②提供进行创业教育研究经费以及支持学校的发展建设；③促进世界各地的伦敦商学院校友与学校的互动，以增进伦敦商学院校友间的情感、知识的沟通交流。

总的来说，伦敦商学院的创业教育运行体现了传统商学院运行的特点，包括创业教学中体现课程、商业计划的突出地位，有效传递以经济学和管理学为基础的显性知识，教学方法上突出案例教学以及讲座等传统方法，等等。至今，以伦敦商学院为代表的传统商学院创业教育模式在英国高校的创业教育体系中仍占据着很重要的地位。

四、案例分析

(一)剑桥大学

作为世界上历史最悠久的高校之一，剑桥大学在800多年的发展历程中，培养出大量政治、经济、学术等各个领域的杰出人才。剑桥大学始终以世界一流高校的傲人姿态展现在世人面前，被誉为"诺贝尔奖的摇篮"，因为在全球高校中，剑桥大学的诺贝尔奖获得者最多。在众多英国高校中，剑桥大学是开展创业教育的开路者，形成了别具特色的创业教育模式。[①]

1. 剑桥大学开展创业教育背景

20世纪70年代，西方能源危机爆发。受到能源危机的影响，英国经济出现了增长极度缓慢，失业率一夜暴增的状况。英国政府不得不推行大规模的再就业培训项目，一方面期望借此缓解沉重的就业压力，这也是剑桥大学发展创业教育的有利时机；但另一方面，由于经济不景气，政府为了缓解金融压力，大幅减少了对高校的财政拨款，并鼓励企业与各大高校进行合作，以此缓解高校面临的财政危机。剑桥大学为了其发展，于1976年正式建立剑桥科技产业园，为学校和企业的交流提供了平台，并为剑桥大学开展创业教育

① Kathrin Bischoff, "University of Cambridge, United Kingdom: Persistently Innovating Entrepreneurship Education Models", sepHE Case Study—University of Cambridge v2.1, 2015.

奠定了平台基础。当时英国政府还放松了经济干预政策，积极鼓励中小型企业发展，重视中小型企业的创业活动。剑桥大学创业教育的兴起，部分原因也是这些中小型企业的发展，营造了优良的创业教育社会氛围。

2. 剑桥大学创业教育特色

（1）专门的校园创业机构

剑桥大学成立了专门的校园创业中心。剑桥大学在 1999 年建立的创业中心是英国大学创业文化发展的催化剂，加强了剑桥大学与企业间的联系，促进了经济的增长和就业率的提高。创业中心与剑桥大学建立了稳固的联系，共同构成完整的创业网络系统。

（2）以学生为中心的教学理念

剑桥大学始终坚持以学生为中心的教学理念，将创业教育课程分为有学分课程和无学分课程两种。其中有学分创业课程要求学生自主制定出一份详细的创业策划书，帮助学生将课程中的理论知识灵活运用到实践中，提高学生自主创业的能力。无学分创业课程的主要形式是选修课。该课程的主要特点是除了向本校学生开放，也向其他高校学生或市民开放。学生可以根据自身的特长和兴趣选择创业课程。剑桥大学还注重培养学生的自我效能感，以促进创业教育发展。[1]

（3）别具特色的"星期二讲座"

除此之外，剑桥大学著名的"星期二讲座"更是吸引了来自全球的创业者。该讲座将创业教育分在三个学期开展。第一学期围绕"创业是什么，它能否适合我"的主题，使学生认识创业、产生创意、寻求信息支持以及评估创业风险。第二学期围绕"如何创业"的主题让学生分析创业成败的案例，指导学生主动与企业家沟通，讲述自己的创业思想以获取企业家的资金支持，学会选择适合自己的创业搭档，还要学会制订系统的、完善的创业计划以及提高向别人展示自己创业计划的能力，第二学期的创业教育还要教会学生如何去经营企业。第三学期的创业教育属于实践教育，鼓励与指导学生参与创业实践，提升创业能力。

（4）"激励—传授—实施"的创业教育模式

剑桥大学还提出"激励—传授—实施"的创业教育模式[2]，该模式的优势

---

① 王晶晶等：《全球著名商学院创业教育比较及其启示》，载《高等教育研究》，2011（7）。

② 刘智慧：《高校生创业教育现状及对策研究》，硕士学位论文，合肥工业高校，2015。

在于：引导学生了解自身的创业能力，树立创业信心，在学生产生创业意愿后为其提供创业教育资源；在理论知识完备的情况下，帮助学生寻找并充分利用创业资源，实现自己的创意。

（5）高质量的创业师资配备

在师资配置上，剑桥大学选拔创业教育教师的要求十分严格。首先，教师要有过硬的学科专业知识，并将研究项目达到最高的国际学术标准。其次，教师要将自己的研究与商业、社会的实际需要结合，为学生提供更为广阔的空间。剑桥大学有着世界一流的创业教育师资力量，他们的研究范围遍及全球商业议题，许多教师还是他们研究领域的佼佼者，为企业和政府提供咨询和指导前沿研究。剑桥大学每年都会定期组织创业教育的专业培训课，使创业教师认识到国际创业的走势，并能不断丰富自己的教学经验和提高自己的研究水平，以适应社会的变化与发展。剑桥大学的创业教师并不局限于专职教师，还包括来自国家重要经济部门、世界知名企业的高层管理人员。他们当中大多拥有丰富的创业经验，能较好地将创业理论与创业实践有机结合起来。同时，教师会根据时代和市场的变化，灵活地调整教学内容，向学生传授最新的知识和创新项目。例如，威廉姆·贝恩斯教授一直从事教授本科生和研究生的课程，包括剑桥大学的生物科学企业硕士（MPhil in Bioscience Enterprise，MBE）课程（2003/2004—2016/2017 学年）和华威大学的生物技术加工和商务管理（Biotechnology，Bioprocessing and Business Management，BBBM）学位课程（2011/2012—2016/2017 学年）的核心模块，主要讲解生物技术公司创建的早期阶段。他还先后建立了三家科技公司，为有志创业的学生提供了宝贵的经验。莫妮卡教授是剑桥大学创业中心首席课程导师，她的研究内容主要与创业团队、创业教育、创业和性别有关，主要运用社会学方法来扩大学生对创业活动的理解。①

（6）大力发展孵化中心

剑桥大学是英国最先为科技企业提供人才培养与技术支持的高校，这一措施成就了不少成功创业的案例。其中，圣约翰创新中心利用其优势学科为师生提供了创业的平台，如激光、网络、生物等学科，为进驻中心的师生、企业提供服务，并为学生提供到企业实习的平台。1971 年，剑桥大学圣三一学院建立了英国第一个科学园，随后吸引了很多企业加入，它们与剑桥大学

---

① 李如：《英国高校创业教育研究》，硕士学位论文，广西师范大学，2019。

研究所合作，交流经验与技术，后来越来越多的企业来到剑桥大学，形成了"剑桥现象"。① 这种孵化合作使剑桥大学的创业师生和企业形成紧密的网络关系，大大促进了剑桥大学的创业教育发展。

(7)注重国际联合办学

2000 年剑桥麻省理工研究院成立，该研究院这一机构的资金来源主要是英国政府和各大企业，技术支持则来自英国剑桥大学和美国麻省理工学院。② 该研究院的成立主要是为了推动两所高校在教育研究方面的合作，并且期望通过这样的合作形式提升两校将学术研究成果转化成生产力的能力，以推动社会经济的发展。对拥有悠久历史的剑桥大学而言，该国际合作有利于突破保守的传统，使其有效吸收麻省理工学院教育和科研创新等方面的新成果。由于该研究院是剑桥大学和麻省理工学院两所高校的"强强合作"，因此吸引了社会各界尤其是企业的关注与参与，加强了学校和企业间的沟通合作。研究院针对创业教育设立了高级讲座，致力于培养新一代科技和商业领域的领军人物。高级讲座每期会针对一个主题，邀请师生、企业家共同参与，营造积极共享的创业文化氛围。讲座采用公开的形式，对创新创业感兴趣的社会各界人士均可免费参加讲座，给创业教育注入更多新鲜血液。

(8)强有力的资金保障

剑桥大学开展创新创业教育不仅有政府层面的资金资助，更有社会各界雄厚资本的支持。例如，剑桥大学在 1999 年接受英国科技厅的资助达到 2500万英镑。到了 2000 年，微软给剑桥大学投资了 3.38 亿美元，并且每年资助230 多名优秀学生到剑桥大学学习。马可尼公司给剑桥大学投资 6400 万美元以设立研究机构。③

(二)伦敦大学国王学院

作为英国高校创业教育的金三角之一，伦敦大学国王学院运用其高水平的科学研究能力，为其创业教育奠定了良好的基础，推动了区域经济发展，

---

① 苗青：《剑桥大学创新创业教育对我的启发》，载河北师范大学学报（教育科学版），2018，20(2)。

② ③刘智慧：《大学生创业教育现状及对策研究》，硕士学位论文，合肥工业大学，2015。

③ 苗青：《剑桥大学创新创业教育对我的启发》，载《河北师范大学学报（教育科学版）》，2018，20(2)。

赢得了良好的社会声誉。深入分析该校创业生态系统的构成要素及其运作机制等问题，既可以为我国构建创业生态系统提供有益经验，也可以进一步推进创新创业教育相关研究的发展。

1. 伦敦大学国王学院创业教育生态系统的构成要素

创业生态系统借鉴了自然生态系统中的"生产者""分解者""消费者"以及"催化剂"之间交互作用的思想。伦敦大学国王学院的创业教育生态系统构成要素如表 3-3 所示。

表 3-3　伦敦大学国王学院创业教育生态系统构成要素

生态角色	对应名称	作用
内部环境	创业文化和精神	营造良好的创业氛围
外部环境	区域、行业	与外部环境进行交换
生产者	课程体系、师资力量	创意产生，形成创业意愿
分解者	机构组织	评估创业想法的可行性，完善创业理论教育，提供技术支持
消费者	企业	吸收和转化创业成果
催化剂	创业行为及活动	加速产生创业想法，建立新企业

(1)生产者——课程体系和师资力量

课程体系是进行创业教育的基础性工作。伦敦大学国王学院的创业课程体系具有系统化和多样化的特点。在课程内容上，伦敦大学国王学院的创业课程体系强调创业理论和实践的融合，以培养学生的创业意识，并突出实践的操作性，注重解决"如何去做"和"为什么去做"的问题，这在一定程度上解决了很多高校的商学院在课程设置上仅让学生"知道什么"，但无法让学生知道"为什么去做"和"如何去做"的问题。换言之，在培养创业精神和创业意识的过程中，如果学生仅仅知道要创办企业，但不知道为什么要创办企业或如何创办企业，这些培养方式是缺乏可持续性的。

以伦敦大学国王学院组织的"企业家和创业"课程为例，该课程包括四个部分：①邀请有丰富创业经验的企业家演讲，并与学生互动交流；②举行研讨会讨论学生撰写的创业计划；③学生通过追踪最新的市场商业新闻撰写创新日志；④与当地企业合作，定期进入企业观摩，进行浸进式学习。值得注意的是，该学院并没有采用单一的基于案例的教学方式，因为这样对缺乏工作经验的本科生而言是不够的。

除了开发别具特色的创业课程体系，伦敦大学国王学院还打造了一支多样化的创业教师队伍。伦敦大学国王学院以民间创业协会和企业为平台，以会员身份参与创业协会和企业的师资训练。目前该校负责创业教育的全职教师多达44名，其构成也呈现出多样化形态。例如，除了来自经济学、管理学等领域的创业教师外，该校还会定期邀请驻校企业家在每周一、周三、周五为学生在创业知识和技能训练上提供指导。负责该项目的企业家具有创业、管理、科学和财政等方面的丰富经验，能有效推动学生较快地进入创新创业领域，得到学生们的一致好评。

(2)分解者——机构组织

充当中介组织作用的支持性机构组织为伦敦大学国王学院的知识商业化、创业项目以及衍生公司的发展提供了全方位支持，为富有前景的创意理念快速转变为商业机会提供了动力。伦敦大学国王学院的创业支持性机构及其角色作用如表3-4所示。

表3-4 伦敦大学国王学院创业支持性机构组织

组织名称	角色作用
伦敦大学国王学院企业部(KCL Enterprise)	主导性综合机构
公司发展部(Business development)	研究机构
研究拨款与合约部(Research Grants and Contracts)	研究机构
伦敦大学国王学院咨询公司(KCL Consultancy)	研究机构
技术转化部(Technology Transfer Office)	技术机构
企业孵化部(Enterprise Incubators)	技术机构
高校挑战基金(University Challenges Funds)	资金支持

(3)消费者——行业与企业

消费者是创业教育生态系统的重要组成部分，对该系统正常运行起重要作用。伦敦大学国王学院为促进创业教育落到实处，与制药、生物技术、医疗设备等100多家新老企业建立合作关系，并为企业提供早期技术、关键决策指导、高质量的临床试验服务以及创业资金支持。为了让伦敦大学国王学院的衍生公司能与外部企业和行业实现长期合作，伦敦大学国王学院通过与社会事业慈善基金会共同设置创业基金的形式来鼓励和资助学院的创业教育。例如，成立于1998年3月的高校挑战基金，成立时基金数额为6100万英镑，其中政府提供了2500万英镑，盖茨比慈善基金提供了1800万英镑，维尔康信托基金提供了1800万英镑，2001年10月，基金会获得了1500万英镑的捐赠。这些资金大大影响了伦敦大学国王学院的创业行为，对该学院开展创新创业活动和进行创新创业课程开发起到了重要的推动作用。

2. 伦敦大学国王学院创业教育生态系统的要素互动

创业生态系统的生态性和互动性是维持系统正常运行的两大特征，这促使外部环境以及系统内部各要素打破壁垒，呈现出开放的姿态，实现多渠道的互动交流。伦敦大学国王学院在创新创业发展战略的目标驱动下，将研究者、相关创业基金、支持创业平台等"软""硬"资本投入到创业教育活动中，并调动政府、企业、科研机构共同为该校的创业活动提供科研创新资金和创业指导。

首先，促进创业的"消费者"和"生产者"的资金流和信息流。例如，由英国政府、盖茨比慈善基金以及维尔康信托基金共同捐赠的大学挑战基金，为伦敦大学国王学院的学生和研究者实施创业教育活动提供了资金支持。换言之，只有作为企业的"消费者"与作为研究人员的"生产者"实现真正的互动和通力合作，才能使创业活动真正落到实处。

其次，加强创业"生产者"到"分解者"的知识融合和支持机制。如果学生和研究人员在产生富有市场前景的创新理念后，却无法得到"分解者"支持性机构的支持和认可，那么他们的想法就有可能搁浅或者"夭折"在实验室。因此，在学生和研究人员提出某种创意后，伦敦大学国王学院的主导型综合机构、研究机构以及技术部门会在既分工又合作的职能分配下对创意进行评估鉴定，然后对可行的想法进行模型构建并提供理论支持。在此阶段，企业孵化部门发挥着重要作用，它通过与有意向的创业者合作，共同建立新的衍生公司部门，为外部服务商和投资者提供支持以及扮演企业与伦敦大学国王学院之间的沟通渠道，为企业等"消费者"输送相应的创业型人才及创业成果。

最后，不同类型的创业"催化剂"促进了创业生态系统各个环节的循环流动。除了有"生产者"创业课程的基础性支持，伦敦大学国王学院还通过定期举办科学企业挑战赛以及大学挑战计划等商业计划大赛为学生提供发展创意的平台，不断激励他们投身于创新创业活动中，以提高实践能力。

（三）牛津大学赛德商学院

牛津大学赛德商学院正式成立于 1996 年，以捐助人赛德先生的名字命名。它在短短的数十年间便跻身于全球一流的商学院，荣获 2017 年《泰晤士报》高等教育奖最佳商学院；2019 年《金融时报》公布的全球高等教育排名中，其公开课程位列世界第二，并第四次蝉联英国冠军；2019 年福布斯一年制 MBA 项目国际排名第五。赛德商学院依托牛津大学 50 多年管理学科的研究积累，建立了以创新创业教育为核心的工商管理硕士项目，使赛德商学院短时间内在众多的欧洲商学院中后来居上，脱颖而出。

1. 愿景与战略

赛德商学院的愿景和牛津大学一脉相承，都是追求卓越、培养精英并以科研成果服务社会。赛德商学院是牛津大学社会科学部下设的系科，负责为整个大学提供商业研究类本科生项目和创新创业教育，因此，赛德商学院一定意义上可代表整个牛津大学的创新创业教育理念。[①] 赛德商学院自成立以来，一直致力于培养目标明确的商业领袖以应对复杂的世界性挑战，使他们能够完成使世界变得更美好、更公平的任务。其价值观为转型、合作、尊重他人、目标明确、企业家精神、追求卓越。

扎根于全球最好的大学之一，赛德商学院以卓越而国际化的教职员工及学生群体、世界一流的嵌入式课程、优越的创新创业学术支持、国际知名品牌项目、协同企业及政府组织、提供人脉关系服务、塑造个体与集体根本上改变世界商业景观和描绘未来商业发展趋势的远大抱负与使命、营造创新创业文化，鼓励、支持、保障学生创新创业，书写了创新创业教育的辉煌。

2. 课程与教学

赛德商学院的课程与教学致力于为全球的未来商界领袖提供所需的技能、知识和个人素养，以应对 21 世纪全球范围的挑战，有能力到任何地方发展。

（1）嵌入式课程

赛德商学院创新创业教育课程目标是培养新一代的商业领袖，但他们的研究领域并不局限于商业领域，同时也研究商业与更广泛领域间的联系，使学生具备先进理念和全局眼光。当今世界最突出的特质之一是万事紧密相连：

---

① 韩建华：《英国高校创业教育研究——以牛津大学赛德商学院创业教育实践为例》，硕士学位论文，河北师范大学，2011。

商业、政治、技术变革和社会并非孤立存在，而是不断相互影响，在商界取得成功，需要的不仅仅是商业技能。同时，人们对于机构和彼此的信任正承受巨大压力，能源、食品和水资源安全、老龄化人口、存储数据的爆炸式增长——所有这些都要求管理者具有非凡的品格、阅历和能力；要求有责任感的领袖能在复杂的利益冲突下，影响、激励广泛利益相关方。

赛德商学院课程培养的核心技能正是基于世界空前复杂、紧密相连又十分脆弱的现状，突破商业学习局限，汲取牛津大学其他院系学科的专业知识，在选修课程和一系列新的综合模块中，如从哲学、文学、政治学、法学、社会学和科学等多种视角思考人类现状、拓宽商业环境和领导力的方法。同时，课程关注创新创业教育在整个学校的推广，以及与专业课程的融合。例如，与其他院系展开多种形式的深度合作，跨院系硕士课程让学生既能获得专业领域的深度知识，又能获得晋升领导层的经济管理知识；而学科跨界公开课可以运用大学丰富的研究成果和学者资源，激发商业创新灵感。

赛德商学院一年制 MBA 包括一系列紧凑而高强度的课程，需四个学期修完，分别是秋季学期（Michaelmas term，9—12 月）、冬季学期（Hilary term，1—3 月）、春季学期（Trinity term，4—6 月）、夏季学期（Summer term，7—8 月），由 9 门核心必修课程、24 门选修课程、3 门国际选修课和创业实践课程，此外，还有颇具特色的全球机遇与挑战项目、联合课程、实习、综合单元和战略咨询项目等。

第一部分的核心课程旨在提供基本理论，具体包括：会计、分析、商业财务、争论中的资本主义、企业与市场、市场营销、组织行为、策略、技术与运作管理。

第二部分 23 门选修课程安排在核心课程修完之后，学生根据自身职业愿望和需要选修。例如，2021 年度的选修课程包括市场营销中的人工智能与高级分析、广告和零售、商业史、中国商业、企业扭亏为盈和商业转型、企业估值、企业金融项目、金融危机和风险管理、银行和保险公司的财务管理、全球战略、全球可持续商业、影响投资、人文视角的领导力、合并收购和重组、谈判技巧、商业领袖的政治经济学、项目管理、再生和循环经济、危机商业、声誉和领导力、战略和创新、供应链管理、公司原理、数字时代的信托。

第三部分创业实践课程旨在为学生提供实战训练。通过完成创业课程，制定一个完整的商业计划，并将其提交给受邀的风险企业家和其他从业者。近期项目包括：简化技术、对冲基金的发展、咨询公司为中国矿业提供安全管理技术。第一学期通过完成核心课程建立商业学习基础,并进行第一个综合模块的学习,重点是企业家创业精神。第二学期除了选修课程,进行第二个整合模块的学习并开始牛津全球机遇挑战项目(Global Opportunities and Threats:Oxford,GOTO)。选修课程一般在第二、三学期进行,在满足学生个性化需求的同时对其创新创业所需的多方面素质和能力大有裨益,如企业估值选修课重在培养学生评估企业价值并做出最优决策的能力。第三学期继续学习选修课和联合课程,并开始获得实习学分。最后一个学期,可以选择为期6周的战略咨询项目、夏季选修课或至少6周的实习。

课程结构由第一课堂和第二课堂组成。第一课堂主要涉及理论知识,第二课堂则涉及诸多实践活动,如创新创业教学联盟、评估新产品市场占有率的战略咨询项目等。

(2)交互式教学

赛德商学院的教学目标要求不仅为学生提供创新创业的知识与技能、实践经验,还要培养学生创新创业精神。

教学形式比例具体为:40%的讲座、25%的案例研究、25%的团队项目、10%的模拟训练。由此看出,其教学方法着重结合理论知识汲取案例经验,并以团队项目形式进行模拟训练。

比如,由赛德商学院首创的GOTO是面向整个牛津大学的年度项目,每年选定一个影响全球发展的重要课题,邀请师生们共同厘清问题,探寻解决方案。往年曾涉及的课题包括大数据、世界水资源匮乏、人口老龄化以及未来工作的发展前景等。此外,赛德商学院与牛津大学其他机构交织在一起,学生可以享受与各个部门群体的长时间晚餐和交谈。在牛津大学的铸造厂——学生创业者的家园,会遇到来自医学、工程学、社会科学、自然科学、人文学科等领域的人。同时,学院下设多个创业中心,通过诸多全球性创业实践活动,学生不仅能习得实用性强的创新创业技能,还可积累相关人脉。比如,其中较为出色的斯科尔社会创业中心和牛津科学创业中心。斯科尔社会创业中心致力于为社会带来福利的创业者提供帮助,定期召开社会创新创业及研究的会议,并提供斯科尔奖学金,对培养有社会责任感的创业家,打造创新创业文化都起了很重要的促进作用。牛津科学创业中心则旨在发挥牛津大学的学科优势(如生命科学、化学、数学等),为这些领域的科学家创业提供商业支持。最后,赛德商学院会经常组织商业计划大赛,有时也向全球发出邀请,吸引参赛者。参赛者可以是本校师生,也可以是社会企业家、社会创业人员。竞赛主要有 4 个环节：商业意向测试，商业意向展示获取初步经费支持，严格按照商业计划进行各部分撰写，向评选委员会陈述商业计划并作答。大赛的评委由国内外著名企业家、学术权威地位的教授、风险投资人，以及大企业著名经理担任。参赛者提交的创业计划是否具有可行性、创新性，可否在未来市场中占有一定份额，是否能创造可观的利润，能否获得风险投资是大赛评判的标准。即使参赛者没有获得奖金，仍可以获得风险投资人在创业上的建议，甚至可能获得一份风险投资，实现创业理想。[①]

讲座、案例研究、团队项目、模拟训练、学术会议、跨学科整合、跨部门交流、创业实践、人脉经验、大赛等各种各样的教学形式给学生提供运用所学解决现实问题的机会，调动学生的创新创业积极性，帮助学生发展创新创业实践过程中的领导、交流、团队合作等技能，成就了学生卓越的学业成就和个人发展、赛德商学院创新创业教育的发展。

3. 教师与学生

赛德商学院的学生、执行教育的参与者和教师来自世界多个国家和地区，不同背景的牛津同仁又和广泛的商业团体之间互动，赛德商学院通过和这些机构建立连接，成为世界上最有影响力的机构之一。

（1）强大的师资队伍

赛德商学院管理学的师资力量是世界名列前茅的，强有力地保证了其创新创业教育教学质量。

首先，教师学历层次高，教学和科研能力强。牛津大学教职员工和校友大多都处于各领域前沿，几乎都拥有英国或美国如麻省理工学院、哈佛大学等知名大学的学历；部分客座教授来自于其他顶尖高校，如在 MBA 财务报告课程的任课教师理查德教授是剑桥大学贾奇商学院的终身教授，商业课程的罗伯特·H. 韦德教授是伦敦大学政治经济学学院政治经济学教授。[②]

其次，教师学科背景广。许多教师在多个领域均有建树，如主讲战略管理的教授同时精通媒体心理学；企业与战略主讲教师在学术界成就斐然，也曾经担任美国空军中队指挥官。

最后，教师国际社会影响力大。90％以上的教师在进入赛德商学院之前多年在中央政府身居高位，或在银行做管理顾问，在国际组织如世界银行、

---

① 张会亮：《牛津大学赛德商学院创业教育探析》，载《外国教育研究》，2008，35(11)。
② 黄爱珍：《美英日创业教育模式的比较及对我国的启示》，硕士学位论文，江西财经大学，2012。

欧盟、联合国任职，在世界五百强企业任高层管理或顾问，或在军队做指挥，抑或有自己创办经营公司的经历。

（2）多元的学生群体

在赛德商学院招生要求中，明确提到申请的学生需具备专业经验、多元文化背景、卓越的成熟度和领导力和扎实的学术基础，能根据专业和个人经验为班级做贡献。入学标准是高选择性的，最终能够被录取的学生都非常出众。2021—2022学年，94％的国际学生来自71个国家，具体占比如下：非洲11％，东亚10％，欧洲14％，中美洲和加勒比海地区8％，阿拉伯地区4％，北美24％，大洋洲3％，南亚17％，东南亚9％。学生来自不同国家，有不同的学习、工作和生活背景。他们十分喜欢这种多样化的"大家庭"，因为与来自不同国家、不同行业的人共同学习和生活正好可以增加学生所应具备的国际化生存经验。

4. 保障体系

（1）课程评价

赛德商学院的创新创业教育课程评价主要从课程内容、学生、教师三个角度开展，以调整课程安排。首先，由相关专家设计课程内容；其次，了解学生的学习效果并开展详细调查研究；最后，设置教师激励机制，以与时俱进的多样化资源充实创新创业教育课堂。

（2）创业支持

牛津大学就业数据显示，高科技产业人才雇佣82％的平均增长率在全英排名第一。当地有1500多家高科技公司与牛津大学在产业研发和合作上有着千丝万缕的联系。资产总值约20亿英镑，共开创了100多家科研企业，为赛德商学院提供了嵌入式高速发展的保障，形成了强有力的社会影响。

赛德商学院每年推出上百个与创业相关的管理实践活动，为学生提供可操作的创业技巧和人脉支持。例如，斯科尔社会创业中心每年举办斯科尔世界论坛，打造世界各地社会企业家云集的盛典和高端创新创业成就的展示平台。

赛德商学院每年还会组织一次"硅谷走进牛津大学"的活动，邀请美国硅谷的高科技企业成功人士前来授课，邀请到的嘉宾有美国易趣公司合伙创建人兼总裁杰夫·斯克尔、美国谷歌公司的高级经理雷蒙德·纳斯尔、美国贝宝公司的合伙创建人麦克斯·莱勤等。这些企业领导为商学院的学生授课，参与师生之间的讨论，提供硅谷高科技公司的创新创业经验，并为打算创业的学生提供针对性指导。这不仅激励了学生的创新精神和创业热情，更能将社会对人才的需求真切及时地反馈给学生，而多年的创新创业及管理经验则成为学生的宝贵财富。①

牛津地区创业社区的枢纽——牛津铸造创业中心于 2019 年 10 月成立，将牛津大学相关机构，包括专注技术转让的机构、投资机构等多家机构联结在一起，形成牛津强有力的创新创业生态圈。牛津铸造的使命是启迪感兴趣的学生学习创业思维和技能，同时为初创企业提供各类资源和专业支持，成为培养未来"独角兽"的摇篮。牛津铸造创业中心的活动分为三大领域：第一，初步探索，启迪灵感。嘉宾演讲，企业家经验教训分享，更有简短而高效的入门级课程，循序渐进地帮助牛津学子通过对创业思维技能的学习，加速事业发展。第二，亲身实践，商业计划。如果一些学生最终决定走上创业之路，牛津铸造创业中心也为他们准备了一系列深度学习实践的支持，包括牛津种子基金，以及近几年持续升温的企业灵感探索工坊，为学生创造自己亲手创立企业来进行学习并获得业内智慧的机会。第三，孵化助力，加速成长。当有了精彩的创意、可行的商业计划，真正的挑战才刚刚开始。一个新兴企业要想发展壮大，不仅要方方面面准备周全，更关键的要素是人。牛津铸造创业中心不仅提供共享办公空间，更有一个得天独厚的产业商圈和业界网络，帮助学生和创业者建立有价值的人脉联系和业界资源。不论是需要创业导师、专家建议、模拟提案还是种子资金，牛津铸造的孵化器、加速器都助力这些初创企业发展壮大，取得成功。

（3）商业校友会

"牛津大学商业校友会"和"牛津大学商业网络"，这两大商业校友人脉资源也为赛德商学院的创新创业教育提供了很大的支持。"牛津大学商业校友会"成立于 1998 年，目前其分支协会分布在世界各地，致力于为有创业梦想的牛津大学校友提供专业发展的机会。"牛津大学商业网络"分成 9 个不同的子网络②，提升牛津乃至英国的创新创业文化、促进创新创业活动的发生。

（4）组织与政策

赛德商学院校董会以及一些非营利性质的民间公益创业组织、英国政府主导成立的机构，在法律、政策、管理、资金上提供保障，对创新创业教育

---

① 张会亮：《牛津大学赛德商学院创业教育探析》，载《外国教育研究》，2008，35(11)。

② 同上。

起到管理和协调的作用。研究表明，组织是创新创业教育成功的核心要素。

在组织机构保障上，英国政府建立了如科学创业中心、英国创业教育者协会、全国大学生创业委员会、全国创业教育中心等机构，对创新创业教育进行指导和管理，发挥着举足轻重的作用。例如，2019 年 5 月颁布的《高校创业教育框架》。此外，赛德商学院积极制定科学合理的 OTL 转化机制，管理开发的知识产权资产，其转化机制流程包括披露、关联分配、评估、专利申请、营销、谈判、监视进度、版税共享、股权分享和修改许可证等。

在政策与法律保障上，英国政府颁布了一系列促进校企合作和中小企业创建、发展的计划、政策和法案。不仅为高校和企业之间的合作创造了有利的条件，也推动了高校创新创业教育的课程设置、师资、教学方式及教学评价的发展变革。

(5)资金保障

英国高校创新创业教育的大部分资金都由政府提供，赛德商学院积极吸引贷款及股权融资(以风险投资和天使投资为主)，各种企业、公益慈善组织和民间非政府组织也会对创新创业教育进行捐赠，多渠道的资金来源为赛德商学院创新创业教育提供了坚实的资金保障。

从创立至今，赛德商学院在培养人才、发展自身的同时，也为牛津大学以及整个辐射地区创造了巨大的智慧财富与商业价值。赛德商学院通过以下三个领域不断扩大自身教育模式的影响力：一是前沿性的研究成果。赛德商学院与牛津大学各个院系紧密合作，通过前沿的研究成果改变公司战略、行业规则乃至全球政策。二是持续催化学界和商界强强合作。基于研究成果，赛德商学院和全球各类组织机构合作，让全球企业领袖会聚于牛津，有针对性地了解行业智慧，参与多元学习交流，同时扩大商业网络并促进合作。三是广泛推动思想革新。每年都有数以万计的世界五百强企业领袖及政府决策者来到牛津。课程完毕之后，他们为各自的组织机构、社交网络以及当地社会带去更深远的影响。

赛德商学院创新创业教育如同一座搭建大学与外部世界的桥梁，企业家精神与创业文化融入赛德商学院战略使命；开发分层多元的创新创业教育跨学科课程体系；培养过程中注重引入情境模拟，创新创业交互式教学中注重隐性知识的传授，突出创业态度、创业精神的培养，倡导从"做中学"；建立教学科研标准高、经验丰富的"双师型"创新创业教师队伍；开展"超学科"与"专业化"结合的创新创业项目；专业管理机构有效保障创新创业教育组织发展，品牌活动又是创新创业教育组织发挥作用的重要途径，而构建可循环的创业教育网络体系保障了组织的有效运行。同时，政府创业政策及资金支持，赛德商学院与社会其他组织机构资源共享、相互合作，形成体系化、完整化、良性循环的"产学研"链条和创新创业教育质量保障机制，实现多赢。时至今日，以赛德商学院代表的创新创业教育模式仍在世界创新创业教育体系中占据领先地位，给我国的创新创业教育发展带来了启示。

第四章 日本高校创新创业教育体系

一、发展及现状

创业教育起源于美国,在日本一般用"起業家教育"或者"アントレプレナー教育"来表示,也可以翻译为企业家教育。日本的创业教育于 20 世纪 60 年代开始萌芽,20 世纪 90 年代经济危机后才开始成体系地发展。作为一种崭新的教育理念,创业教育在日本的发展经历了三个阶段。

(一)萌芽阶段

20 世纪 60 年代,日本处于经济迅速发展时期。社会对于高科技人才和高等技术工人的需求量不断增大,在这种背景之下,日本政府推出一系列政策用于支持"五年一贯制"高等专科学校的发展,以培养理工科专门人才为主要目标。在这种背景之下,为了让学生尽快适应企业的工作,很多大学和企业合作开展了一些实习活动,主要以培养学生的技术和工作能力为目的。这一时期,以高校为主体开展的创业教育处于萌芽阶段,鲜有高校开设专门的课程或项目用以支持技术拥有者实现创业。进入 20 世纪 70 年代以后,经济的迅速发展使得企业对于人才的要求更高,学生需要具备一定的管理、经营等方面的知识。这一阶段的高校将职业规划教育纳入学校教育中,开展了更为多样的教育形式,如讲座、专门的课程、职业规划咨询等。

从企业的角度来看,这一阶段的企业多数已经拥有了专门的培训机构,用以培训企业内员工掌握技术、管理、经营等方面的知识。开展的形式比较丰富，有脱产学习、非脱产学习等。同时，以国家和各级政府为主体开展的创业培训蓬勃发展，各级都道府县都设有专门的职业技术培训中心，以企业的管理者和技术人才为教育对象。这一阶段，在内容和形式上，日本已经产生了创业教育的萌芽，但是并没有明确的"创业教育"的概念。高校内的创业教育仍然是以企业对于人才的需求为导向，以培养学生拥有技术、管理、运营等方面的知识为主要目的，并没有从培养创业者的角度来设置教育模式。

(二)发展阶段

20 世纪 90 年代，日本经济低迷，曾经支持国民经济的传统产业已经岌岌可危。为了刺激经济的发展，维持日本的经济实力和综合国力，产业结构的优化升级迫在眉睫。无论是发展创新型中小企业还是推动传统产业转型，都急需一批具有创新能力和技术的人才。在此背景下，日本政府推行了一系列的科技创业扶持政策，目的在于发展创新产业，培养高新技术人才。日本政府于 1998 年推行了《大学促进技术转移法》，增强了高校与企业之间的联系。高校纷纷开设创业教育相关课程，在很多理工科大学中，"风险企业实验室"和产学共同研究中心也成为创新创业教育的主要形式。此外，大学还利用自身优势，以夜校、科目辅修等形式开展了面向非在校学生的教育。在这一阶段，学校和企业的联系进一步紧密，要求学生具有更为成熟的职业观，许多高校设立了"企业见习制度"和"德国职业教育双轨制度"，培养学生养成正确的职业观，这也成为这一阶段创新创业教育的一种辅助形式。

(三)成型阶段

2000 年的日本教育改革国民会议正式提出了"创业家精神"的概念，提出要在大学开展创业教育的倡议。随后，日本的高校纷纷开展了多种形式的创业教育，例如，开展以培养创新创业精神为目标的专门课程，开展针对非在校生的集中讲座。此时的创业教育已经成为日本高校教育中一个正式的组成部分，教育对象以本科生、研究生、社会人士为目标，已经具有了一定的体系。2002 年，在京都举行的第一次"日本官产学合作促进会议"上，与会者充分认识到校企合作和高校开展创业活动的重要性。随后创设的技术转移机构、育成中心、产学合作机制等进一步促进了高校与企业的联系，同时促进了高校创业项目的开展。日本国立大学法人化改革后，大学开始参与市场竞争。各大高校为提高竞争力、寻求自身发展，不断提高其与创新、创业相关的指标。在此背景下，许多大学开始寻求创设风险企业的机会。在之后的十几年中，日本高校创新教育迅速发展，如今已经具有一定的规模和体系。

二、政策环境

(一)组织与机构

在日本创新创业教育发展的过程中，各种组织机构都发挥了不同的作用。众多机构形成了一个支援网络，推动创业教育开展，创设良好的创新创业人才培养环境。

1. 政府相关机构

在推动创业教育的过程中，以经济产业省、文部科学省为主导的政府机构发挥了重要的引领作用。经济产业省是日本经济、产业、贸易等相关政策的管理部门和推进部门，因此经济产业省在创业教育发展的过程中具有重大的作用。2002 年，经济产业省产业技术综合研究所设立了"创业投资开发中心"。其目的是对拥有自主创新技术的创业者进行创业支援。2003 年，经济产业省成立了"梦想之门"，该机构组织人员赴美学习优秀创业者的教育经验。2009 年 4 月，经济产业省面向日本高校开设了有关创业教育的数据库，为创业者提供更加丰富的信息。文部科学省主管日本国内教育、科学技术、学术文化等方面。多年来，文部科学省一直积极地推动创业教育相关的课程改革，如企业见习活动的完善等方面，并与经济产业省、厚生劳动省等政府机关共同推进创新创业人才的培养。

2. 公共机构

公共机构在日本在推动创新创业教育过程中起着十分重要的作用。日本政府机关所制定的各项宏观政策，正是在这些公共机构和地方政府、民间团体、高校等各个方面积极配合下顺利实施的。

日本的创业育成中心是一种企业支援机构，其资金来源多样，一般为公私共同出资，也有政府主导建立的创业育成中心。如今创业育成中心的主要功能是为研发型企业提供研究开发的场所，一般设立于科技园区。进驻企业的进驻时间为 2～5 年。创业育成中心是日本在 20 世纪 80 年代为应对泡沫经济的影响，鼓励创业人才发展新事业的背景下产生的。1983 年，日本颁布了《高度技术工业聚集地域开发促进法》，提出将创业育成中心建设为企业化支援设施，之后日本政府又于 1986 年颁布了《关于活用民间事业者能力促进特定设施整备临时措施法》、1988 年颁布了《为了提升地域产业促进特定产业聚集法令》等一系列法律，进一步促进了创业育成中心的发展。原本在 1999 年，日本政府的构想是建立多个以高校为中心的创业育成中心，但是在具体实施过程中，政策理念发生变化，最终日本的创业育成中心多被兼并到了商工会议所。

为了鼓励理工科大学实施独创性研究开发项目，推动独创性研究成果的商业化，日本政府十分重视高校风险企业实验室（VBL）的建立。到目前为止，日本已经有 43 所大学建立了风险企业实验室。风险企业实验室的目的是鼓励高校研究生跨学科进行研究、开发新技术和创新型产业、培养创新创业人才。目前日本的大学风险企业实验室在研究活动上并不符合最初的设想，很多大学风险企业实验室的研究活动与一般的研究实验室无异，并不与创业相关。但是大学风险企业实验室在鼓励理工科学生独创性研究方面还是有一定成效的。

除了创业育成中心和大学风险企业实验室之外，还有一些公共机构为培养创新创业人才、推动创业发挥着一定的作用。日本各县市级的创业支援中心为创业者提供一定的创业信息、创业手续的咨询和帮助；日本全国商工联合会和日本商工会议所共同出资创立了创业人才培养计划，为创业者提供短期培训；此外还有大量的非营利性组织通过多种方式在创业教育和创业支援过程中发挥着重要的作用。

（二）政策与制度

1. 促进高校技术转移的《大学技术转移促进法》

20 世纪 90 年代，日本国内陷入经济危机，曾经支撑日本经济的传统产业失去了往日的光辉。在这种背景下，日本政府和学术界通过对其他发达国家的研究，发现走出经济低迷的方法与创新企业、风险企业的创立息息相关，而高校正是培养创新创业人才、研发创新成果的场所。促进高校技术的转移，关键在于鼓励大学与企业合作。美国曾于 20 世纪 80 年代颁布了《拜杜法案》，在这个法案规定，由政府出资大学进行科技研发，由此产生的知识产权归属大学。这一法案的颁布解决了大学科研成果的知识产权归属问题，同时促进了高校和企业之间的科技合作。日本仿照美国的《拜杜法案》，于 1998 年颁布了《大学技术转让促进法》。这个法案规定，政府出资创设技术转移机构活动，即在高校中设立科研中介机构。技术转移机构接受研究团队和个人的申请，可以为其申请专利、展开技术营销、解决知识产权纠纷等，在很大限度上解决了高校与企业合作中产生的种种问题。此法案生效后，各大高校纷纷设立技术专业组织促进其科研成果商业化。这一法案的颁布极大地推动了日本各大高校的技术转移，促进了日本高校高新科技企业的发展。

2. 取消教师公务员身份的《教育公务员特例法》

以前日本的教师属于公务员身份，因此他们的创业活动受到制度性因素的限制和约束，为了给创业者创造更多自由的空间，让教师有更多的时间从事与创业相关的工作，2000 年，日本文部省颁布了《教育公务员特例法》，解除了对于国立大学和科研机构人员兼职的限制。2001 年 6 月，文部科学省推出了"远山计划"，彻底取消国立大学教师国家公务员的身份，为鼓励国立公立科研机构人员参与创新创业事业创造了更为便利的条件。

3. 健全风险投资立法的《投资事业有限责任合伙法》

风险投资是实现创业的重要环节。早在 20 世纪 50 年代，日本政府就已经成立了"风险企业开发银行"，负责向风险企业提供低息贷款。20 世纪 60 年代，日本相继出台了一系列推动政策，风险投资进入加速阶段。20 世纪 70 年代到 90 年代，日本共经历了三次大的风险投资高峰，促进了众多企业的发展。

加强风险投资立法，有利于规范创业风险投资标准，保障各方权益，进一步调动创业投资。1994 年，日本内阁在政策大纲中首次提到了全面发展风险企业投资产业的观点，明确了该产业的发展方向，修改了严重阻碍该产业发展的《风险企业投资公司宪章》。1998 年，日本又颁布了《投资事业有限责任合伙法》，明确投资中合伙人的有限责任，保障各方利益。风险投资的立法，为高校学生和教师的创业行为提供了法律保障，有助于进一步激发学生创业意识，投身创业。

4. 支援中小企业发展的相关法律

中小企业是日本企业的重要组成部分，一直以来都是政府鼓励和支持的对象。而大学生投身创业，绝大多数都是从中小企业开始，因此，对中小企业在法律、经济等方面进行支援和保护，有利于鼓励大学生参与创业活动，积极投身创业。

1995 年，日本颁布《中小企业创造活动促进法》，该法律的核心是辅助创新型创业企业，支持中小企业的自主研发活动，同时为中小企业提供法律咨询、放宽贷款等方面的便利。1998 年 12 月，日本颁布《新事业创出促进法》，在此法中，从促进创业、促进新事业领域的开拓、支援中小企业利用新技术创业、活用地域产业资源四部分入手，构建了一整套新事业支援体系。1998年《中小企业责任法》出台，该法律规定创业投资者在创业过程中仅承担有限责任，为风险投资创设了良好的环境，进一步刺激了风险投资行为。

2005年，日本将以上两部法律进行了整合，颁布了新的《中小企业新事业活动促进法》。法律规定，政府（中小企业厅）在税收、资金调配、市场开拓、经营活动等方面给予创业者一定的支持，实行可行性的担保，撤销了最低资本的限制，为创业投资创设了更加宽松自由的环境。

（三）项目与活动

1. "风险企业1000计划"

大学创业企业是大学技术成果转移到产业的最快方式，使学校在产学合作中占据主动地位。一方面有助于提升大学在科研方面的竞争力，另一方面有助于创新型企业的发展。因此大学创业企业利用大学自身的优势、实现成果快速转化的重要途径被各国大学广泛应用。日本国立大学法人化改革后，大学创业企业作为日本政府向大学倾斜性拨款考核的重要指标，因此各大学十分重视大学创业企业的创设。

2001年5月，经济产业省产业构造改革雇用对策部在"面向新市场创出重点计划"中，提出了在未来3年内创设1000个大学企业的计划。同年7月，作为经济产业部门咨询机关的产业构造审议会下设的产学合作推进委员会提出了"推进作为技术革新体系的产学合作和创设大学风险企业"的方针。文部科学省和学术审议会联合发表了《为构筑新时期产学官合作，加速大学衍生企业创设》的报告。为了扶持大学企业进一步发展，日本政府还出台了一系列的政策。2002年，经济产业省成立支援办公室，并拨款20亿日元设立专项基金用以提供无担保贷款、房地产担保贷款和企业债券贷款。

根据经济产业省的调查，截至2005年，"风险企业1000计划"已经完成，全国共有大学风险企业1503家。

2. "青年自立·挑战计划"

2003年6月，文部科学省、厚生劳动省、经济产业省、经济财政政策担当大臣等联合发布了《青年自立·挑战计划》，目的是通过强化人才对策，唤起青年人的劳动热情，促进青年人的职业自立。同时加强教育、就业市场、产业政策之间的联系。这一政策的基本理念是：解决青年人的失业问题；探索与社会结构变化相适应的体制改革问题；为营造就业机会与人才培养的良性循环，给予相关政策性倾斜；等等。相关具体政策指出，要从受教育开始到顺利地过渡到就业为止，持续强化职业规划的形成及开展就业支援。具体来说，该计划要大力推进职业生涯教育和职业体验；导入日本版职业教育双元制；在专业人才培养及合理配置方面，大力建构与就业支援及职业规划形成相关的支援体制；加强整顿青年人劳动市场；促进青年人能力的提升及就业选择机会的扩大；创造出给予青年人挑战并能尽情发挥的新市场与就业机会；等等。

2004 年，政府为提升"青年自立·挑战计划"的实效性，在上述相关职能部门参与的基础上，又将内阁官房长官作为名义发起人，制订了《青年自立·挑战计划》。该计划在具体实施时，除注重相关职能部合作外，也注重通过对政策实效性的适当评价来提升相关政策的实施效果。另外，提出实施时要注意尊重地区的自主性和多样性，能够由民间完成的要委托给民间。该计划主要包括：强化从学校教育阶段开始的职业生涯教育，以培养专业的职业人；提升自由职业者、无职者的劳动热情及相关素质；强化支柱产业的人才培养；促进企业内人才投资的提升；创设并提供任何人在任何时候都能提升自身能力的条件与机会；呼吁全体国民关注青年人的就业问题；大力推进一站式服务中心、日本版职业教育双元制等的建设；创造出给予青年人接受挑战并能尽情发挥的新市场与就业机会。这一计划的重大意义在于，原来由学校教育、社会教育、残障者福利、职业训练等各个相关部门分别承担的青年人支援事业，现在开始注重向超越各省厅界限的综合支援的方向发展；在政府的政策指引下，青年人支援事业也开始加大民间力量的参与力度。①

3. 先导性创业家培养体系实证事业

1999 年开始，日本在公立小学、初中、高中的日常授课范围中实施了"创业教育促进事业计划"。该计划开展了体验、参与型创业教育模式。截至 2004 年，通过创业教育促进事业进行创业教育的学校已有 350 所，学生人数达到 3 万人。此外，由经济产业省主导，主务厅负责推进的"先导性创业家培养体系实证事业计划"也已经在试点大学顺利开展。

2009 年 3 月，经济产业省发表了《产学合作型创业人才培养计划》，提出

---

① 王国辉：《21 世纪日本青年自立与就业支援政策探析》，载《比较教育研究》，2016，38(9)。

了众多促进创业教育发展的措施，具体措施如下。

第一，设立大学创业教育论坛。该论坛由与大学创业教育相关的教师、外部教师、产学合作或技术转化人员、风险投资家、协助创业见习的企业家等组成。论坛实行会员制度，通过创设大学创业教育综合信息网，将创业教育的相关信息及时更新在网上，方便相关人士利用。

第二，创建创业教育的相关数据库。数据库将各校创业教育的相关课程、教师资源、外部教师等情况进行汇总，同时将数据库资源与网络进行连接，为实现相应资源的共享和共用创造条件。

第三，通过召开全国性创业教育会议，实现同行之间在教学教法、教材开发等方面的交流。

第四，选定优秀的创业教育案、优秀的教授模式定期在网上公布，便于其他学校学习。

第五，积极推进风险企业见习制度，实现企业和学校之间供需信息的公开。

第六，收集有关创业教育的教材、案例及创业计划竞赛相关信息。

三、主要特点

(一)系统化的创业教育体系

日本在发展创业教育的过程中，十分注重创业教育体系的建立，而不是仅以学校课程这一种形式来进行开展。培养创新创业精神需要教育系统长期渗透，更是需要教育系统内外的配合。日本的创业教育已经有了一个较为完善的、稳定的体系。从高校的创业教育来看，主要形式有学校课程、互动项目、见习、创业支援机构四个方面。

如今在日本，大多数高校专门开设了创新创业课程。学校课程以培养学生树立正确职业观为目的，从理论的角度来对学生进行创新创业方面知识的培养。

而且无论是高校还是中小学，在开展创业教育的过程中，都十分注重企业家与学生的互动。受邀的企业家来到学校，为学生们开设专门的讲座，在交流的过程中，将自己的经验分享给学生，同时还能为学生解答创业就业中面临的问题，这对学生树立正确的职业观有很大帮助，更有助于培养学生创新创业意识。

早在 20 世纪 90 年代，日本高校中就已经有了成型的企业见习制度。但是当时的企业见习制度创立的主要目的是防止学生入职后很快离职，见习时间一般为2~3天，时间短，效果有限。如今，日本高校已经形成了以培养学生创业意识为目的的企业见习制度，为有创业意愿的学生提供在风险企业中观摩、学习的机会，文部科学省以此为创业教育的突破口，对此大力支持。

在创业之初，无论是何种行业、何种规模的创业者，都需要面临许多现实的问题，如资金如何分配、人员如何管理、企业选址如何进行等。因此，制订一个全面、系统的创业计划十分重要。日本高校中面向社会的机构可以为创业者提供创业咨询，也设有专门的课程。同时，地区的公共机关、民间团体中也有很多机构可以为创业者提供创业支援。如庆应义塾大学就开设了创业教育创业支援联动的机制。筑波大学、东京工业大学等还利用校友会为学生创业提供帮助。

(二)丰富多样的创业教育课程

从内容上来看，日本高校的所开设的创业课程十分丰富。既有面向所有学生的通识课程，也有为管理学、理工科、信息技术等学生所开设的专门课程。从科目来看，日本高校开设的创新创业课程主要分为三类：第一类课程是培养学生创业的基本知识的课程，如立命馆大学开设的"创业家战略"、明治大学开设的"创业规划论"等；第二类是企业实习课程，由课堂讲授和企业实习两部分构成，以培养学生的实践能力为目标；第三类课程是以培养学生的创新创业精神为目的，如东京大学开设的"企业家精神""大学创业精神"等。

从课程开设形式来看，日本创业教育的课程开设形式非常多样。大多数的高校并不是空洞地向学生讲授创业知识和理论，而是辅以实践项目和见习制度，学生通过系统的课程学习，在理论和实践方面都打下了良好的基础。此外，很多高校还设有技术经营（Management of Technology，MOT）课程和工商管理硕士课程。MOT课程是以理工科研究生为对象的，培养学生经营技术的一系列课程的总称。这一类的课程专业性较高，大多数高校会采用外聘教师来讲授这类课程。MBA课程是以人文学科的研究生为对象的创业普及类课程，目前这一类课程以理论讲述为主，围绕商业计划书的写作等方面开展。

除了应设课程之外，为推动知识产权教育和创新创业教育的发展，日本部分高校设立特色社团。比如，九州大学和崇城大学（原熊本大学）均设"创业部"，即创业社团，其旨在实行创业教育，帮助无资金、无人脉、无经验的学生进行创业，激发学生热情，并教授其创业办法，提升学生的知识产权素养。

2014 年，崇城大学开始依托创业部开展创业者养成计划，通过建设联合大学、开展社会课程、举办讲座等方式，推行该计划并为当地经济注入活力，也因此产生了以讲座和短期课程有针对性地普及知识产权、创新创业知识的教育模式。①

(三)多样化师资队伍

日本高校在创业教育师资团队建设方面十分灵活，不仅有校内专门的教师，如经管系、理工科和创业教育体系的专业教师，还吸纳了很多校外师资，主要有企业经营者、法律金融界的专业人士、优秀校友等。校内的专门教师主要为学生讲授创业相关的专业知识，校外师资则从法律、金融、运营等多方面为学生提供更为丰富的资源，如九州大学创业教育的教师以经济学院的教师为主，同时也聘请了该领域的优秀教师，还聘请了优秀的企业家来教授相关课程。例如，学校邀请早稻田大学的东出浩教授讲授"创业理财"课程，邀请立命馆大学的黑木正树教授讲授"创业组织"课程，在"创业研讨"中每次邀请不同的创业者、企业家来讲授创业经历和相关内容的课程。

值得一提的是，在日本高校中，以"创业经验者为主要师资"的高校占了很大一部分比重，在大和总研 2007 年的调查中，这类高校占 40.3%。总体来说，日本创新创业教育师资队伍的组成十分多样，有利于从不同的角度来为学生提供创新创业教育。

(四)官产学一体的协作体系

日本政府将官、产、学合作视为提高国家创新能力的一个关键因素，希望通过促进产学合作来提高经济效益。在开展创业教育时，政府、产业和社会从不同方面为创业教育的顺利开展创造条件，充分体现了整个社会对创业教育的重视。在政府方面，经济产业省、文部科学省、厚生劳动省将创业教育作为国家发展的重要课题，共同研究、共同思考、共同行动。从"青年自立·挑战计划"的"政策联合部署"到《技术专业促进法》的颁布，从教育科研体制的系统改革到创业教育研究的"国际参与"，日本政府在创业教育系统中扮演了指导者、推动者和协助者的角色。近些年，日本政府在简化新公司申请

---

① 朱文玉、李汝敏：《日本高校创新创业教育及对我国的启示》，载《教育探索》，2018(4)。

程序和出台广泛的资金援助方面的政策，为大学创业教育的开展提供良好的服务。

产业界方面，许多大企业和中介机构为大学创业教育做出了突出贡献，从向学校提供人才需求意见，为学校学生见习提供"实习基地"，为有潜力创业计划提供"风险资金"，到企业和大学联合开发创业教育教材、课程，设计创业型人才的培养方案和实施方案，企业以更加主动的姿态出现在大学校园之中。与此同时，许多中介机构在将创新成果转化为产品的商业运作中扮演了桥梁的角色。例如，整合技术与企业需求的产业合作办公室、促进大学研究成果专利化与技术授权的技术转移机构、提供商业层面支持的创业辅导机构、提供作业场地与商业设施的科学园区，以及风险投资、人力中介及律师服务等，为创业者提供全方位的保障。

大学方面，在政府和产业界的密切配合下，大学不断更新创业教育、研究理念，甚至引入了全新的办学思想。各大学在原有设施的基础上，加强创业孵化器、创业辅导机构等创业基础设施的建设，加强与校友的广泛联系。同时，各大学还在原有管理和经营学的基础上，结合本校特色，开展工科创业计划，开设广泛的创业课程，结合本校特色开设交叉学科。比如，高知工业大学的创业工学、立命馆大学的创业管理学在创业师资方面导入了具有优秀创业家资质和创业经历的"双师"，通过建立与企业的双向交流制度，提升创业教育质量。总之，日本大学创业教育的开展得到了社会各界的广泛援助和配合，真正体现了大学创业教育的社会参与。

(五)重视地域性合作

20 世纪 70 年代初期，日本经济从高速增长时期进入平稳增长时期，经济管理体制从传统的中央集权模式向地方分权模式转变，经济发展进入"地域经济时代"。与此相对应，日本中小企业也由高速增长时期进入平稳发展时期。为了活跃地域经济，实现地域经济的平衡发展，政府采取内发式经济发展方式，以促进地域经济的特色发展作为国家的重要战略。地域原有产业和新的发展空间无不给大学创业教育的开展提供了绝好的"练兵场"。为了充分挖掘、利用地域经济资源，日本大学尤其是地方私立大学在开展创业教育时，很注意和地域特色产业的联系，许多大学将结合本地域产业优势，振兴地方经济发展作为大学人才培养的目标。例如，大阪商业大学的发展目标是"为社会做贡献"，成为一所"扎根地方、学习地方、贡献地方"的大学。每一位学生都有"把自己培养成一个对社会有用的人"的责任感。又如，獭户内海沿岸地区是钢铁和化学等日本传统产业集中的地区，当地政府借助广岛大学和香川大学的研究技术，为当地的养鸡业和制糖业提供了改进思路，大学的技术也得到了相应的应用。这种合作很好地发挥了地域和高校的资源优势，实现了高校与地域同步发展。

在创业实践中，大学生还为本地区企业开展市场调查，寻找企业优势，开拓市场空间。他们利用自身的知识为中小企业开展咨询，通过处理具体问题达到企业升级、创新管理的目的。大学的创业教育对地方经济起到了实际的推动作用，也就容易获得地方政府的支持和地方企业的资助。此外，各地方工商联合团体、金融机构、非营利机构、经营团体、地方大学还设立了创业推进协议会，共同推进创业计划开设创业中心，使有关机构人员、打算创业的人士、企业代表在此交流意见，形成促进地域经济发展的共同愿景。与此同时，创业中心通过"创业塾制度"为女性和高龄创业者开展短期的创业技能培训，紧密围绕地域经济发展主题，开设企业设立、财务、经营等讲座。现在许多日本创新企业都是发掘地域产业的成功案例，为地域经济发展做出了重要贡献。

(六)创办大学风险企业

风险企业，指的是具有较强独立性、成长性、创意性和发展志向的创业企业。一般情况下，将接受风险投资的企业称为风险企业。风险企业一般来说具备三个特征：有创新型、风险回报高、接受风险投资。

大学风险企业在转移大学科研成果方面具有重大意义，是高校实现创新发展的重要途径。日本高校风险企业在 20 世纪 90 年代之前就已经产生，但是在大学当时的社会背景之下，并没有得到良好的发展。进入 20 世纪 90 年代后，日本爆发经济危机，传统产业失去了往日的优势，为刺激经济发展，日本政府出台了一系列政策鼓励创新型企业的发展。1995 年颁布的《科学技术基本法》和第一次科学技术基本计划，推动了大学风险企业的发展。2001 年，经济产业省提出了"平泽计划"，日本各高校积极响应，围绕建立风险企业、培养创新创业人才提出了各项计划并努力实践。截至 2007 年，日本大学风险企业的数量已经攀升到了 1600 家，至 2009 年已经达到了 1809 家。

从大学风险企业的构成情况来看，2006 年日本经济产业省委托事业针对大学风险企业的基础调查显示，在 1503 家大学风险企业中，基于大学的研究成果所创办的大学风险企业有 845 家，占全部大学创办风险企业的 56.2%；其中学生创办的企业有 165 家。由此可以看出，在日本政府的政策支持下，大学风险企业已经成为转化大学科研成果，鼓励大学生创业的重要途径。

四、案例分析

在日本，不同高校在开展创业教育时存在不同的理念定位，也可以说是不同的培养目标。有的高校以培养学生的企业家精神为目标，有的高校以培养学生的创业专业技能为目标，有的高校则以培养学生的全球视野和风险意识为目标。在不同教育理念的指导下，日本高校的创业教育也产生了不同的类型。

专门教育型指的是学校针对某学科的学生所开设，除本专业相关知识之外的创业教育，并且这类教育是以专业课或者副专业课的形式出现的。专门教育型创业教育可以分为两类：一类是针对商科和经济学科开设的，主要教育内容是商务运营相关知识，如商业计划的写作、风险投资企业的管理等。另一类是针对工科、医学专业的学生所开设的。这类创业教育课程专业性要求要高一些，更多的是以副专业的形式出现，教育内容为创业技能和专业技能相结合。日本不同类型的高校创新创业教育如表 4-1 所示。

表 4-1　日本高校创新创业教育的类型

项目		对象学生	内容	代表学校
专门教育型	经营技能型	经济学商学	企业经营所具备的基本技能，包括商业计划书的制订、金融和法律方面的基本知识	大阪商业大学小樽商科大学
	专门技能型	工学医学	在学生主修工学、医学等专业的同时，加强学生对专业技能和创业的融合	高知工业大学
通识教育型		全体学生	以培养学生的创业志向、创业素养等为目标	九州大学东京大学

（一）经营技能型——大阪商业大学①

大阪商业大学是一所私立学校，地处"中小企业胜地"的东大阪市，是拥有经营学部和综合经营学部的商业学校，其教学理念是"培养对世界有用的人才"。大阪商业大学的创业教育不只以培养企业家为目标，更注重在创业教育中培养学生发现问题、解决问题的能力。大阪商业大学从第二次世界大战后就开始从事创业教育，目前已经有70余年的历史，与我国的许多高校都有联系，是日本创业教育的先驱者。大阪商业大学认为，"所谓的企业家精神，就是创造新事业的原动力"。其创业教育的宗旨是要培养具有丰富创业家精神、自由的想象力和表现力的人才。大阪商业大学的创业教育主要分为三个方面：面向高中生和高中教师的创业教育、面向在校生的创业教育、与当地政府及行业协会合作的创业培训。

1. 面向高中生和高中教师的创业教育

大阪商业大学非常注重创业教育的一贯性，因此和高中也保持着密切的联系。每年大阪商业大学都会举办"创业教育研究会"，与各个高中的教师就创业教育的教学方法和成果进行经验交流，目前已经举办了14届。通过"全国高校商务甲子园""外出讲座"等活动，在高中阶段就开始培养学生的创新创业能力。"全国高校商务甲子园"是面向高中生所举办的商务创业大赛，在2009年，募集到将近5832件作品。2009年，大阪商业大学分别在"兵库县立姬路商业高等学校"等高中举办"SWOT法的概要及分析方法"等5场讲座。在2010年举办了12场讲座。

2. 面向在校生的创业教育

大阪商业大学创业教育中最为成功的就是创业先锋班（OBP）。OBP是紧随社会的动向，及时更新学习内容的课程学习班，同时增加了创业、企业经营管理等实践类科目，通过开设独立的课程，使学生可以活学活用，培养能灵活应对商务挑战的通用型人才。该校对OBP课程的学员要求非常严格，每年从一年级新生中选出25名富有创业意愿的学生，第一年在学习自己专业的同时学习OBP课程；第二年导入目标管理制度（MBO），通过学习《日经商务》，参加其他学校的研讨会，培养学生领导、计划、交流的能力；第三年，通过夏季实习来体验企业生活，在与社会交流的过程中，理解企业运作，以

---

① 张昊民、陈虹、马君：《日本创业教育的演进、经典案例及启示》，载《比较教育研究》，2012，34(11)。

拓宽学生的视野；第四年，学生进一步与社会接触，发现创业机遇，实现创业。OBP 主要课程如下。

一年级：OBP 商务基础、OBP 创业论、OBP 商务游戏、BP 会计Ⅰ、BP 信息Ⅰ、BP 英语Ⅰ、创业设计入门。

二年级：OBP 管理创新研究、OBP 商务计划、OBP 人力资源管理、BP 会计Ⅱ、BP 信息Ⅱ、BP 英语Ⅱ、国际语言演练、创业设计应用。

三年级：OBP 实践项目Ⅰ、OBP 企业实习、BP 会计Ⅲ、BP 信息Ⅲ、BP 英语Ⅲ。

四年级：OBP 实践项目Ⅱ。

为了使学生有充足的学习时间，学校规定一年级的学生最多选 48 个学分（学生本身专业与 OBP 课程的学分之和）的课程。OBP 课程注重在实践中培养学生的创新力，在 4 年的系统化指导过程中，充分利用案例进行教学，学生有机会进行实地调查，直接与社会进行沟通。学校还专门为其成立工作小组，负责 OBP 的教学交流工作，每年会与学生共同确定学年目标，进行目标管理。该校 OBP 工作人员有 11 名，每年的学生数量控制在 25 名左右，因此教师能够充分跟踪学生的情况，保证创业教育的质量。

除此之外，大阪商业大学举办的"商务创意大赛"鼓励学生主动开发新产品和服务及建立商务模式，在 2009 年募集到 695 件作品；该校还主编了《大学生创业能力入门》教材，通过各类形式的课程来培养学生的创业能力。

3. 与当地政府及行业协会合作的创业培训

这类创业培训主要是针对以创办企业为目标的社会人士，在制度上主要体现在产官学协同，即加深学校与地区企业的联系，利用社会资源进行产学交流并得到资金支持。其模式主要是由学生进行策划，政府提供资金支持，商业团体提供场地，从而实现创业教育的实践活动。在资金支持方面，该校最多会给予所需总资金的一半，作为学生的创业支持，而这些因接受资助而成立的企业会招收本校的学生前来实习，为学生提供实践学习和接触创业企业的渠道。

综合大阪商业大学创业教育体系，可以总结出如下特点：一是连贯制的教学模式。不仅注重本科生的创业教育，同时利用高校资源加强地域联系，在中小学校中普及创业教育。多彩性的课程体系。课程体系中加入了如 OBP 创业论、OBP 商务游戏等，丰富了创业教育的内容。二是应用型的培养思路。学校的资金支持帮助大学生创业者摆脱创业资金的压力。注重"培养对世界有用的人才"是大阪商业大学的育人之本。

(二)经营技能型——小樽商科大学①

小樽商科大学位于日本北海道小樽市，是一所以经济管理为特色的国立大学。为了培养日本国民的创新能力，加人创业型企业的比例，小樽商科大学在研究生院内专门开设了创业专业，以培养专业化的创业人才。小樽商科大学创业专业旨在培养能够开发新事业，制定企业成长战略，进行组织革新的人才。具体来说，通过学习有关企业管理类最前沿的知识，培养学生制订商业计划书以及发现问题和解决问题的能力。

小樽商科大学认为，培养创业人才和进行创业教育，就像是建造房子，因此它们将整个创业专业课程设计成一种房屋的体系，并将五大课程模块，即基本科目、基础科目、发展科目、实践科目和企业实习分别比喻成坚实的地基、完整的墙壁、笔直的房梁及巨大的屋顶。在各个模块中，又有相应的课程作为支撑，内容丰富全面，基本科目、实践科目和企业实习为必修科目，而基础科目和发展科目则采取选修的形式，学生可以根据自己的兴趣和需求进行选择。其课程主要内容如表 4-2 所示。

表 4-2　小樽商科大学创业专业课程内容

课程模块（学分）	课程名称（学分）		课程性质
基本科目（10）	组织行为学（2）	信息管理（2）	经营必备的基本知识和能力
	管理和战略（2）	企业会计基础（2）	
	市场营销（2）		
基础科目（12）	商务经济学（2）	战略财务管理（2）	MBA 学生必须掌握的技能和知识
	客户管理（2）	预算管理（2）	
	商业计划书（2）	创业企业（2）	
	初级商务英语（2）	创业与领导学（2）	
	公共管理（2）	经营战略与创新（2）	
	统计学（2）	商务法务基础（2）	

---

① 张昊民、陈虹、马君：《日本创业教育的演进、经典案例及启示》，载《比较教育研究》，2012，34(11)。

续表

课程模块(学分)	课程名称(学分)		课程性质
发展科目(8)	企业财税(2)	知识财产评价(2)	专业知识强化
	国际管理(2)	国际法务战略(2)	
	金融系统构架(2)	企业流程构建(2)	
	预判技术(2)	商务技术创新(2)	
	IR 战略(2)	生产管理(2)	
	公司设立和财(2)	技术革新(2)	
	市场营销技巧(2)	环境经营战略(2)	
	组织意图(2)	中级商务英语(2)	
	特殊课程Ⅰ(2)	特殊课程Ⅱ(2)	
	特殊课程Ⅲ(2)	北海道经济和地域战(2)	
实践科目(8)	商务计划Ⅰ(2)	案例分析Ⅰ(2)	周末集中培训
	商务计划Ⅱ(2)	案例分析Ⅱ(2)	
企业实习(3)	企业实习(3)		学以致用

综合小樽商科大学创业专业教育体系,我们可以总结出如下特点:堆叠式的课程体系,由浅入深,将学科知识进行剖析,在学习的不同阶段进行教学;渐进式的教学模式,循序渐进,将课程内容模块化,从基础教学逐渐向实践应用发展;实践式的学习内容;案例教学,在理论基础上,引入企业案例帮助学生理解和掌握。

(三)专门技能型——高知工业大学①

技术开发和把开发的技术高效地运用于产业是振兴经济的重要课题。在这样的背景下,为创设日本独一无二的大学,1997 年,高知工业大学大胆地改革大学体系,提出培养具有挑战性领导型创业人才的构想。1999 年,学校以社会人为对象,开设文理融合的社会人教育研究生院创业家课程,创立了创业工程学科,以在企业发挥指导作用的技术者、经营管理干部、创业者等为对象,从全球的视角提供企业经营所需的知识,对新事业的创造过程进行研究。同时,举办了创业工程学系列讲座,并与美国斯坦福大学等学校联合

---

① 李志永:《日本高校创业教育》,杭州,浙江教育出版社,2010。

开展创业工程教学和指导具体创业实践，探讨集科研、开发、创业、管理为一体的多元化开拓型人才培养模式，培养大批社会急需的复合型高科技创业管理人才。在人才培养理念的指引下，学校通过考试选拔一批学生，通过系统的课程、考核、评价、学位授予培养创业相关人才，下面简要介绍一下具体情况。

首先，在课程设置方面，硕士课程以培养学生掌握企业家精神的本质、从经营实践的实例中学习、具备开拓风险型新事业的能力为目标，对创业家经营领域的基础知识、方法、战略等进行综合研究；博士课程以培养具有更加专门的知识、在产业上具有指导能力的领导人才为目的。在教育内容方面，围绕创业工学设置，讲义基于基础理论、一般理论以及在产业界活跃的企业经营创业家的经营事例，同时包含大量的操作性课程，如市场调查、解决问题等。课程以模块形式出现，以月份为单位开课，月份之间存在一定衔接性。课程多集中在周末进行，充分利用现代媒体技术实行多地点、多时间的双向电视会议系统授课，学生可以选择在东京大学、大阪大学、高知工业大学等学校参加，可以随时向教师提问，方便了学习。

其次，学位授予是大学人才培养的标志。高知工业大学的硕士课程学位分为工学硕士和学术硕士两类。工学针对专门的工科领域，学术以工学以外的领域为研究对象。博士课程学位分为高级研究者学位和高级技术者学位两类。高级技术者和高级研究者的培养方向不同，与高级研究者侧重于研究能力相比，高级技术者更重视基于深刻学习经历的课题设定能力、问题解决能力的培养。创业家课程是以培养能自己发现课题、通过提供解决方案创造新的产业的挑战性人才为目标的。硕士生实行双导师制度，博士生有三名导师。硕士总计通过 30 个学分的课程，其中包括基本课程 8 门、专业研究 1 门、讨论 3 门，并通过硕士论文审查可获得硕士学位；博士通过总计 10 个学分的课程，并通过学术水平考试和博士论文审查可获得博士学位。原则上硕士学位和博士学位的修业年限为 2 年和 3 年，但允许提前修完课程和获得学位。

最后，为了壮大师资队伍，提高师资质量，负责高知工业大学创业课程的教授都有企业经营的经历，不论是技术系还是非技术系，都必须有国内或国外企业经营的相关经验。学校同时聘请在国际上活跃的企业知名人士、日本企业家、在日本风险企业界活跃的创业家、高知地区有名的企业家，组成非常庞大的教师队伍。与此同时，学校还通过与企业的交流合作项目，为教师提供进修的机会，提升教师的实践能力和素质。在校内开设便于教师和学生相互沟通的专业网络——KUT-GSE（Kochi University of Technology，Graduated School，Entrepreneur Engineering）创业网络，通过专业领域的互动，为学生创业提供思路，同时对教师的教学进行反馈。学校通过入学、课程、学位授予、教师培养、交流网络等多方面的内容，使创业教育模式具有一定的可操作性。

　　总之，作为一所以创业为目的的创业型大学，高知工业大学的许多做法值得借鉴和学习。如社会工作者可以边工作边学习、设置硕士和博士学位、具有丰富的教师队伍、教师学生一对一服务、多地点同时开课服务等显著特点，使得高知工业大学的创业教育模式成为可以推广的范例。

（四）通识教育型——九州大学

　　2010 年，九州大学在创业成功校友罗伯特的捐助下，把原来由日本政府拨款于 1995 年成立的企业商务实验室（Venture Business Laboratory）更名为罗伯特企业中心（Robert T. Huang Entrepreneurship Center，QREC），并改组成为一个综合性的创新创业教育与研究中心，是日本第一家为本科生和研究生提供系统和集成的创业教育计划的学院。QREC 从 2011 年开始，面向全校所有本科生、研究生和 MBA 学生共开设了 30 门课程，拥有创新创业研究领域的校内教员共 8 名，并邀请校外教师、企业家、投资人作为导师。QREC 主要专注于：①经营和管理创业孵化设施；②协助风险企业的研发工作；③传播创业信息，与国内外机构开展交流活动，促进更紧密的合作；④与社区合作开展社会和区域创业活动；⑤为九州大学全体学生提供先进、系统的创业教育；⑥开展创业研究和创业教育有效方法研究。经过多年的探索，QREC 已发展成为初具规模与特色的教育研究中心。

　　QREC 的课程设置基于创业过程，具有体系化的特点。这主要体现在三个方面（见表 4-3）。

表 4-3　QREC 创新创业课程体系

项目	基础板块	应用板块	实践板块
教学方式	以课程讲授为主	案例分析、工作坊	主动学习、基于问题的学习
建议选修年级	大一、大二学生	大三、大四学生、硕士研究生	MBA，博士研究生

项目	基础板块	应用板块	实践板块
培养重点	培育学生兴趣，引领学生发现问题、寻找商机	基础知识和技能的教授	知识技能的融会贯通，灵活运用
课程	创业学入门 创意实验室 创业管理 设计思维 职业生涯设计 创业研讨 企业家精神：美国研讨 ……	创业理财 创新管理 战略设计思维 创业营销 商业竞争优势 技术市场 研究技术管理 新业态创造 创业组织 ……	高新技术创业 公司内创业 QREC 实习 公益创业 新兴市场创业 地域政策项目设计 全球 PBL 项目 产学联合项目 ……

第一，根据"基础→应用→实践"的思路，深入浅出地提供相关课程和调整教学方法。第二，课程的设置与教学的目的、方法具有连贯性。在基础课程中主要以大一、大二学生为培养对象，通过课堂教学的方式培养学生的兴趣，激发学生的创意思维。在应用课程中以大三、大四学生和硕士生为培养对象，通过案例分析、小组讨论、研讨班等方式教授创新创业的基础知识和技能。在实践课程中，以 MBA 学生和博士生为培养对象，以解决实际问题或项目的方式，帮助学生把所学的知识与技能融会贯通并加以实际运用。第三，在基础与应用课程设置上涵盖了"创意""组织""战略、市场营销""财务"四大领域的课程。由于各种调查和研究分析指出日本学生创造性不足、创业意愿低下，因而 QREC 在课程安排上尤其重视"创意"版块的课程，联合艺术工程学院和校外的教师共同开设了创意实验室、设计思维等课程，加大力度激发学生创意潜能和培养学生的创造力。九州大学是日本七大旧国立大学之一，位于日本南部的福冈。从地理位置来看，商业环境、人才聚集和最新资讯等方面稍逊色于东京、大阪等城市。QREC 明确自身的优劣势，充分利用国内外资源，探寻更好的创新创业教育模式。

QREC 的实践经验主要有五点。

第一，打造多元化的师资团队。强大的师资团队是优良教育的基础。QREC 的师资团队以经济学院的教师为主，同时吸纳了校内不同学院领域的教师，并聘请了日本在创新创业研究领域里的名师或者企业家来教授相关课程。比如，学校邀请早稻田大学的东出浩教教授教授"创业理财"课程，立命馆大学的黑木正树教授教授"创业组织"课程。在"创业研讨"中每次邀请不同的创业者、企业家讲授创业经验和相关主题。

第二，融教学与研究于一体。创业是在高度不确定性的环境下开展的高风险行为。可以说，创业教育对教师的要求会更高。从当今高校或者一般讲座的"创业导师"组成来看，既有成功的创业实践者，讲述"英雄式故事"；也有总结创业规律的学者型教师，教授创业基础的知识、技能和一般规律。QREC 的定位是"教育"与"研究"并重，其教师融创业实践者与学者型教师之长于一身，大多是具有与创业关联多年社会工作经验的学者。例如，QREC 的副所长五十岚伸吾副教授曾在三菱东京 UFJ 银行中小企业投资部门工作了约 10 年，现在是日本风险企业学会的理事，并主持日本文部省有关初创企业成长的多个项目。

第三，立足于九州地区开拓创新创业人才的人脉关系网。创业者的社会关系网络结构会影响创业行为和绩效。QREC 希望能够成为九州地区创新人才的交流中枢纽带，并为在校生接触企业家、投资人等提供机会。例如，QREC 以 MBA 学生为主体，在校外的创业咖啡馆组织在校师生和校外的企业家共同探讨有关创业的主题。与九州大学的知识产权部门共同运营技术管理交流会，定期为学生、校友、教师、创业者等提供信息交流的沙龙。

第四，开设与创业课程体系相匹配的系统性实践项目。如上文提到，QREC 重视学生的创意开发和创业教育的系统性，在实践项目上设立了"Idea Battle"→"Challenge&Creation Program"，"Academic Challenge"→"Jumpout Challenge"，"Global Challenge&Creation"等一体化的实训项目。在从简单粗糙的创意想法、经过调查研究可行的商机或者技术产品、孕育具有可行性的商业计划的演化过程中，QREC 在每一阶段都鼓励学生参与实践，通过比赛选出优秀团队，并资助 10～100 万日元不等的扶助金。同时，结合研讨班等应用实践类课程指导学生，帮助学生参加"Startup Weekend"等国内外创业大赛，逐步地孵化有商业价值的项目。需要强调的是这些项目主要培养学生"发现问题、解决问题"的能力，因此并不是仅仅停留在商业计划书制作上。例如，"Challenge &Creation Program"的其中一项内容是"九大校园节创业体验项目"，该项目的创业团队得到 QREC 的资金支助，并在九州大学校园节真正地开设和运营店铺。创业团队在导师的指导下，需要按照"计划书制作→公司设立→计划报告→融资→采购→开店→贩卖→结算→监察→向股东报告"等过程，亲身体验创业与项目运营过程。

第五，与国外高校交流，培养学生国际化视野。QREC 为了孕育学生的企业家精神和国际化视野，开展了"企业家精神：美国研讨"项目。该项目每年派遣学生到美国硅谷学习交流一周，学习内容包括到当地企业访问、与斯坦福大学的学生交流、由当地企业家主讲创业课程、以团队的形式设计创业项目等内容，项目结束归国后，学生要汇报项目成果。该项目自 2006 年运营至今得到了学生和社会的高度评价。

(五)通识教育型——东京大学

东京大学为了长期系统地培育创新创业人才，孕育具有创新精神的校园文化，从 2005 年起开设了"创业者道场"。"创业者道场"不区分本科生和研究生，对所有的东京大学学生一同开课。课程由东京大学产学联合本部联合东京大学风险投资股份有限公司、东京大学 TLO 股份有限公司共同开设。因此，主讲教师主要是由企业家、投资人或者具有丰富实践经验的教师组成。

东京大学的创新创业课程安排具有针对性与连贯性的特点。"创业者道场"每年从 4 月开课，学生通过"初级""中级""高级"课程的学习，从创业的意义、发现商机、探寻客户需求、开发产品、撰写商业计划书到创立组织进行逐步学习和体验创业过程(见表 4-4)。

表 4-4　东京大学的创新创业课程

课程	时间	内容
春季课程(初级)	4—5 月	基础讲义、特别研修班
夏季课程(中级)	6—7 月	从零开始的商业计划书讲座 从零开始的编程集中营 创意马拉松 黑客马拉松 (在马拉松中胜出的队伍，无须参加下学期的考核)
秋季课程(高级)	9—11 月	商业计划书比赛(以团队形式申请)
冬季课程	12—次年 3 月	海外派遣项目(到国外大学集中训练和比赛)
创业体验入门课程	5—7 月	创业体验(一般周日的半天)
冬季特设课程	10—12 月	面向工科的研究生开设"创新与企业家精神"英语课程

资料来源：东京大学. 東京大学アントレプレナー道。

　　除以上创业课程外，东京大学还会为感兴趣的学生以集中开课的形式开设"创业体验课程"，激发初学者的兴趣；为理工科的硕士研究生和博士研究生用英语开设"创新与企业家精神"的讲座，培育理工科研究生的创造性思维。即根据不同学生群体的需求开设课程。

　　从课程设置来看，东京大学的课程内容具有很强的实践性，让学生在实践中学习，在学习中实践。下面为春季开设的基础课程（见表4-5）。

表4-5　东京大学 2015 年春季创新创业课程一览

课程	题目	授课者
1	课程介绍	产学联合本部的教授
2	创业者前辈的圆桌讨论	4 位创业家
3	创造没有障碍的世界	创业者
4	今后的管理与创业机会	创业者
5	商业计划工作坊	产学联合本部的教授
6	风险投资如何看商业计划书	两位风险投资者

　　学生并不是从创业学的基础教程中学习，而是从创业者、风险投资家等创业导师中学习创业经验和最新的创业动向。在中级课程中，学生需要以团队的形式参与"创意马拉松""黑客马拉松"等课程，开发创造性思维以及创客的动手能力。在高级课程的商业计划书比赛中，"创业者道场"会为入选的每一支队伍委派创业导师，指导学生团队完善商业计划书。大部分高校课程随着商业计划书比赛结束而结束，但是东京大学继续帮助优胜项目孵化，如与北京大学开展了比赛优胜队伍的相互交流项目。每年，胜出的队伍与北京大学的优胜队伍进行为期五天的商业项目交流集训。学生通过优秀项目团队之间的深入交流，加深对项目、对创业的理解。同时，在"黑客马拉松"课程、商业计划书比赛的两次审核中，产品成熟度较高、具有创新性和商业价值的队伍将会被派遣到美国得克萨斯州参加贸易展，与世界各地的投资者、企业家、技术人员交流，进一步推动产品的孵化。"创业者道场"的培育人才宗旨是开发学生的"发现问题与解决问题能力"，培育学生"崇高的理想和坚韧不拔的意志"，提高学生的执行力。"创业者道场"的负责人各务茂夫教授认为："创业教学的根本在于个性的独立，即能够自身发现问题，哪怕遇到重重困难，也能够通过自身的锐意创新独立解决问题的'个性'。"因此他提出"创业教

学＝游泳"理论。在游泳学习中，学生必须克服恐惧，自身下水学习才能学会。游泳是必要的生存技能，一旦身体和技能融为一体之后便是一生的宝藏，日后在需要的时候必能发挥作用。这正是创新创业教育的本质。经过12年的摸索，各务茂夫教授指出，东京大学已从"创业者教育"转向了"创业教育"。

第五章 韩国高校创新创业教育体系

一、政策环境

自 2012 年以来，韩国的青年失业问题日益恶化，同时经济也无明显的上升趋势，进而引起了政府及大学对于创业的重视。随之政府和大学不断推出激发青年创业活性化的制度。[①]

进入信息化、知识化的 21 世纪后，为了应对不断变化的经济环境和技术创新，以增强国家竞争力，韩国政府认识到培养新时期优秀企业家的重要性。早在 1986 年，韩国政府就出台了《中小企业创业支持法》，支持韩国民众，尤其是大学毕业生自主创业，在政府的积极推动下，韩国的成功创业案例层出不穷。此外，受 1997 年亚洲金融危机和 2008 年全球金融危机的影响，韩国经济受到重创，很多企业为了生存纷纷裁员，导致了失业率上升和大学毕业生就业难的问题。很多为了增加工作岗位，缓解失业压力，韩国政府决定鼓励青年自主创业，于是，韩国教育界掀起了高校创业的热潮。2013 年 9 月，韩国中小企业厅又联合教育部、未来创造科学部发布了高校自主创业教育五年计划，继续加大推进创业教育的力度。

韩国高校创业教育的迅速发展，主要得益于韩国政府对"科技立国"战略和"BK21 工程"（Brain Korea 21 Project）战略的实施。

[①] Jang Ji-hyun：《大学水平对培养大学生创业的影响分析——影响因素分析及今后对策》，载《韩国公共行政学会（韩国公共行政学报）》，2016(2)。

自 20 世纪 60 年代中期，韩国政府极力倡导"技术革新""科学立国"，在全国掀起了科技革命的高潮；70 年代，韩国政府颁发了一系列法律，发展职业技术教育、科学技术教育，并建立了科学院，成立了大德科学技术城，集研究、教育、产业为一体，为实现"科技立国"奠定了基础；进入 80 年代后，韩国政府明确提出了"尖端科技立国"的发展战略，制订了一系列计划和措施；90 年代，制订了新的《简短科技开发基本计划（1990—1996 年）》，提出了大力扶持信息产业等十大高新技术产业的发展目标；21 世纪，韩国政府制订了《奔向 2010 年的科学技术发展长期计划》和《面向 2025 年的科学技术发展长期规划》，目标是 2025 年韩国科学技术竞争力在世界上居第 7 位，信息化指数居第 5 位，科技对经济增长率的贡献度为 30％，技术贸易指数为 1 以上，研究开发投资达 800 亿美元，研究开发人数达 31.4 万人。[①]

韩国不仅倡导"科技立国"，还倡导"教育立国"。20 世纪 60 年代，韩国政府提出实现社会现代化的奋斗目标，强调必须进行教育改革，确立了"教育立国"的发展战略；70 年代，韩国集中对中等教育和高等教育进行改革，自 60 年代以来，能够推进韩国经济增长与现代化的原动力正是教育的力量；进入 80 年代后，"教育立国"发展战略推进顺畅；1999 年，韩国提出了"第二次教育立国"，并制订了一项新的高等教育改革计划——"BK21 工程"，旨在进一步改革和完善高等教育体制，充分发挥高等教育的优势，通过政府与社会在人力、财力和物力等方面的投入，有重点地把一部分高校建设成具有世界一流水平的研究生院和地方优秀大学，培养知识经济与信息化时代所需的新型高级人才和国家栋梁，迎接 21 世纪的挑战。截至 2017 年年底，韩国共有 194 所高校创建了创业学院或者创业保育中心，同时开设创业课程的高校数量及创业课程量也随之得到了飞速增长。[②]

除此之外，2017 年，韩国第一个大学创业教育五年计划和产学合作先导工程落下帷幕，同时韩国教育部将联合多个政府部门再次发布了新一轮的旨在推动高校创业教育发展的大型事业项目，其中最重要的两个事业项目是"第二个大学创业教育五年计划"和"产学合作工程＋项目"（Leaders in Industry-University Cooperation Plus，LINC＋）。该工程就是韩国 9 部门联合出台的

---

①　朱春楠：《韩国高校创业教育动因及特色分析》，载《外国教育研究》，2012(8)。

②　施永川、王佳桐：《韩国高校创业教育发展的动因、现状及对我国的启示》，载《华东师范大学学报（教育科学版）》，2019(1)。

"产学合作五年计划"（2016—2020 年），其实施经验源自韩国政府于 2004 年实施的旨在促进区域和大学的共同进步计划（NURI，2004—2009 年），其年均投资 260 亿韩元，共计投资 1.24 兆韩元，最终在地方和高校形成了一个有效的产学协作体系并合理运营。这些计划都旨在对大学教育进行全面改革，促进地方企业与大学直接合作。

韩国高校创业教育的发展正是基于上述政策背景，至今已形成较为完善的体系结构。韩国创业教育理念基于民族活力的认识视角，韩国政府将创业教育作为重要的国家战略来认识和执行，认为创业教育能够培养大学生勇于创新的精神。韩国政府号召各高校建立"创业支援中心"或"创业支援团"，对大学生优秀创业项目给予一定的经费支持。截至 2019 年，"创业支援中心"几乎已覆盖每个大学。① 该体系设有创业能力诊断测试、专题讲座、创业公开课、创业资金扶持等 14 个模块，旨在培养学生的创造性思维能力、培养创业支持和创业教育等运营方面的人才。韩国政府和高校对申请进入"创业支援中心"的大学生进行严格筛选和把关，需要大学生提供详细的创业计划书。根据大学生拟创业方向，由大学教授和创业投资专业委员会组成评价团，对拟创业大学生的创业项目的技术性、可行性进行评价。通过创业项目审查的大学生才可以进入其所在高校的"创业支援中心"。"创业支援中心"在对大学生创业给予资金帮助的同时，还帮助大学生联系各专业指导教师，协助大学生进行创业调查分析，为大学生提供创业指导。

韩国企划财政部负责人表示，虽然本科以上学历者希望在大企业工作，但大企业的招聘规模相对有限，就业市场供大于求现象严重。基于此，韩国政府引导鼓励大学生创业，对大学生创业提供了极大的经费和政策支持。韩国首尔特别市实施了"青年总裁千人工程"（Youth CEO 1000 Project）项目，对年龄在 20～30 岁、有创业意愿但不知道如何创办企业的青年提供创业经费支持。通过选拔的青年每月可获得 70 万～100 万韩元的创业资金，支持期限为一年。2010 年 7 月，韩国首尔特别市再次实施"青年总裁千人工程第二季"（Youth CEO 1000 Project Season Two）项目，选拔了 1000 名青年在知识、技术等领域进行创业，继续为创业者提供创业经费支持。

韩国全国范围内已形成了浓厚的创业文化与创业认同感，使创业精神成

---

① 施永川、王佳桐：《韩国高校创业教育发展的动因、现状及对我国的启示》，载《华东师范大学学报（教育科学版）》，2019(1)。

为社会推崇的一种价值理念，并内化于一代又一代的人才的成长意识当中。同时，韩国发达而活跃的私营企业积累起来的企业家精神，也为创业者提供了适宜的社会文化氛围。《2017—2018 年全球创业观察报告》显示，韩国政府的创业政策支持在整个亚洲和大洋洲 54 个经济体中排名第 4 位，并且在主要发达经济体中排名第 1 位，其中有很多政策都是着眼于促进高校创业教育发展的。①

二、基本模式

1. 完备的课程体系

目前，韩国高等教育阶段的创业教育已形成较为完备的课程体系，范围已涵盖多学段，包括专科生、本科生、硕士研究生和博士研究生，其课程更加注重实用性。研究生课程在本科生课程内容基础上设置更具专业性和国际化的内容(见表5-1)。在不同的学习阶段有着不同的教育形式：一是本科院校开设相关基础课程和选修课的形式开设创业课程，扩充学生专业知识，丰富学生实践经验，激发学生创新意识。例如，忠北大学将企业家精神和知识产权管理课程作为本科生基础课程；东新大学针对不同年段的本科生将课程分为计划、提高与支援三个层次；亚洲大学结合学生的专业开设了职业与创业生涯设计、技术融合与商业化课程；韩瑞大学结合自身在航空航天等优势专业开设以服务为导向的"H-A-E 全球创业学课程"。二是在研究生院设置创业教育专业，有重点有针对性地培养社会优秀创业人才；同时研究生的课程更加注重学术性和实用性兼具，鼓励学生以更广阔的视角判断创业项目的可行性，并投入未来的商业实践中。据韩国学者调查统计显示，截至 2014 年，韩国已有 164 所高校在本科开设了创业课程，5 所高校设置了创业研究生院，同时，调查表明，90.4％的学生表示开设创业相关课程非常有必要。② 有些高校也开设了博士课程，如群山大学开设的国际创业学博士课程项目。

---

① 施永川、王佳桐：《韩国高校创业教育发展的动因、现状及对我国的启示》，载《华东师范大学学报(教育科学版)》，2019，37(1)。

② 陈孟博：《韩国创业教育对我国高校素质教育的启示》，载《郑州牧业工程高等专科学校学报》，2014(3)。

表 5-1　创业研究生院课程设计样本①

专业方向	课程名称
知识经营	知识经营、知识经营系统、知识经营研讨会、e-business、社会创业、全球营销、知识经营统计、技术经营、知识经营、知识产权管理、全球交易和海外市场调查
流通经营	流通研讨会、流通供应链管理理论、流通管理论、流通管理论、e-business、全球流通论、消费者经济论、流通的统计分析论、流通行业政策论、食品流通、商品流通论、商品管理论、流通信息论
气候经济	气候政策论、排放权交易制、价格分析论、可持续发展、气候经济基础理论、环境技术和价值评价、温室效应、气候经济理论、气候经济理论、能源经济论、市场调查和预测论
全球零售连锁	创业研究、创业计划书、特许经营、全球营销、全球创业、财务管理、国际物流管理、全球品牌战略及商业化、全球流通论、商圈及用地分析、特许合同及加盟业法、特许经营战略研讨会、全球地区研究Ⅰ、全球地区研究Ⅱ、国际商务法、国际贸易战略、全球区域研究、海外市场调查、国际贸易官
创业经营	创业研究、建立计划、启动数据分析、启动趋势分析、建立财务管理、创业战略、创业讲座、创业和天使投资、创业营销、创业领导力、创业的估值、特许经营、全球企业家、社会企业家、技术创业、创业公司的成长、家族企业管理、电子商务、全球电子商务
创业咨询	创业学、创业计划书、创业资料分析、跨国创业、创业模式、创业咨询研讨会、资金筹措及知识产权、创业领导力、创业咨询和知识产权、创业咨询方法、电子商务咨询方法、电子商务中心、全球电子商务等

2. 注重体验与实践

上述创业教育课程实施除与专题讲座的形式相结合外，更离不开与创业实践基地的结合。其采用大量非正式课堂的教学形式，鼓励学生"走出校门、站上讲台、进入创业现场"，用来增加韩国大学生的创业实践经验与感性体验，增强教学趣味性和实效性。

韩国高校的大学生创业实践基地主要分为两个组成部分：企业实践基地和校内实践基地。这种形式存在的创业实践基地主要为韩国大学生提供创业实习以及与学校进行教学交流和研究。其学生可以进入社会企业实习，增加社会实践经验，亦可以在创业基地内边学习边实践，发挥学生的主观创造性，以便更好地为创业实践做准备。另一种更为典型的创业实践基地则是在政策

① 施永川、王佳桐：《韩国高校创业教育发展的动因、现状及对我国的启示》，载《华东师范大学学报（教育科学版）》，2019，37(1)。

中提到过的"创业支援中心"。它给予大学生的创业实践以资金支持，提供免费的办公场所，还联系专业的指导老师为引导大学生创业，促进有价值的大学生创业项目投入市场，是韩国大学生创业教育发展的重要力量。

3. 多元化与国际化的师资队伍

韩国各高校吸引了朋辈导师、本校教授、国际学者和企业家教练来学校开展创业教育。朋辈导师多由已毕业的创业优秀校友来担当，邀请创业校友返校开展演讲其实际经历；本校教师则主要承担本校的创业理论课程，同时要求授课教师必须先对企业进行调查、学习和研究，制订相应的学习计划和教学方法，在韩国高校承担创业教育理论课程的教师 78% 均有企业工作经验，50% 以上的教师有 3 年以上在企业或研究部门的工作经验①；吸引国际学者来学校授课则有利于学生了解不同国家的创业前沿，开阔视野；吸引地方优秀的企业家作为创业教练，讲授创业实践与实战案例，并以"结对"的制度，充分发挥与传达企业家精神的引领作用。

三、外部环境

(一)促进科技成果转化

韩国之所以能成为"亚洲四小龙"之一，是因为 20 世纪 70 年代以来，韩国施行国家主导的经济赶超战略，经济迅速崛起，涌现出三星、现代、LG、SK 等一系列创业成功的企业集团，在电子、汽车等先进技术领域的全球产业链中占据重要位置。然而，尽管韩国已经位列高科技发展的前列，但高校的科研成果转化效率仍然不容乐观。这对韩国的高校学生创业非常不利。为解决这一问题，2000 年前后，韩国相继出台以《产业教育促进与合作法》《科技成果转化促进法案》为代表的一系列促进高校科技成果转化的法律，此后，产学研合作新模式层出不穷。新一轮的探索与以往最大的不同在于，新模式更重视知识产权的运用和保护，其中"产学研合作基金会"(Industry-university Co-operation Foundation)模式最具代表性。

1. 产学研合作基金会

韩国产学研合作基金会(以下简称"基金会")依据《产业教育促进与合作法》修订案中的条款设立，将已有的众多促进产学研合作的机构和组织贯穿起来，形成体系化的科技成果转化的机制。基金会是统筹所在高校的科研管理

---

① 徐小洲：《当代韩国高等教育研究》，40 页，杭州，浙江大学出版社，2013。

活动的中心，全权负责所有涉及产学研的合作事务。当时很多高校效仿美国的创业教育模式，设立科技转化办公室。但是这些科技转化办公室行政色彩浓厚，更多地负责科技成果转化中与政府相关的事务，缺乏有效的激励机制和商业运作手段。基金会成立后，将科技转化办公室合并，同时整合高校内部其他与产学研合作和科技成果转化相关的组织与资源。基金会的主要职责见表5-2。①

表 5-2 韩国产学研合作基金会的主要职责

职责	内容
签订合约	作为独立法人代表高校与企业签署科技转化合约，并监督执行
财务管理	管理高校与企业在科技合作方面的所有资金事宜
知识产权运营	作为独立法人获取高校和企业在科技转化合作中产生的专利，并就专利的使用、转让、收益分配等与企业达成合约
基础设施管理	投资建设高校的学习、科研方面的基础设施
推动技术转移和产业化	下设技术成果转化中心，作为独立法人，受到《技术成果转化促进法案》的指导和保护，与中小企业管理局保持密切的合作关系，推动中小企业与高校的产学研互动

2. 产学研合作基金会的运行模式

基金会在组织设计方面采用扁平化的模式，不刻意区分行政官员与工作人员，尽量缩小垂直管理层级。基金会的多数工作人员是有多年技术成果转化实践经验的专家，实行合同聘用的人才管理制度，希望以最灵活有效的组织设计达到最大的效益。

基金会具有独立法人的身份，可以整合专利申请业务，接管所有高校科研中产生的专利的权属。此前高校通常以研究者本人或提供项目经费的企业的名义申请专利，因而基金会的设立不仅提高了韩国高校保护和运用知识产权的意识，也防止了利用高校科研教学资源开发的专利的流失。

基金会下设的科技转化中心发挥纽带作用。一方面，科技转化中心与科研人员建立密切联系，收集所在高校的科研成果，通过专业化的团队集中进行专利运营（主要是转让给企业或是向企业出售使用许可）获取利润；另一方

---

① 杨哲、张慧妍、徐慧：《韩国高校科技成果转化研究——以"产学研合作基金会"为例》，载《中国高校科技》，2012，（11）。

面，专利运营获得的利润一部分用作基金会投资者的投资回报（有时高达50％），另一部分作为研究者的成果转让补偿，剩余部分用以投资高校的基础设施建设。这样通过专利运营，科研成果和资金双向流动，形成了有机的良性循环，如图 5-1 所示。

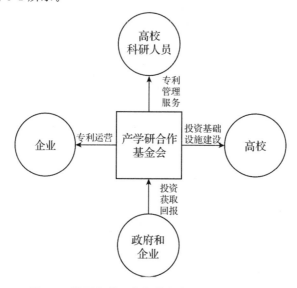

图 5-1　韩国产学研合作基金会运行模式示意图

3. 产学研合作基金会的运行效果

（1）高校的技术成果转化率提高

基金会的实际运行结果不负政策制定者的初衷，自韩国引入了该机制的 3 年来，高校的技术转化数目和营利规模都有了很大提升。高校尤其是获得私人部门资助较少的公立高校的专利申请和科研成果转化率都有了大幅度的提升。到 2003 年，韩国 19 所高校的科技成果转化数目为 133 件，是 2001 年 58 件的两倍多。与此同时，科技成果转化的营利规模也从 2001 年的 4.73 亿韩元增长到 2003 年的 19.13 亿韩元，涨幅接近 4 倍。这些都可归功于产学研合作基金会的设立。

（2）提升了高校科研人员的知识产权保护意识

基金会不仅极大地促进了高校的技术成果转化，而且提升了高校科研人员的知识产权保护意识。如首尔国立大学（Seoul National University）仅在 2004 年一年就获得 260 项专利，而仅仅三年前，韩国高校全年的专利数量还不到 100 件。高校专利数量的井喷式增加很大限度上得益于产学研合作基金会专业化的专利运营。

(二)校企合作

韩国高校在培养创新创业人才方面以社会发展为导向,贯彻"教育先行"的理念,不仅以提高学生的专业知识和专业技能为根本目的,还特别注重学生专业知识实际应用能力的培养。因此在学习过程中加入了校外实践环节,韩国高校的校企合作就集中体现在这一环节。

韩国高校及相关机构为高校学生提供充足的参加校外实践活动的机会,主要包括高校为组织主体的校企合作和非高校机构组织的政、校、企三方合作的社会实践活动。学生也可以自主寻找并参加社会实践活动。在多种选择中学生可以自主选择适合的社会实习、实践方式。

1. 高校组织的校企合作模式

韩国高校组织的校外实践环节主要以校企合作为主,主要由高校产学合作机构联系企业并签订合作协议。学生可以根据自身情况选择申请国内企业实习,也可以选择申请国外实习,不论是国内企业实习还是国外实习,都会按照实习时间赋予相应的学分,校企合作实习学分属于教养选修学分,如果学生认为校企合作项目不符合自身需求,就可以通过选择其他的教养选修课程获得相应学分,但是没有校外实习经历的学生一般会在择业过程中遇到很大的阻力,所以韩国大部分高校的学生,特别是成绩优秀的学生都会主动寻找校外实习机会。另外,由于韩国人口总数的持续走低,韩国高校生存危机逐渐成为韩国高等教育未来发展的瓶颈。各大高校为维持稳定生源,频频主动走出国门。特别是私立大学,在韩国教育部政策的支持下积极拓展海外市场,建立海外分校区,并以此为平台展开与当地高校广范围、多层面的合作,以当地高校为跳板和依托,拓展海外实习实训基地已形成现阶段韩国高校校企合作的蓝海战略,并积极带动韩国高校国际化进程向更深层次迈进。除了高校产学合作机构与企业签订合作协议进行校企合作之外,各院系也自主联系企业,给学生提供实习机会,学生可以选择参加院系组织的企业实习。

2. 政、校、企三方合作模式

另一种校外实践环节的组织主体是学校以外的其他机构,包括各级政府机构、企业或者学生自主寻找并参加的校外实践活动。韩国政府大力扶植大学生人才的国际化和精致化培养。韩国高校按照所有权归属进行分类可分为国立大学、公立大学和私立大学,其中国立大学是由国家出资办学,公立大学由市政府出资办学，所以有时也可称为市立大学，大多数学校都是私人或集团所有的私立大学。韩国政府非常重视大学教育，不论是国立大学、公立大学还是私立大学，政府都会以各种形式进行援助。这种援助既包含经济援助，又包含教育资源的援助。由韩国政府牵头，以高校为主体，积极拓展海外市场，与海外大学和企业进行联合，组成产、学、研的大综合体。韩国本科高校以国家留学基金项目为依托，每年都会定期（学期中或是假期）选拔一批学生进行海外研修，该过程采用学分互认的方式，既不耽误学生正常毕业，又为学生开阔眼界、增长见识提供了宝贵机会。为了提高学生的积极性，被选拔出国研修的学生会得到学校和政府的奖学金资助，如果表现优异就会给予海外研修期间的全额奖学金资助。韩国政府会利用一些政府行为促成校企合作，这些企业一般是韩国大企业或是国外企业。韩国高校鼓励学生在毕业前休学，进行企业实习，实习一般分为3～6个月至半年的短期实习或者一年以上的长期实习，学校会给予学分认证。当然，如果实习期间表现优秀，学校就会配合学生与实习企业进行签约，提前完成学生就业工作。①

韩国高校校企合作形式多样，为学生提供多种校外实践机会，但是校企合作的核心是质而不是量。韩国高校及相关政府部门和企业积极参与，相互配合，充足的社会资源为韩国高校选择合作对象提供了便利，很多高校都可以联系到一些知名企业，如三星集团、现代集团、国民银行等，而且一部分私立高校是由企业出资创办的，在实践环节拥有先天优势，如巨济大学等。校企合作方式可以是轮岗实习，也可以是参观见习，高校通过为学生创造实习机会，提高学生就业率和学校知名度；企业通过这种合作可以优先进行人才选拔和人才储备工作，另外还可以得到政府政策上的支持。

3. 校企合作效果评价体系

韩国政府2004年明确了新型产学合作方向，以高校、企业、政府和经济财团等联网合作为基础，如表5-3所示，新的产学合作模型在基本观念、合作目的、教育方式、支援范围、参与范围五个方面与已有模型存在差别。

根据表5-3所示，新的产学合作的核心转变为以需要者为中心，即企业中心的现场实务教育过程，这是企业需要的教育过程。韩国教育科学技术部表示产学联合本身不是目的，而是研究和技术开发的途径，培养实用型人才为目的的方法和手段。为使新产学合作落到实处，韩国教育科学技术部从2008

---

① 孙龙：《韩国高校校企合作模式新发展》，载《考试周刊》，2016(77)。

年开始实施强化教育力量支援产业计划。这个产业包含大学的教育条件改善及为创造成果促进高校间竞争等多种评价指标。[①] 2011 年为政府决策提供支援的"广域经济圈领先企业人才育成部""产学合作中心大学育成部""地方研究团体育成部"三部门合并，2012 年起成立"产学合作领先大学育成部门（LINC）"，这个部门以企业要求的人才育成、实际的研究开发及技术转移的活性化处理、产学研之间有机的相互关联为基础，为地方大学和产业共同成长创建和传播了多种产学研合作的新模式。韩国政府将调整产学合作活性化高校的教育过程及运行现状定期公示于高校情报公示栏中，说明了为产学合作活性化开发的教育过程的重要性。[②]

表 5-3　韩国新产学合作模型

项目	已有模型（产学合作）	新模型（新产学合作）
基本观念	供给者中心、政府主导型	需要者中心、各主体联网
合作目的	研发中心	实用化、商品化中心
教育方式	理论、研究中心	现场实务、实习中心
支援范围	项目、学部、专业支持	高校为单位综合支援
参与范围	局部的（教授、作业）	总括的（学生、教授、产业体职员）

　　有研究指出了韩国职业能力开发院为开发以需要者为中心的教育过程构建了新产学合作政策的核心课题和支援部门。[③] 新产学合作政策强调五大核心课题，分别是产学合作中心大学育成、评价制度的改善、高校投资设立企业、产学数据库（Database，DB）构筑和活用、公私合营合作体系构筑。围绕五大核心项目，新产学合作政策的主要目标有三点，分别是建立以产业需要为中心的教育制度、推进产业体主导型产学合作、提升高校产学合作部门效率。支援部门主要有高校人才培养型产学合作支援部门、革新技术研究开发型产学合作支援部门和技术转移及创业支援部门。高校人才培养型产学合作支援部门分为就业关联的定制型教育、现场适应度提高型教育、地域革新及

---

①　Mi Sook Oh：《对四年制大学旅游管理专业的专业教育过程特性的探索性研究》，载《旅游学研究》，2010(5)。

②　Jeong Hwa Kang：《振兴产学合作教育过程的考察》，载《数字政策研究（韩国数字政策学会）》，2011(3)。

③　Ji Seon Jung：《支持产学合作效率化方案研究：以人力养成型产学合作支援事业为中心》，韩国职业能力开发院研讨会论文，2007。

特性化型教育和委托型教育四种。其中最常见的就业关联的定制型教育是充分反映企业意见，为培养企业需要的人才积极开发多种多样定制型的教育的模式。高校通过这些项目运营，使毕业生的就业和创业能力得到有效的提升。另外，通过现场实习学分制和活性化实习，能够实现理论与实践兼备的高校教育，最终培养出能够真正帮助企业发展的创新型专业人才。

四、主要特色

(一)实践性

韩国十分重视大学生的创业教育，在创业教育的过程中又十分注重各方面的实践性，教育中的实践性主要体现在教育形式和师资建设中。

韩国创业教育不局限于书本和课堂教育，主要以创业实践和课堂理论相结合的形式进行教学，并且更重视实践课上学生的具体表现。不以理论知识分数高低定学生成绩，而是以培养学生创业技能为核心，鼓励学生积极参与实践活动，增强学生的动手能力，引导学生在实践中得真知。

此外，韩国高校一方面从发达国家聘请创业教育专家进入课堂讲授创业教育课程，另一方面还号召国内具有丰富的创业经验并且又有学术背景的资深人上兼任创业教育教学与研究工作。多样化的师资力量确保了韩国高校创业教育具有更强的实践性。

(二)国际性与民族性结合

韩国创业教育的发展注重与国际相结合，韩国高校创业教育的教科书都是直接用美国版本的创业教育教科书，这样能够更好地吸收并借鉴美国创业教育的成功经验。韩国创业教育的授课模式也多采用美国的课堂教学，以学生自己研讨为主、教师讲授为辅，课堂教学能够充分发挥学生的主观能动性。另外，韩国还制定了留学优惠政策，吸引了大量的留学生，并且重金聘请国外创业教育指导教师到韩国任职，讲授国外创业教育相关经验。韩国大学生创业教育注重强化大学生的国际意识，培养其国际视野。[1]

韩国创业教育的师资队伍也非常注重国际化。韩国的创业教育课程主要由本校教师、企业自身人士和来自不同国家的访问学者三个群体共同承担。

---

① 陈婷：《中韩大学生创业教育比较研究》，硕士学位论文，沈阳师范大学，2015。

本校教师主要负责讲授创业理论课程，对于这类教师会要求教师具有在企业工作的经历，以此确保上述的实践经验带来的创业教育的实践性。国外学者结合本国的商业实践和创业活动能够帮助高校学生开阔视野，使其掌握创业理论的基础上了解不同国家的创业实践。韩国的高校创业教育课程之所以能够吸引国外学者任教，主要得益于韩国高校长期以来形成的访问制度，该制度为拥有国际化的高质量创业教育师资提供了保障。另外，韩国高校在聘请美国、加拿大等发达国家的创业教育专家讲授创业教育课程的同时，还吸引国内既有创业经验又有学术背景的自身认识兼任创业教育教学与研究工作。多样化的师资力量既丰富了高校创业教育的内容和形式，也确保创业教育具有针对性、时效性和国际性。

注重国际性的同时，韩国也十分重视在高等教育中保持并发扬本民族的优良传统，吸收外来文化从而促进自我文化的创新。韩国是一个民族性深厚的国家，非常注重其具有自身民族特色的内容。例如，在"21世纪智力韩国"计划中，政府为全面挖掘和提高高校科研、创新潜力的预算投资总额为 495 亿韩元，其中投向传统特色学科领域的就占总投资的 30.3%，并且把韩医药学列入重点研究的学科之一，鼓励更多的大学生在传统特色学科领域深入钻研、科学创新，促进传统文化的创新。同时，韩国政府对选择在民族文化方面创业的大学生设立专项奖学金，鼓励更多的大学生创业者发扬优秀传统文化。

(三)灵活性

韩国高校创新教育教学形式较为弹性化、个性化。除了通过正式课程即第一课堂，培养学生的创业精神和创新技能外，非正式课程即第二课堂也发挥了很大作用，对大学生的影响广泛而深远。第二课堂主要通过商业计划大赛(Business Plan Competition，我国一般称为创业计划大赛)、个案研讨、报告讲座、市场调查、企业参访、实际体验等形式来实现。这些形式更为注重学生的感性体验，使创业教育教学更具针对性、时效性。授课过程中，指导教师带领学生接触韩国知名企业，进行参观，并与企业管理人员座谈，了解企业文化与运营模式。学生通过实践活动将书本中企业的经营和管理模式与现实接轨，同时将创业意识和企业家精神与现实碰撞，促使创业意识与精神深深根植于学生心中。①

可以看出，韩国高校创业教育注重实践，能有效地开发和利用全社会资源。其创业教育体系中不仅包括创业课程的普遍开设，还包括学校与社会建立的广泛的外部联系网络，形成了学校、企业良性交互式发展的创业教育生态系统。

(四)系统性

韩国高校创业教育的系统性主要体现在创业实践基地的实践与课程相结合、"创业支援中心"的"一条龙"式帮助以及课程内容上。

韩国高校已经建立了比较系统的创业教育体系，不仅注重大学生对创业理论性内容的学习，更注重在校学生创业实践经验的积累，鼓励学生到创业实践基地进行锻炼，并将理论及实践成绩一并计入学分，评选每学期的优秀创业实践者。

韩国高校建立了多种形式的创业实践基地，"创业支援中心"是其中最具有代表性的一个组织。"创业支援中心"不仅为大学生创业实践给予资金支持，还为大学生提供免费的办公场所，并积极联系相关专业指导教师，有针对性地为创业者提供专业指导，促进有价值的创业项目尽快走向市场。

韩国的高等教育内容深受美国影响，大学生创业教育的课程内容也是如此，将整体课程合理地分为创业前期、创业准备期及创业后期三部分。其中，创业前期课程主要为与创业相关的理论知识，创业准备期课程则强调实际操作，而创业后期课程则以营销、管理类为主。三部分的课程比例分别为15.5%、55.6%、28.9%。整个课程结构层次分明，紧紧围绕创业实务展开，理论配合实践，并兼顾创业前后的相关理论与知识。韩国的教师亦注重学生的问题反馈，通过问卷调查，不断提出优化课程设置的方法。②

韩国创业教育课程围绕创业过程的教学内容主要包括战略与商业机会、创业者、资源与商业计划、创业企业融资和快速成长等部分，涵盖了科目众多的本科课程和研究生课程。本科课程主要包括：创业精神和新企业、新技术企业、创业投资财务、家庭企业成功秘诀、管理成长企业、企业成长战略、社会创业管理、创业体验、创意的产生技术、家族企业、最优的创业寄语、

---

① 朱春楠：《韩国高校创业教育动因及特色分析》，载《外国教育研究》，2012(8)。
② 同上。

创业者营销、创业者家庭、非营利组织创业精神等。

以韩国大学的 MBA 课程为例，韩国大学的创业教育的研究生课程基于本科课程，增设了内容更为深入的公平及风险投资、创业道德挑战、创业市场营销、公司投资和收获、创业者组织行为和管理等课程。各门课程均注重鼓励学生以全球市场竞争力为着眼点掌握创业知识与技能，学习分析和完善各种商业计划，使学生能够以更宽广的视角判断创业项目的可行性和发展路径。

（五）制度化

韩国的创业教育主要是自上而下开展的。为了突破就业难和失业带来的经济停滞问题，韩国政府采取了一系列扶持政策推进大学生的创业工作。

首先，资金扶持。据统计，2011 年政府预算投入约 1120 亿韩元促进大学生创业。其中 54.5 亿韩元专项用于高校创业教育。

其次，信息扶持。政府以各大学位中心建立创业支援中心及信息服务网络，为创业学生提供创业所急需的人才、营业场地和资金等方面的信息咨询服务。

最后，政府还出台了一系列相关措施扶持创业教育，并支持民间力量建立与创业有关的培训班或网络教育课程，以提高大学生创业意识和能力。

（六）科学性

韩国高校创业教育的科学性主要体现在课程设置和考评体系上。韩国的中小企业厅曾对创业课程设置提出明确要求：课程设置要以培养具有国际化理念和创新意识、具备扎实的专业知识和综合能力的国际型创业者为目标。将企业家精神、项目开发、企划书写作、阶段性融资筹资等理论课程与以实物为主的讨论、案例分析、实地见习等实践课相融合，着力培养学生解决问题的能力，重视实践兼顾理论。

在成绩考评方面，韩国高校创业教育呈现出多样化和综合化的特点。据韩国学者抽样调查统计，几乎没有一所学校采用单纯的笔试来评定学生的成绩。大部分高校将锻炼学生实际操作能力的企划书协作作为考评的主要手段。此外，根据不同的实际情况，各高校酌情添加了案例分析、现场见习等多种考核方式。

另外，韩国的创业教育还形成了回馈高校财政收入的良性循环。即高校通过各种方式培养学生的创业能力，扶持学生创业。学生毕业后一旦创业成功便会以捐资、赞助、设立奖学金等形式回馈学校。学校培养创业人才，创业人才的赞助又增强了高校实力，使高校有能力加大创业教育的投入，培养更多的创业人才。①

---

① 陈孟博：《韩国创业教育对我国高校素质教育的启示》，载《郑州牧业工程高等专科学校学报》，2014(3)。

第六章 新加坡高校创新创业教育体系

一、基本情况

新加坡高等教育机构包括大学（Universities）和理工学院（Polytechnics）两类。新加坡国立大学（National University of Singapore，NUS）建有"国大开创网"和"创新与科企管理中心"，南洋理工大学（Nanyang Technological University，NTU）建有"南洋科技创业中心"（Nanyang Technopreneurship Center，NTC），其创业与创新硕士课程项目享誉国际。

五所理工学院根据市场需求开设多元化课程，专业各有侧重，办学特点各异：课程与校园实习、海外与本地工商业训练、研究与实际工作紧密结合。有志专门技能学习的学生能接受广泛的训练且打下稳固的基础，毕业时获得与最新经济发展动态同步的经验技能，无须接受职前培训，亦可申请进入大学学习。

虽然新加坡创业教育发展时间不长，但其在亚洲享有良好声誉，这与政府投入、社会配合、高校推进密不可分。丰富的历史经验、多元文化背景、地处亚洲中心等特点为新加坡教育发展奠定了国际化战略地位，其培养开创性和全球性视野人才的教育理念与其国家的国际化发展战略并轨，开设了独树一帜的博雅教育。

（一）政府——创业资源的支持者

20世纪90年代，新加坡明确提出高等教育国际化战略。为了使高等教育得以迅速发展并满足经济发展的需要，新加坡政府高度重视教育的发展，在教育体制改革、制定教育发展政策、建构国际化课程体系、吸引优秀的国际人才、与国际高校建立合作关系等方面投入了大量资金支持。新加坡政府十分重视高等教育的发展，每年均以国民生产总值3%～4%的经费发展教育事业，对教育的投入仅次于国防，占政府财政支出的第二。[1] 近10年来，新加坡政府以每年不少于20亿新元用于对风险投资、技术转移和创新创业的资金支持，大力鼓励诸如创意产业、生物制药等新兴产业的发展。

为培养国际化高水平人才，打造"东方波士顿"，新加坡政府全额资助新加坡国立大学、南洋理工大学两所国立大学，不断提供教育经费支持以及设立教育基金，对高校创业教育的海外合作、创业中心和企业孵化中心的设立、创业教育论坛和全球创业峰会的举办、训练营地活动的组织等提供了大力支持和资金投入。

(二)社会机构——创业氛围的营造者

新加坡自1965年独立以来，经济的发展主要经历了五个阶段：①20世纪60年代经济前景迷茫的动荡期；②70年代向技术密集型产业迈进时期；③80年代资本密集型和高技术产业发展时期；④90年代制造业与服务业双向繁荣时期；⑤21世纪专注于创新、知识密集和研发时期。

1961年，新加坡成立经济发展局(Economic Development Board，EDB)，旨在推动新加坡经济的可持续性增长，创造蓬勃商机和良好就业机会。[2] 在经济发展局的带动下，新加坡经济由技术密集型向技术密集、知识密集产业转型，为创业教育创造了良好的外部氛围和机会。如营造投资的理想地点，加大对外招商引资力度；出台海外培训计划，促进人员出国交流合作；发展多元产业形态，创造合适的创业机会；协同教育界，探究创业教育深度实施课题。伴随着经济的飞速发展，创业教育也开始在新加坡得到更多的关注和更好的发展。

---

① 张昊民、郭敏、马君：《新加坡创业教育的国际化策略》，载《创新与创业教育》，2013，4(1)。

② 同上。

（三）高校——创业教育的实施者

新加坡经济从投资驱动型转向创新驱动型，国家创新体系的变化发展所带来的人才规格及其培养方式的改变，需要高校的创新创业意识，与产业界相关的研究等途径来推动经济发展。新加坡创业教育在十多年的发展中，逐渐建立起一套覆盖小学、中学和大学的完整的、系统化和国际化的体系，并取得了一定的成果。

小学阶段，学校通过"虚拟股份"之类的游戏寓教于乐，培养学生的商业意识。中学则在课程中引入管理企业的普及性知识课程。大学期间，南洋理工大学还开设创新与创业硕士学位课程（Master of Science in Technopreneurship & Innovation Program）。

二、主要特点

（一）新加坡政府高度重视创新创业教育，鼓励创新创业

从 1959 年起，以"发展实用教育以配合工业化和经济发展的需要"为指导思想，以"教育必须配合经济发展"为教育方针的教育模式在新加坡被逐步确立并得到推崇和发展。这符合发展中国家高等教育的建设需要，契合它们的发展模式。也正因如此，新加坡绝大多数高校均强调教育培养的实用性、高效性、主体性，设置了各类应用型学科和专业，并根据国家经济发展实际需要不断做出调整，为新加坡高校创业教育创造了良好政策环境。

新加坡政府高度重视创新创业教育能力的培养和发展。新加坡政府标新局、科技局、国际企业发展局积极为创新创业提供政策支持。为提升创新意识，加强创新教育及训练，改善政府创新环境，增强市场与技术的衔接，1998年新加坡政府制订了"全国创新行动计划"，提出要在国家的教育体系中加入创新活动的训练，此外还提出创新能力的培养和训练要占员工训练的 10%。为了在国家制定创新创业精神的策略上为政府提供咨询，新加坡政府设立了"研究、创新及创业理事会"，国家总理亲自担任该理事会主席。新加坡经济发展局制订了各项优惠扶持计划以促进创业活动的开展，营造良好的创业氛围，力图建立一个"新加坡人人皆为精英"的国家创新体系。[①] 随着新加坡政府的支持，新加坡高校创业教育逐渐形成了一套完备的体系并取得了丰硕成果。

---

① Linda Low, "Entrepreneurship Development in Ireland and Singapore," *Journal of the Asia Pacific Economy*, 2005，10(1)，pp. 116-138.

(二)高校广泛开展创新创业教育，课程国际化特色明显

新加坡高校对创业教育十分重视，不管是 6 所大学还是 5 所理工学院，都开设了创业基础、创业营销、技术创新、新产品开发、创新管理、新公司咨询等创业辅修课程，内容涉及创业运筹及商业计划的撰写、创业融资、新创企业营销、新创及成长期企业的财务与人事管理等方面的内容。学校采用案例分析、现场角色模拟、分组讨论、计算机模拟、拓展训练和企业考察等多种形式，一方面在教学中进行计算机实战模拟，另一方面将学生直接导入创业环境，为学生提供与成功企业家、政府官员、风险投资人、发明家、知识产权律师直接对话的机会。

南洋理工大学开办了创业与创新硕士课程，旨在培养学生必备的创业技能和商业潜能，进而将新颖的构想转化为成功的企业。鼓励支持师生参加各种创业大赛，如"创业在狮城——年度全国创业大赛""新加坡创业大赛"等。此外，新加坡理工学院、义安理工学院、南洋理工学院等理工学院都建立了学生创新中心，鼓励学生与教师在教学项目、科研项目以及企业的技术开发项目上进行合作，从而塑造一个富有创新意识的学习环境，培养和开发学生的创新能力。

南洋理工大学依国际化要求进行课程调整与改革，采用弹性学分制，开设国际性课程，尤其是创业教育课程向国际化、多元化转型，专业各有侧重，办学特点各异。课程学习与校园实习相结合，海外训练与本地工商业训练相结合，科学研究与实际工作相结合，让有志于专门技能学习的学生能接受广泛训练且打下稳固的基础，毕业时获得与最新经济发展动态同步的经验技能，不需要接受职前培训就可以直接进入工作岗位，亦可申请进入大学深造。如义安理工学院开设企业入门等跨专业领域课程；新加坡国立理工学院开设亚洲经济发展、海外商务研究和东亚经济等辅修课程；新加坡经济开发局和南洋理工大学共创的南洋科技创业中心旨在成为卓越的创业教育中心。

(三)创新成果产业化成果突出

新加坡高校鼓励教师和学生根据已有的创新成果创立公司，形成技术产业链。在 1997 年之前，新加坡国立大学总共建立了 9 家科技企业。1998 年到 2001 年，每一年新创立的科技企业达到 10 家左右。2003 年到 2005 年，新技

术企业达 20 多家，发展速度很快。① 学校设有商务中心，包含四个功能模块：创新创业研究、创业教育、创业发展和风险支持。学校还在校内举办各种创业活动，如学校于 1999 年开始举办商业计划竞赛，到 2006 年，已促成50 多家新兴企业的成立。高校与政府、企业的紧密联系与合作，形成了一个固定的产学研联合体，为创新成果的市场化、产业化提供了良好的发展环境。

(四)注重在实践中培养学生的创新创业能力

新加坡高校非常注重实践教学，鼓励学生积极参与实践，在实践中培养学生的创新创业能力。学校所设的专业、科目也都是以实践为导向的，甚至有很多课程就在厂房车间直接教授。学生在假期中，必须有 8 周左右的时间是在企业中进行实习的。如南洋理工学院一些专业的学生，学制 3 年，其中实习就有 32 周的时间。南洋理工学院的学生在最后一年，也都要进入有关的工业项目组进行实际的生产操作和实践锻炼。南洋理工学院往往和各种企业保持着良好的合作关系。南洋理工学院所采用的"教学工厂"模式就是一种较为典型的校企合作模式。学校利用自身的人才资源优势，设有专门的技术转移中心，负责一些课题的接洽以及科技成果的转化和转让等工作。学校从生产厂家的现实需要承揽某些课题和项目作为学生毕业设计的课题，生产厂家为学生提供必要的生产设备和条件，学生则在教师的指导下进行实际的生产操作。通过与企业的合作，学校可以获得企业的财政支持，既可以为学生创造较多的实习机会，也可以让学生在实践的项目中接触最新的机器设备和技术方法，灵活运用所学的知识和技能。这样既锻炼了学生的实际能力，又提升了他们钻研创新的积极性。

(五)创新创业体系具有国际化优势

新加坡官方语言为英语的优势为其与欧美国家交流清除了障碍。独特的中英双语环境和中西方结合的教学模式，构建了优越的教育体系。② 政府通过高额的教育经费投资，引入先进的软硬件教育设施。这些为创业教育的国

---

① 邹瑞睿：《新加坡大学生创新创业教育特色及其启示》，载《合作经济与科技》，2017，(9)。

② Haggard，Stephan & Low Linda，"State，Politics，and Business in Singapore，" *Terence Edmund Gomez Political Business in East Asia*，2011，pp. 301-323.

际化开展创造了条件。新加坡创业教育的国际化策略主要表现在以下三个方面。

1. 课程的国际化

为适应国际化的要求，将新加坡国立大学和南洋理工大学打造成世界级大学，实现新加坡成为"东方波士顿"的目标，新加坡政府于 1997 年邀请来自日本、美国、欧洲知名学府的 11 位专家组成国际专家小组为大学课程提供建议，做出调整和改革，采用较为灵活的学分制，开设基础雄厚的学科，并开设许多国际性的课程。

新加坡南洋理工大学与新加坡政府经济发展局在 2001 年共同创办了南洋科技创业中心（Nanyang Technopreneurship Center，NTC）。创业中心以"打造一批具有国际视野、熟悉创业规则的创业与创新人才"为目标，开设创新与创业硕士课程、本科生创业辅修课和创业短期课程等不同种类、不同层次的创业教育项目。

2. 师资队伍的国际化

历年来，新加坡高校非常重视教师的引进、培养和国际流动，为培养"全球思维人才"，新加坡加强与发达国家的交流合作，打造国际化一流师资队伍，为创业教育顺利开展创造条件。

（1）注重与发达国家高校的积极合作

新加坡创业教育师资队伍汇集企业界和学术界的许多杰出教授、企业家、风险投资人、高科技成果产业化人员等，这些人员大部分来自发达国家的一流高校，都有创业实践经验、丰富的国际商务经验和创新精神。

（2）注重教师"走出去"的交流合作

新加坡国立大学和南洋理工大学尤其注重派遣教师参加学术人员交换计划，选派本国优秀的教师到世界顶尖的大学去深造。例如，南洋理工大学每年都有 20% 的教师被派遣或批准到国内外高校、企业进行学术深造和技术培训，及时掌握最先进的技术。

（3）招募全球优秀师资

新加坡也从世界范围内吸引和聘请具有丰富创业经验和创新精神的优秀师资。新加坡创业教育方面的专家、教授有很多是高薪从世界范围内聘请的。如新加坡国立大学专门设有师资招聘办公室，在纽约和伦敦也设有师资招聘办事处，并派专人去欧美等名牌大学物色优秀的教师，目前，新加坡国立大学的教师队伍中有 50% 为外籍教师。南洋理工大学提出的"要想方设法把海外优秀人才'空运'到新加坡"，学校长期请专人在西方国家寻访相关领域的优秀人才。

3. 教育合作的国际化

新加坡高校独树一帜的"跨国办学"模式和全球性学生交流计划，增加了国际化交流，带回了国际化的理念和实践，加速了其教育合作的国际化进程。

(1)跨国办学模式，增加国际化交流与合作

如新加坡国立大学创业中心建立的海外学院，让本校学生在全世界创业热点地区进行亲身感受。例如，利用一年的时间在美国硅谷或清华大学等高科技创新公司进行全职实习，向企业家或投资者学习，在合作大学进修课程。

这种跨国合作的办学模式本身就是一种创业实践，合作双方所开办的学科专业都具有非常强的创业创新特征。此外，新加坡国立大学和中国的 10 多所重点大学也建立了合作项目，包括北京大学、清华大学、上海交通大学、浙江大学、南京大学、西安交通大学、重庆大学等。国际化教育战略的推行，使得新加坡国立大学在与世界名校的交流与合作中博采众长，融汇创新，进而带动并形成了具有前瞻性和国际化水准的课程体系。

(2)海外交流学习，带回国际化的理念和实践

为培养具有国际化视野的人才，新加坡高校每年都有大量的国际交换生，有的到国外的知名大学学习，有的到各类知名创业型公司学习。例如，新加坡国立大学推出的全球性计划、学生交流计划以及双学位和联合学位计划，让学生有机会在一些世界名校进行学习，使这些学生带回很多发达国家创业教育的先进理念和实践经验。新加坡政府专门设立"总统奖学金"和"公共服务奖学金"，每年都会选派优秀的学生和教师到世界一流大学去深造。同时，鼓励并帮助教师创造机会到海外大学讲课或在海外企业学习、兼职，进行交流、合作。

三、案例分析

(一)新加坡国立大学[①]

新加坡国立大学的创新创业教育始于 1997 年。当年，时任新加坡总理吴作栋就提出，要把新加坡建立成区域教育中心的愿景。当时的主要目标之一

---

① 卓泽林、王志强：《构建全球化知识企业：新加坡国立大学创新创业策略研究及启示》，载《比较教育研究》，2016(1)。

是把新加坡国立大学和南洋理工学院建设成世界一流大学，现在新加坡国立大学已跻身于世界一流大学的行列，但面对全球竞争、国家经济发展的转型和高等教育发展的新形势，原有定位已不能满足需求，要在继承基础上着力于创新。于是，希校长(C. F. Shih)把新加坡国立大学明确定位为"全球性知识企业"(Global Knowledge Enterprise)。

这种大学发展战略的定位在一定程度上阐释了新加坡国立大学将在全球范围内参与同行竞争，并希望取得一定的国际声誉；更重要的是，必须把培育学生创业技能、激发学生创新创业精神嵌入教学和科研活动中。一方面，新加坡是一个人口仅 500 万的"城邦之国"，国内自然资源匮乏，市场份额很小，这就意味着知识商品化的成功需要大学具有参与全球性竞争的精神和能力，因此创业型活动必须要有全球性的取向；另一方面，对创业活动的追逐不能以牺牲科研和教育为代价。事实上，正是这种大胆的战略规划定位，让新加坡国立大学能够在 21 世纪屹立于世界名校的行列中，同时也促使了该校在人事招聘组织结构变革等方面的重大转型。

1. 组织结构整合

新的大学发展战略规划必须具有与之相契合的组织结构，这样所推行的变革举措才能顺利进行。新加坡国立大学校长希望在完成"全球化知识企业"战略规划之后，随即成立一个新的部门——新加坡国立大学企业中心(National University of Singapore Enterprise)，为新加坡国立大学走向创业型大学之路做先锋。他任命雅各布·芳(Jacob Phang)为首任首席执行官。雅各布·芳来自工程学院，是新加坡通过创业将自己科研成果商业化的先驱之一，他负责整合和管理这个组织内所有与技术商业化和企业化的活动，其主要目标是促使新加坡国立大学更加企业化。为了激励这个新部门，校方每年拨给该部门经费不低于新加坡国立大学总经费支出的 1%，这种资助策略迫使新部门像企业一样积极增加收益和吸引外部资金来支持自己的研发活动。

新组成的新加坡国立大学企业中心主要通过整合和协同的方式来实行创新创业活动。为了更好地履行各部门在实施创新创业活动中的任务，新加坡国立大学企业合并了所有主要的运作单位(见表 6-1)。

表 6-1　新加坡国立大学的组成单位

新加坡国立大学企业 2003 年组成单位	核心功能	2006 年调整后的结构
新加坡国立大学创业中心	创业教育外延拓展活动 创业、创新、应用研究和理念领导	扩展后纳入国立大学企业孵化器
企业和技术关系办公室	技术认证和知识产权管理产业联络	重新命名为"企业联络办公室"
新加坡国立大学咨询部	咨询服务	未变
新加坡国立大学扩展部	继续教育	未变
新加坡国立大学出版部	大学出版	未变
新加坡国立大学风险支持部	商业孵化 风险支持服务 学校有关公司的种子基金	被纳入创业中心，更名为企业孵化器
新加坡国立大学海外学院	海外高科技新公司的实习和教育项目	未变

从表 6-1 可以看出，在 2003 年，也就是新加坡国立大学企业中心成立的第三年，其最初的组织结构整合成五个主要运作部门：新加坡国立大学创业中心、企业和技术关系办公室（Industry and Technology Relations Office）、咨询部（NUC Consulting）、扩展部（NUC Extension）以及出版部（NUC Publishing）。其中创业中心主要承担大型创业活动，而企业和技术关系办公室主要负责管理知识产权的科技许可等任务，此外，该部门的负责人还创建了海外学院和风险支持部两个新单位。

每个新部门的运作都不是一帆风顺的，新加坡国立大学企业也不例外。该部门在最初成立的 3～4 年里，有时候甚至陷入杂乱无序的运作状态，这主要是因为该部门的领导者在运营过程中侧重于目标导向，缺乏长期规划，把主要精力投入在满足于短期的数量目标上。在这种的情况下，2006 年年初，首任院长雅各布·芳辞去了新加坡国立大学首席执行官职务。新的首席执行官是由具有丰富风险投资经验和生物技术企业运营背景的陈莉莉（Lily Chan）担任，陈莉莉除了继承整合组织结构的传统外，她还通过联合一些较为分散的单位来加强新加坡国立大学企业内部单位之间的协调性和合作性。例如，风险资助单位现在被创业中心合并为创业孵化器（Entrepreneurship Incubator），企业和技术关系办公室也被重组并命名为企业联络办公室（Industry Liaison Office），目前，新加坡国立大学企业内部各子部门已形成分工明确又通力合作的新布局（见图 6-1）。

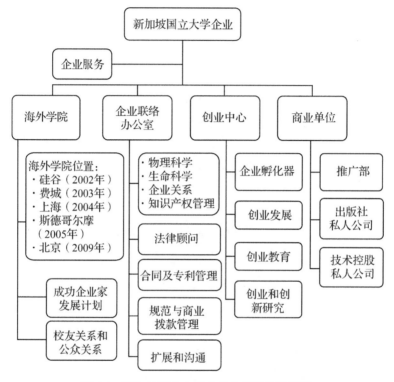

图 6-1　新加坡国立大学企业内部结构示意图

　　这种举措对于新加坡薄弱的外部风险系统而言至关重要。例如，创业中心在 1999 年举办了一年一度的国家商业计划大赛——"新加坡创业"（Startup Singapore）。尽管这个比赛是借鉴"美国麻省理工学院的 5 万美金企业家比赛"（MIT ＄50K Entrepreneurship Competition），但是，创业中心根据新加坡具体的创业境况做了相应的调整，参赛对象不局限于新加坡国立大学的学生，而是面向整个新加坡有意愿参赛的选手。除此之外，创业中心负责人还模仿硅谷天使团（Band of Angels in Silicon Valley）的运作模式在新加坡创建了东南亚地区创业商业天使网络（Business Angel Network Southeast Asia），并担任该组织的主席。

　　创业中心还成立了一个专门面向所有新加坡国立大学本科生的技术创业

辅修项目(Technology Entrepreneurship Minor Program)，重点关注科学和工程领域的学生，这项举措主要想唤起学生的商业意识和激发学生的创业精神，弥补了新加坡国立大学课题体系中缺乏创业课程的缺陷。尽管创业中心不是一个学术部门，但是在校方的大力支持下，创业中心建立了一个特殊的学术教学单位来开设课程，利用了该中心丰富多彩的课外教育活动和富有乐趣的创业项目，"技术创业"课程注册者从第一学年的不足 200 人迅速增加到 2005—2006 学年的 3000 多人，并在 2007 年并入商学院。随后，创业中心又举行"成功企业家发展计划"(Innovative Local Enterprise Achiever Development)新项目，为脱颖而出的本科生高科技创业者提供为期 7 个月的实习机会和两周的海外访学之旅，这个项目于 2010 年转入海外学院(NUS Overseas Colleges)。

2009 年，在国家研究基金会(National Research Foundation)的大学创新基金(University Innovation Fund，UIF)的资助下，该中心组织了多个创业教育活动以丰富创业教育体系，其中包括针对博士生的实习项目外部挑战(Extra Chapter Challenge)，此项目为论文选题具有商业潜力的博士生提供为期 6 个月的外部联谊拓展训练，并为此项目配备具有丰富创业经历的导师。诚然，这对具有创业意识的博士生而言将是难得的商业机遇，该中心还提供了创新和创业实践(Innovation and Entrepreneurship Practicum)授予计划，该计划提供最高 10 万新元的种子资金给每个学生来实践他们的创新理念。

2. 企业孵化器的创新创业举措

大学衍生企业最初诞生于非商业环境，因此其最大的难题是缺少市场知识。为了帮助企业了解目标市场，同时将大学的政策和资源支持加以落实，为初创企业的创建、发展直至成功保驾护航，新加坡国立大学通过整合以前的风险资助单位，最终建立了企业孵化中心，主要通过商业化点基金原型开发计划和种子基金等帮助衍生企业跨越"死亡之谷"(death of valley)。"死亡之谷"已成为制约大学与产业科研协同创新的重要瓶颈，导致大量大学科研成果无法成功地推向市场，夭折在实验室。推动大学研究成果转化产品并继而商品化直至最终形成产业，并不是一个一蹴而就、自然而然的发生过程。因此，为了鼓励大学研究人员和学生的创业意愿和激发他们创业精神，企业孵化中心投入大量的资金，对衍生企业每次资助最高可达 30 万新元，该组织成立不到两年已经资助了 21 家衍生公司。

值得一提的是，即使企业孵化中心是独立于创业中心的一个组织，但两个单位在推行创业活动中经常通力合作。例如，当企业孵化器单位成立管理投资委员会时，经常倾听来自创业中心单位专家的建议和管理支持，企业孵化中心经常引入富有成功创业经历的企业家、投资者、高级管理人员为新加坡国立大学的衍生企业提供定期指导。

3. 海外学院创新创业举措

2001 年，新加坡国立大学成立海外学院（NUS Overseas College），这项新举措整合了经济全球化和创业两种发展趋势。按照新加坡国立大学校长最初的构想，成立海外学院的基本理念是把最聪明的和最具有创业精神的本科生输送到世界五大创业枢纽中心，让他们在高科技衍生企业中实习 1 年，其间他们也可以在每个国家的合作院校（partner university）注册学习有关创业的课程。实际上，这是一种"浸入式"学习创业的经历，也就是说，让学生作为学徒，沉浸到一个国外地区的高科技衍生企业中，让他们成为企业中的一部分，使他们每天在这样的创业实践和外国企业文化中耳濡目染，引导学生在认识和体会国外高科技衍生公司的实践创新过程中，潜移默化地激发学生的创造热情，增强学生的创新意识，培育学生创新创业价值观。该项目被认为是培养学生具有全球性思维和社会网络整合能力所做的长期投资。

海外学院并没有催促学生毕业之后马上进行创业，而是着重培养他们的创业实践能力以及激发他们的创业精神和创业意识，这种思维将会把他们未来的研究导向商业创新，也会影响他们的职业选择，使他们更倾向创新型的职业。而且，这个项目也能帮助他们和顶级海外高科技创业社区建立长远的社会网络，这样他们就可以带着国际化的视野做好高科技创业的准备。

2002 年，新加坡国立大学第一次与硅谷进行合作建立了第一所海外学院；2003 年在费城与宾夕法尼亚大学合作成立了生物谷海外学院；2004 年与中国复旦大学合作建立第三所海外学院；2005—2019 年，学校在世界各国共建立了 11 所海外学院。海外学院的运作并非是独自运作，它与创业中心紧密合作，通过和海外地区的合作院校（如斯坦福大学、复旦大学、清华大学）建立伙伴关系来为海外实习项目提供教育支持和实践锻炼的机会。

4. 企业联络办公室的创新创业举措

企业联络办公室是 2006 年通过整合企业和技术关系办公室（Industry and Technology Liaison Office）而成，这种整合的目的是要在大学—产业的研究合作和技术转化之间建立更大的协同作用。为了筹划大学的技术力量版图，指导未来创新方向和建立专利布局，在入选的技术区域达到群聚效应，办公室的专业人员配置必须得到加强。整合完成之后,企业联络办公室的业务范围也拓展至为大量新的国际合作研发项目承担知识产权管理,这些项目主要由新加坡国立大学与海外著名院校合作发起,其中包括新加坡与麻省理工学院的"新加坡—麻省理工学院联盟"(Singapore-MIT Alliance)等项目。

近几年,企业联络办公室在培养科研成果转化领域的职员采取了多种举措,包括开展培训工作组来帮助教授研究人员理解技术商业化和资产拆分过程,以及为他们的发明做市场应用潜力的评估。其中最为典型的例子就是,在 2013 年,企业联络办公室通过与创业中心的合作,发起了一个"精良新加坡发射台"(Lean Launch-pad@ Singapore)项目,该项目面向新加坡国立大学的全体教授和研究人员,并且由长期负责美国国家基金会项目"精良发射台"(Lean Launchpad)的美国加州大学伯克利分校的杰瑞·恩格尔(Jerry Engel)和史蒂夫·布兰克(Steve Blank)两位教授来帮助推行。

5. 新加坡国立大学创新创业发展策略的成就

尽管新加坡国立大学开始向创业型大学转型只有短短的十几年,整体而言,尚处于一种初始阶段的创业型大学运作模式,但在新加坡政府和新加坡国立大学领导层的通力合作下,该大学已经在外国人才引进、企业家能力提升、技术商业化等领域取得显著的成就。尤其是在新加坡政府的推波助澜下,新加坡国立大学创新的决心在 2006 年 1 月国家研究基金会成立时表现得再清楚不过了。它明确提出要通过生物医学的研究将国家研究扩展到另外两个领域——环境和水工程以及互动数字传媒,这点被看作是"要在亚洲及世界上保持快速增长"。国家研究基金会得到了 5 年 33 亿美元的预算,该预算和其他政府议案一起提出,说明新加坡在 2010 年以前研发经费将占国内生产总值(GDP)的 3%,而同期美国的研发经费占 GDP 的 2.7%,2013 年中国在研发经费支出上占 GDP 的 1.98%。

(1)专利技术授权活动呈稳定上升的趋势

自 20 世纪 90 年代末开始,新加坡国立大学的专利申请和专利授权等项目已经有明显的增长。1997—2002 年,该校的专利申请总数每年不到 100 份,但在 2003—2012 年专利申请每年超过 150 份。本科生群体的专利数量也有明显的提升,从 1997—2002 年每年不到 20 份增长到 2003—2012 年的每年 30 份以上。仅在 2011 年新加坡国立大学就持有 290 份授权许可的专利,在新加坡本土的发明持有者中排第 7 位。

自从 2000 年以来,科技转化也有了明显的增长。1995—2002 年,该大学平均每年颁发的授权书不到 10 份，但这个数量在 2002—2012 年则每年增长超过 20 份，在 2011 财政年末，新加坡国立大学已经签署了 330 项技术授权协议，其中大约 80％技术授权是在 2000 年之后签署的，这也反映出新加坡国立大学在 2001 年向创业型大学转型后所取得的成就。

(2)大学衍生企业呈快速增长的趋势

自学校向创业型大学转型之后，新加坡国立大学通过鼓励研究人员创建大学衍生公司来进一步促进技术商业化，这种举措也取得了显著的进步。在 1991 年到 2011 年期间成立的 114 家大学衍生企业，其中超过 95％的企业是在 2000 年及之后成立的。大学衍生企业在初创阶段由于缺乏资金支持等因素，往往面临"死亡之谷"的困境，因此新加坡国立大学持续为大学衍生企业提供种子基金、孵化、独有的知识产权保护等帮助。例如，截至 2011 年，62 家大学衍生企业中就有 58 家受到企业孵化中心的帮助，这 58 家受资助的衍生企业当中就有 14 家得到新加坡国立大学的知识产权保护，其中有的还获得了种子基金的援助。总的来说，截至 2011 年年底，已经有超过 120 家衍生公司连续多年至少获得新加坡国立大学一种形式的支持服务。实际上，在距新加坡国立大学 1 千米之内的区域就有 140 家大学衍生企业和 20 个孵化器及科研成果转化加速器，已经形成初具规格的区域产业集群，这对确保衍生企业成功创立以及新加坡国立大学向创业型大学顺利转型至关重要。因为产业集群能为初创的大学衍生企业提供关键资源，包括成熟的地区工业体系、密集的社会网络、丰富的资本市场、开发的人才市场、创业导向的社会文化氛围等。

由于大多数衍生企业还处于发展早期，很少有在商业领域取得重大成就的案例，但是，截至 2011 年年底，已经有 20％的衍生企业获得外部天使投资者和风险资本家的青睐，这些公司得到外部投资总额超过了 2500 万新元。此外，新加坡国立大学还协助超过 12 个衍生企业成功地竞标到很多政府概念证明(proof of concept)拨款计划。

(3)校企合作更加频繁和融洽

校企合作是进一步发展基于大学研究科技成果和科技商业化的重要渠道，尤其当大学与企业在技术发展和推销阶段，由于信息、动机的不对称以及科学、技术和商业企业之间存在的制度距离，那么校企合作对于帮助和填补它们之间的资金缺口(funding gap)就显得意义重大了，应该说，这种合作取得了优势互补、互惠互利的效果，新加坡国立大学转型为创业型大学以后，校企合作更加频繁和融洽。1995—1997年，大学与企业的研究合作协议（RCAs）每年大约只有30多份，到2005—2011年年均涨至近50份。除了与产业的合作协议外，新加坡国立大学也通过咨询合同和产业界互动，仅在2003—2004年度中就有700项咨询，可见新加坡国立大学已经承担了重要的咨询工作。

（4）全球优秀人才呈现快速增长的趋势

为吸引世界上最好的科学家和工程师及国际留学生营造宽容和创造的氛围，吸引创造型人才，迫切需要为新加坡营造一个开放的文化环境，从而帮助新加坡从以效率为驱动的国家转变成一个创新型国家。

1997—2012年，外国留学生占学生总数的比重从13％上升至33％。类似的情况还有1997—2005年，国外教师在教师队伍中的所占比重也从39％上升到50％，在研究人员队伍中的所占比重从70％上升到80％。新加坡宽容和创新的氛围有助于吸引世界上最好的人才，不管是全职还是兼职，新加坡的各种咨询委员会现在聚集了"数字传媒活材料科学领域的世界级天才"，这些卓越人物有来自斯坦福大学的电子商业顾问保罗·塞弗（Paul Saffo），施乐帕洛阿尔研究中心前领导人约翰·西利·布朗（John Seely Brown），全球商业网络主席彼得·施瓦茨（Peter Schwartz），斯坦福国际研究院（SRI International）总裁柯蒂斯·卡尔森（Cutis Carlson），美国国家科学基金会前主席、马里兰大学生物科学教授丽塔·科尔威尔（Rita Colwell）。可见，吸引世界范围内的人才对于一个国家或大学走向创新型发展道路是至关重要的，这正如新加坡国立大学现任校长陈祝全所言："亚洲大学如何抓住新的机遇创造辉煌？我认为吸引、培养、留住顶尖人才是最关键的策略，关键还在于为外来人才和本土人才创造良好的环境，使他们有充分的机会不断成长、创辉煌、实现学术价值，也只有如此，才能留住他们。"

(二)南洋理工大学①

南洋理工大学创业教育也是在新加坡鼓励创新创业教育的环境和氛围中发展起来的。在新加坡，无论是政府还是高校，都将鼓励创新创业作为一项重要的工作内容，并制定政策给予大力扶持。新加坡政府大力推广创新与创业教育。早在2005年的新加坡国庆40周年大会中，新加坡总理李显龙就指

---

① 张琼、陈颖、张琳等：《新加坡南洋理工大学与国内高校创新创业教育的异同探析》，载《电子科技大学学报（社科版）》，2017(3)。

出要保持新加坡经济持续蓬勃发展，其中一个增长引擎的重要手段就是加强创新及创业精神。2013 年新加坡政府宣布，在随后 5 年将拨款 3.3 亿实施研究、创新与创业计划，继续把新加坡打造成一个知识经济体。①

NTU 自 1991 年建校之初，就以培育领袖人才、开拓知识领域作为办学理念，为学生提供全方位教育，确保其毕业生能在快速发展的高科技经济领域里取得成就。2006 年 4 月，NTU 成为自主大学以后，更以"创新高科技，奠定全球性卓越大学，全方位教育，培养跨学科博雅人才"为愿景，高度重视学生创新创业教育。

1. 实施创新创业的改革措施

近年来，NTU 大胆创新，推出系列改革措施，在促进学校快速建设和发展的同时，也为创新创业教育的开展奠定了坚实的基础。主要包括以下三点。

一是推行跨学科交叉融合。跨学科是学校科学研究、人才培养的基本理念。学校的战略就是按照跨学科研究设计，从新专业的设立、教师的引进到科研项目的立项都优先考虑跨学科背景。学校成立了一批跨学科研究院，从政策导向、经费支持上均给予倾斜。

二是实施博雅教育。此举明确了大学毕业生应该具备的素养及本科教育的理想生态模式，确定了培养跨学科领袖人才的目标。为此，从 2011 年开始，NTU 全面实施新的本科学生培养方案，更加重视通识教育，注重学生自身的兴趣爱好，注重科技思维和人文思维互相补充，促进创新人才培养。

三是开阔国际视野。NTU 超 65% 的教研人员来自 70 多个国家的 570 多所海外高等学府，本国的教师多数都有海外学习经历。本科学生中有 17% 左右的国际生。学校通过全球暑期学习计划、国际学生交换计划等，实现 50% 的本科学生有国外学习交流经历。

2. 完善的创新创业教育体系

创新创业教育是现代高等教育的重要内容，在 NTU 更是如此，学校精心构建了完善的创新创业教育体系，以提升学生的创新创业能力。

(1)设立专门机构

为全面深入开展全校学生的创业教育，培养优秀人才，促进科技成果转化，2001 年 1 月，由 NTU 和新加坡经济发展局联合创办了南洋科技创业中

① Pak Tee Ng, "The Quest for Innovation and Entrepreneurship in Singapore: Strategies and Challenges," *Globalisation, Societies and Education*, 2012, 10(3), pp. 337-349.

心。中心直接向教务长负责，得到了新加坡政府、国内外企业界和学术界的广泛认可，是亚太地区创业教育的领先机构。它长期与各类组织合作，如新加坡经济发展局、生产力与创新局、科技局及企业界、投资人、基金会等，形成了良好的创业生态圈。此外，学校设有创新孵化器，酝酿成熟的项目可向其申请资金与场地实施创业。[①]

（2）开设专业课程

NTU 为学生有针对性地设置了大量创新创业教育专门课程，其中包括必修课、选修课、辅修课、短期创业培训课及科技创业与创新硕士课等，着力把创业的基本知识融入设计或创新的主课课程里，并注重学生的创业道德教育。科技创业中心正在筹备网络课程，每周一课时，所有的学生必须按时学习，实现创业必修课程的全覆盖。

（3）提升培训层次

为实现"提升层次、立足亚洲、放眼世界"的办学宗旨，自 2002 年开始，NTU 开办了学制一年的创业与创新硕士课程，将理论与实践、东西方思维相结合，以科技成果产业化为特色。

（4）改革教学方式

NTU 创业教育重视和探索教学方法的改革，注重互动式、以学习为中心的教导方法，推行多学科的项目与作业，开展案例研究、游戏模拟、营商计划比赛等，广泛使用视觉、数字工具和多媒体，鼓励学生亲自动手，鼓励学生在初创企业实习，并创造机会让学生与企业家交流。通过拓展训练、团队学习、撰写商业计划书及创建小企业、计算机实战模拟与角色模拟、商业计划比赛和融资路演等教学组织，体验式一流的教学环境和设施，以及创业生态圈和丰富多彩的校园活动等开展体验式学习，激发学生的创业兴趣，提升教育效果。

（5）配备专业师资

为提高教师的业务能力和培养教师的创新创业意识，NTU 专门实施了教师创业培育计划和教师发展计划，让企业家、政府和社会团体的专家走进大学课堂，对教师进行培训；鼓励教师到公司、企业做顾问，参与创业活动。同时，那些具有时代性、创新性、研究成果有重大意义的跨学科或外界资助的科研项目在南洋理工大学备受青睐。NTU 推行的教师创业培育计划，激励

---

① 罗国锋、王金玲、周超：《五所世界名校创业教育体系的经验与启示》，载《创新与创业教育》，2013(2)。

推动教师,学校科研成果数据显示,近年来,学校科研成果逐年增加并跃居亚洲前茅。NTU 推行的教师创业培育计划使广大教师的创业意识不断增强,把创新创业教育贯穿于主课课程中,实现了参与创业教育的全员模式。

(6)提供多种载体

NTU 积极举办校内外论坛、讲座等丰富多彩的创新创业活动,对于激发创业意识、提升个人能力、拓展人脉关系等具有积极促进作用。学校经常组织学生参与各种拓展训练与团队学习、团队活动,培养了学生的合作意识。拓展校友网络,建立了较为完善的校友信息网,以充分运用校友资源;拓展社交网络,组织学生参加各种社区社会活动,提高了学生的社交能力。定期举办创新创业周活动,帮助学生近距离了解和认识创业,增长了学生的创业视野。定期举办点子公司——企业挑战赛系列活动,全程模拟创业过程,并提供培训和指导,帮助学生了解就业流程和要求。学校还受国家创新创业主管机构——新加坡标准生产力与创新局委托定期举办国家级商业计划比赛,参与世界青少年创业论坛等国际性活动,为学生创造更多观摩学习机会。

(7)搭建广阔平台

NTU 创新创业教育的迅速发展,离不开政府、企业和社会团体的合作与支持。国际、区域、国家和地方各级的政策制定者,通过制定适当的法律和财政框架培养创业精神和填补市场空白。

第七章 丹麦高校创新创业教育体系

一、基本情况

丹麦是欧洲较早提出实施创业教育的国家之一。早在1995年，丹麦议会就推出《联合创业教育战略》，提出在教育系统各个层面推进创业教育。2002年8月，《丹麦发展战略》出台。政府在"创造更多就业岗位，促进生产力发展"的总体目标下，对国家税收、教育、知识基础、市场竞争和对外开放等多个领域实行改革，并将"更好的教育"（Better Education）和"提升创业"（Promoting Entrepreneurship）两项行动计划纳入国家整体措施框架中。战略指出，"更好的教育"行动计划确保良好的教育政策，是国家经济发展的起点；希望通过该计划的实施，更有效地利用教育资源，增加年轻人接受专业技能教育和培训的数量，尤其是在高科技领域。战略认为，企业家是任何经济体中创新和活力的重要来源，更是未来经济增长的助推器。因此，为了增加企业家的数量，政府鼓励国民投身创业，并为初创企业成活率的提高和快速发展提供政策保障，同时提出了"到2010年使丹麦企业家成为欧洲企业家中的精英"的目标，政府、社会、各级组织为创业教育的开展提供了一个有利的宏观环境，通过各种途径提升创业者对企业家精神内涵的理解，促使更多有责任、有担当、有抱负的企业家出现。

丹麦高校通过授课、研讨等多种方式，运用行动学习和互联网思维方式，将企业家精神渗透到课程教学中，发挥了企业家精神对创业教育的促进作用。丹麦发展战略及其行动计划的出台体现了国家宏观政策层面对教育和创业的重视，加速了丹麦创业教育发展的步伐。2004 年 1 月，丹麦教育部联合科技部共同实施的"丹麦教育体系中的创新、创业与独立文化"战略，首次提出"创业链"概念，着力促进创业文化的形成。① 战略提出将各层次创业教育形成一个有机整体，并要求在教育机构和企业之间建立实践型合作伙伴关系。战略同时指出要根据学生能力的发展设置新的教学方案，方案将囊括各种案例、任课教师、外部考核人员以及具有创业背景的导师，其目的是带领学生亲历真实的创业过程。通过这样的方式，创业就不再是单纯的学术问题，而成为充满生机与活力的文化。2005 年，丹麦政府成立了由社会各界 26 名人士组成的全球委员会，这些人士包括工会高级代表、企业、教育机构代表，还包括首相、经济与商务部部长、金融部部长、科学技术与创新部部长在内的政府代表，旨在推动丹麦融入全球经济。这一举动直接促成了 2006 年"全球战略"的出台，"全球战略"囊括了教育与培训、研发与创业领域的 350 项具体改革措施。在这一战略的背景下，丹麦政府为本国设立了两大政策目标：①丹麦每年的创业企业数量应持续保持欧洲最高；②丹麦的初创企业增长率继续包括领先。全球委员会主要在三个方面投入资金：①创业与创新；②研究与发展（2007 年为 10 亿丹麦克朗，2012 年为 52 亿丹麦克朗）；③不同层级的教育（2007 年为 5.5 亿丹麦克朗，2012 年为 43 亿丹麦克朗）。政府监督每年"全球战略"的执行情况，出台年度报告。这一战略取得了显著成效，2001 年来自 8 所大学的 268 名本科和硕士毕业生成立了公司，2011 年这一人数增长了约 43%，达到了 383 人。2001—2011 年，硕士毕业生的创业人数增长了约 159%，而同期硕士研究生的招生人数仅增长了约 54%，与此同时，本科毕业生的创业人数仅增长了约 10.75%。②

二、外部环境

2009 年，丹麦科学、技术和创新部，外交部，教育部，经济和商务部四部委联合推出了《创业教育与培训战略》和《丹麦创业教育部委合作关系》，明确提出在四个部委之间就创业教育建立合作关系，并设立 1 名主席（来自经济

---

① 沈雁：《丹麦创业教育政策探析》，载《高等工程教育研究》，2011，(3)。

② Chiu R., "Entrepreneurship Education in the Nordic Countries-strategy Implementation and Good Practices," *Nordic Council of Ministers*, 2013, p. 46.

和商务部)。2012 年，丹麦政府发布《丹麦——一个国家的解决方案》，继续推动四大部委与创业基金会之间的合作关系，并将创业教育纳入丹麦创新发展战略。建立合作关系的目的有三：第一，将创业教育融入从学前到博士的整个教育系统；第二，将所有创业教育基金交付于单一机构——丹麦创业基金会——统一运作；第三，形成四部委的联合工作框架。① 在具体操作上，这一伙伴关系每年召开四次官方会议，邀请创业基金会的人员参与商讨创业资金应占国家预算的比例。四次会议的主要活动包括：第一，为教育部门设立一般的创业教育目标；第二，指导和支持丹麦创业基金会；第三，审视变革立法的需要；第四，支持各部部长有关创业教育的想法。经济和商务部主要负责出台有关商业环境的政策，如商业规则、知识产权、竞争规则、建筑与货运等，由该部委的下属机构——丹麦企业与建设管理局(DECA)负责出台推动创业文化以及部分教育系统的创业政策。科学、技术和创新部负责研发、信息技术、创新、通信和高等教育政策，它的下属机构之一——丹麦科学、技术与创新代办处负责与公共研发资助、研究者流动、研发成果商业化、机构间交流有关的项目，以及推动高校学生创业想法的实现，并支持基于知识创立的新企业；外交部主要支持丹麦企业的国际化，其下设的贸易委员会负责与创业相关的事务，通过为企业提供接触国外网络、知识、技术、资本和市场的机会推动企业创新；教育部负责将创业内容融入中小学课程。

　　经济合作与发展组织 2016 年发表的《包容性创业政策——国家评估报告之丹麦》提及了丹麦对大众创业精神的支持强调增长和创新。丹麦很少有量身订制的包容性创业计划，这可能是由于社会保障制度提供了强有力的社会福利和支持(如失业福利、住房支持、儿童护理和老年人护理、医疗保健)。这种强有力的社会保障制度在一定程度上减少了对包容性创业政策和方案的需要，但仍须加强目前支持丹麦代表性不足和处境不利群体创业的方法。OECD 建议一是促进青年和妇女企业家的业务增长。数据显示，尽管丹麦的创业政策把重点放在创新和增长上，但很少有青年和妇女企业家希望通过他们的新企业创造大量的就业机会。这就需要采取更有针对性的行动来刺激这些群体的动力。行动可以包括推广榜样和成功故事，突出不同社会目标群体的企业家的成功，以及奖励展示重大成就的方案。还必须确保主流的企业精神培训

① Danish Agency for Science，"Technology and Innovation Strategy for Education and Training in Entrepreneurship,"Copenhagen，2009.

和教育方案包括管理增长（如人力资源管理）、为增长获取资金和建立企业网络等模块。二是在创业支持计划中增加更多的指导和咨询服务。这样可以帮助现有计划提供更有针对性的支持，以解决不同企业家面临的独特障碍。几乎所有方案评价都认为这是需要改进的领域。辅导计划的成败往往取决于导师和被辅导者之间的信任程度。因此，重要的是确保导师的供应与学员一样多样化。三是增加对青年企业家的支持。特别是在大学和其他学习中心，青年企业家的人数有了相当大的增加。建议对这些措施进行评价，以确定哪些措施对促进学生的发展至关重要创业精神。①

为了更为集中、有效地使用创业教育基金，2010 年 1 月丹麦四部委出资成立丹麦创业基金会（Entreprenørskab Fonden，Danish Foundation of Entrepreneurship），具体由私立机构——青年创业组织（Young Enterprise）——负责运行。该基金是一家私营的商业公司，由 4 个部门支持，即商业与发展部，儿童、教育和性别平等部，文化部及高等教育和科学部。该基金为从小学到博士研究生的所有层次的创业教育提供培训方案，并运作一个微型赠款计划，学生企业家可申请最高达 5 万丹麦克朗的赠款。该基金还为创业教师和培训人员提供了一个网站。对该基金的一项评价提及，创业精神应在学校里及早教授，并应同样重视面向认知的创业技能和非认知的创业技能。

在此之前，丹麦政府的创业基金绝大部分分别拨给创业活动与文化基金会（Foundation for Entrepreneurship Activities and Culture）、丹麦国际创业学院（International Danish Entrepreneurship Academy，IDEA）、厄松创业学会（Oresund Entrepreneurship Academy）。其中，丹麦国际创业学院和厄松创业学会承担着高校创业教育的责任，创业活动与文化基金会则主要负责中小学创业教育。丹麦创业基金会成立之后，成为相关资金的唯一运作主体，丹麦政府不再对其他机构单独提供资助。②

丹麦国际创业学院是 2005 年由丹麦政府拨款成立的网络组织，主要目标是帮助高校营造创新创业文化，其董事会由来自各私营部门和大学的代表组成，负责机构的整体决策和运行。到目前为止，已有包括教育机构、社会组织和企业在内的 88 家单位加入其中。它致力于提高丹麦高等教育机构在创新

---

① OECD，"Inclusive Entrepreneurship Policies，Country Assessment Notes-Denmark 2016，"OECD/European Union，2016.

② 沈雁：《丹麦创业教育政策探析》，载《高等工程教育研究》，2011，(3)。

和创业教学上的质量，并通过资金支持、课程研发、项目开展等方式增进高等教育、企业、政府机构和其他社会组织间的沟通与合作，促进高等教育领域形成一种强大的创业文化。此外，IDEA 还通过其遍布丹麦的 12 所分支机构为已经创业的在校生和毕业生提供指导。2007 年，IDEA 分别与美国的考夫曼基金会和英国的国家大学生创业委员会（National Council of Graduate Entrepreneruship，NCGE）签订协议，建立合作伙伴关系，并推出 IDEA 考夫曼创业奖学金（IDEA Kauffman Fellowship）、IDEA－创业智商（IDEA-VIQ）、IDEA 工具箱（IDEA Tool Box）和创业教育培训国际硕士（IMEET）等国家项目。IDEA 还建立了 7 个"学生成长屋"，由经济和商务部为这些空间运营的前两年提供 50％的资金，学生们可以在这些空间内测试并产生有创意的想法，成长屋还为学生提供课程、导师和咨询服务。

丹麦创业基金会的主要职责是参与商讨，并执行丹麦政府有关创业教育发展规划。具体包括以下 10 个方面：①关注各级教育和培训机构创业教学的开展，将相关知识与能力的培育根植于学校与教育培训机构之中；②与其他教育机构一起关注相关项目、课程、教学材料和方法的开发；③开发创业能力测评工具，并将其融入学校考核体系；④开发天才学生支持项目；⑤收集与传播知识，发挥其在创业教育与培训方面知识中心的作用；⑥开展国际和跨国活动，确保从国际和跨国层面促进创业教育与培训的传播；⑦与教育系统一起共同资助学生的创业活动；⑧与各级各类教育机构建立对话关系；⑨支持并推广创业文化相关活动，如冒险杯（Venture Cup）、欧洲商业游戏（European Business Game）和全球创业周（Global Entrepreneurship Week）；⑩负责运营国家和区域项目。①

三、内部因素

(一)孵化器

整个丹麦的创业孵化器主要有 8 家，它们均创立于 20 世纪 90 年代，遍布各大领域，主要由各类高等教育机构、科技园区参与组建，为科技成果转化和羚羊企业的培育孵化发挥了积极的作用。此外，丹麦主要综合性大学内部也设有各自的学生创业孵化器，如奥胡斯大学的学生创业孵化器、哥本哈

① Danish Agency for Science，"Technology and Innovation. Strategy for Education and Training in Entrepreneurship,"Copenhagen，2009.

根大学的学生孵化中心等。

奥胡斯大学的"学生创业孵化器"(Student Entrepreneurship Incubator)是针对那些有创业兴趣或为创业理念寻找最佳发展环境的学生设立的。它提供每年两次的"沙箱课程"(Sandbox Course),每次课程的跨度为半年。该课程从学生现有的生活入手,到创业目标的具体实施,包含了研讨会和个别辅导等形式,旨在使学生能够清楚地了解创业是否真正对自己有用,并且了解自己的想法是否切实可行。一旦学生完成了"沙箱课程",或者早已有一个成熟的创业想法,那么学校将专门为其提供"腾飞工作室"(Take-Off Office)。该工作室是学校为便于学生单独或联合创业而免费提供的固定办公空间。同时,学校还会为步入该工作室的创业学生配备一名指导教师,在学生创办企业的过程中为其提供全程指导。

奥胡斯大学的一大特色活动是奥胡斯启动周末(Aarhus Startup Weekend, ASW),其中最著名的活动为持续整个周末的年度创新创业竞赛,参赛者包括学生、企业家、教育机构和政府机构,竞赛是激发创造力、供大家实验创新想法和商业模式的平台,竞赛的第一天为开放日,来自所有参赛城市的选手将组队就客户发掘、想法验证和开发产品进行讨论,这些队伍将在竞赛的第三天展示各自的商业原型,并由专家小组给予建议。自 2011 年 11 月这一活动成功举办后,ASW 在每年的 11 月 16 日至 18 日都会举办。

(二)课程与师资

将创业者头脑中的想法转变为具有发展潜力的初创企业,是创业课程体系需要完成的首要目标。部分丹麦高校采取全程化跟进式教学,依托专业的创业师资队伍、完善的创业课程体系、高度整合的配套资源等,为初创企业的"萌芽"补充了养分,为其可持续发展提供了保障。企业家精神在 20 世纪由熊彼特提出,一个成功的企业家要有创新思维,要勇于承担风险并能发现新的商业机会,看清市场的走向,孕育思想和采纳最好的想法。企业家精神在生产要素重新组合中发挥了重要作用,企业家把所需要的各种资源聚集起来,将其运用到商业现实。企业家不是简单的社会身份,还要具备发现市场机会的眼光、承担社会责任的勇气、强大行动能力等个性化人格特质。在丹麦,政府、社会、各级组织为创业教育的开展提供了一个有利的宏观环境,通过各种途径提升创业者对企业家精神内涵的理解,促使更多有责任、有担当、有抱负的企业家出现。师资培训主要包括三大项目:①创业教育门户网站。

丹麦教育官方门户网站自 2005 年起设立了专门的创新创业板块，由教育部开发，主要负责为教师和学生提供教学材料和背景信息。②"创业支柱"(Entrepreneurship-pillar)。该项目基于对创业教学的研究开发了一系列教学材料并将其公布在了门户网站，项目由创业活动与文化基金会、欧洲社会基金会 (the European Social Fund)、教育部及一些企业资助。③先锋运动。该项目由教育部发起于 2007 年，包括为教授创业的教师颁发先锋奖、开设先锋研修班、举办先锋论坛供教师讨论问题。①

奥尔堡大学 (Aalborg Universtity，AAU) 的创业指导课程包括创意天才 (Creative Genius)、新企业创建 (New Venture Creation)、企业家精神 (Entrepreneurship)、创业工程 (Entrepreneurial Engineering) 等。创业指导教育以学生作为驱动力，包括五大要素：教学、指导、项目、工具、便利。具体而言，与商界人士和投资者达成共识并进行思想交流；进行专业讨论并与丹麦和其他各国的从业者及导师进行互动；提供与创业、创造力和商业模型有关的工具和技术等。奥尔堡大学创业指导课程包括以下五大支柱：一是介绍创业和发现机会，如创造力培训、创意产生并验证、顾客市场开发分析、客户洞察力等；二是团队合作、个人发展和协商，如个性和能力评估、信念和道德、发现你的人脉、利益相关者管理团队建设、职业操守和行为等；三是商业模式结构；四是企业规划、报告和外部联系，如预算、价值评估、法律、资金支持、知识产权、市场营销、销售、品牌、项目管理等；五是展示和游说。在创业技能测试方面，奥尔堡大学测试学生将技巧、能力和知识运用于创立新企业的能力。

以哥本哈根商学院 (Copenhagen Business School，CBS) 为例，CBS 创业教育课程主要面向本科生和研究生。课程类型分为学位必修课程、选修课程、博士课程和暑期学校课程四大类。其中学位必修课程和选修课程开设的数量较多、内容丰富，如"创新创业学"领域仅 2012 年向研究生开出必修和选修课程共计 74 门，2013 年秋季该领域开设选修课 59 门，其他创业相关课程也开设大量选修课，供学生实际需要自主选择。暑期学校课程安排紧凑，形式多样，突出实践应用，给予学生体验真实创业的机会；授课对象广泛，包括本科、研究生及社会企业和政府工作人员。CBS 依托独特的验证教学项目为学生提供从创业理念到注册企业的三个阶段学习过程，并将理论教学、实践指导、技术支持、商业

---

① OECD，"Entrepreneurship Review of Denmark，"OECD Publishing，Paris，2008.

合作、企业融资等关键环节与相应平台有机融合，做到全程化跟踪教学。作为北欧最大的商学院，CBS 整合各项课程资源，极大推动创业教育的创新发展，激发了学生积极进取的创业精神和较好的创新意识。专业雄厚的师资队伍是开展创业教育的前提和基础。CBS 不仅重视对现有教师的培养，而且注重引入校外优质教师资源，满足学生专业化和个性化的学习需求。"精英教师"培养计划作为欧盟"下一代"项目的重要组成部分，2010 年由哥本哈根创业学校（CBS）负责实施。"精英教师"计划旨在将实践要素融入丹麦技术大学（DTU）、哥本哈根大学（KU）和哥本哈根商学院（CBS）三所大学的创业教育当中，将创业课程纳入基础课程体系。到 2014 年，CSE 已依托该项目培养出 18 位杰出的创业教师，建立了校际创业教学网络，并在创业学位课程中将"教学"与"创业"有机结合，有力推动了大学创业教育的发展。除了拥有本校优质的创业师资外，CSE 还有稳定的校外教师团队。这支校外师资队伍包括 14 位高级创业导师和 4 家专业咨询机构。其中 14 位高级创业导师均有着十几年以上为世界各国大型公司或跨国企业进行业务培训的经历，指导经验丰富。而德勒会计师事务所（Deloitte）、丹麦柏荣（Bech-Bruun）、毕马威会计师事务所（KPMG）、创业公司（Venture）4 家专业咨询机构中德勒会计师事务所（Deloitte）会参与商业验证后期的教学活动，在经济环境、企业财务和内部管理等方面提供指导。

（三）技术转化

丹麦政府出台了两项法案管理科技成果转化，分别是《公立研究机构发明法案》（*The Act on inventions at public research institutions*）和《科技成果转化法案》（*The Act on Technology Transfer*），这两项法案鼓励科研人员和机构将其成果商业化，它规定研发人员所属的机构可享有发明的专利并可与企业签订专利合同，不过需给予研发者经济回报。如果研发者想要收回专利权自行创业，则需向其所属机构支付赔偿金。同时，获得专利权的企业可将股权抵押给大学，从而推动了衍生企业的发展。法案还规定大学内需设立成果转化办公室，以保护知识产权，帮助产品商业化。

除了出台法案，丹麦科学、技术和创新部开展了五大项目支持成果转化：①"概念验证"（Proof of Concept）项目。该项目鼓励大学对已经成熟的研发项目进行商业评估，使其对投资者更有吸引力，大学可就此目的申请人员和资金补助，该项目也是丹麦全球化战略的一部分，2007 年至 2009 年，已为该项目拨款 4000 万丹麦克朗，约合人民币 4100 万元。②成果转化国家网络。该项目的主要目标是增强丹麦各大学和研究机构的成果转化潜力，网络的功能是传播成果转化知识，提供相关课程。③科技园。科技园为初创企业提供基础设施，通常设立在大学附近，与科技孵化器合作，以有限公司的方式运作。④"知识抵用券"项目。该项目旨在加强中小企业与公立研究机构间的合作，并提升其创新性，中小企业可以使用"知识抵用券"从大学购买知识服务，抵用券的面值为 5～10 万丹麦克朗，该项目每年的投入额为 2000 万丹麦克朗。⑤为发明者提供公共服务。该项目为已经发明出产品并有意投放市场的人提供咨询服务，咨询方式包括面对面、电话和网络。①

丹麦柏荣是丹麦顶尖法律公司，会在集资活动方面提供法律咨询；毕马威会计师事务所将重点在企业组织结构、法律、税收、增值税和金融事务等方面给予指导；创业公司给予资金和投资方面的咨询服务，并为初创企业提供风险资金和商业天使资金。雄厚的创业教育师资既满足了创业者不同的教育需求，也为优秀企业家的培养提供了必要条件。

四、案例分析

(一)南丹麦大学概况

南丹麦大学(SDU)②是一所拥有六个校区的年轻学府，其长期目标是成为"创业型大学"。不过这所大学不将创业等同于单纯的创业活动，而是采用更全面的视角，将创业作为价值创造的手段和创新的来源。丹麦南部坐拥大量中小型企业，很多企业是技术和可再生能源行业的领头羊，SDU 在这一区域承担着为企业提供高素质的创业型员工的关键任务，合格的员工可以发掘企业的创新潜力，从而推动这一地区的发展。这所大学的核心竞争力是高水平的创业研究。迄今为止，超过 70 名研究人员正在进行与企业家精神和创业教育有关的研究，发表了多份丹麦全球创业监测报告，并出版了多本书籍。

丹麦高等教育部计划通过每年增加 5% 的创业课程的学生人数来实现长期的经济增长，因此向所有的大学施加了压力，SDU 就将这一目标囊括进其与

---

① OECD，"Entrepreneurship Review of Denmark,"OECD Publishing，Paris，2008.

② Ebbers I & Mikkelsen K，"University of Southern Denmark: IDEA Centre for Promoting Entrepreneurship Education Across the University,"*Entrepreneurship Education at Universities*，*Springer International Publishing*，2017，pp. 51-75.

高等教育部签署的《2012—2014 年发展合同》中。2010 年，SDU 从政府手中接管了 IDEA，将其作为学生能力培养中心，另一个契机是技术专业的学生正在寻找机会补充教学理论，这就为创业教育创造了巨大的需求。SDU 对学生的战略规划中明确地指出帮助学生提升"创业履历"，这意味着创业不是纯粹的商业行为，而成为一个工具，一个能让所有学生运用创新的方式将理论转化为实践的工具。

在南丹麦大学，所有的研究和教学都要为学生提供《富有灵感的学习、激励性环境和有益的服务》，这样就能形成动态的、有凝聚力的教育体系，在 SDU 的战略中，学生永远是第一要务，该大学的主页写着"学生应有一切创业的机会"。学校的总体目标是为每一名学生提供至少一门创业课程，每个学院至少有一名教师参加 IDEA 的培训，由这名教师充当其所在学院其他教师的"守门人"，"守门人"与 IDEA 合作帮助创业教育课程融入不同学科。SDU 还为其创业教育工作者设立灵活的讲授时间，教师也可自己选择教材和教学方法，拥有一定的自主权，鼓励教师保持与学生一致的企业家心态。为了扩大师资队伍，SDU 鼓励不同学科的教师间互相交流，那些对创业教育感兴趣的教师可以参加工作坊，帮助他们将创业教育内容和方法整合到其课堂中，极大地扩展了师资队伍。

(二)课程

2013 年，共 2588 名学生参加了 SDU 开设的 61 门创业选修和必修课，主要课程见表 7-1。

表 7-1　南丹麦大学创新创业教育的课程框架

课程名称	课程内容	目标群体
创业 & 设计	将创意想法与商业流程相结合，本课程建立在设计师和创业人员尝试通过创造新事物来塑造未来的想法的基础上。本课程旨在发挥设计师的高度创造力与商学院学生的业务知识之间的协同作用，重点是将理论知识转化为实际价值。	必修 国际商务专业本科一年级学生

课程名称	课程内容	目标群体
创业 & 领导力	理解创业的专业术语	必修 商科本科一年级学生
内部创业理论与政策	理解内部创业的理论基础和角色	必修 战略创业硕士一年级学生
商业理念的发展—思想生成	产生商业想法	战略创业硕士一年级学生
创新策略	理解企业战略上如何运作以及如何在企业的总体规划中加入创新策略	必修 工程专业本科一年级学生
团队专家	学习如何在小组合作中产生想法以及评估想法的商业潜力	必修 理科专业本科生

参加课程的学生中，商科学生最多，其次是工程专业，SDU 的创业教育目标是提升所有学院学生的创业意识，各个学院至少开设一门创业课程，让每名学生有机会为其想法创造价值。同时，创业教育不只关注商业一个领域，也注重培养广泛的企业家观念，即培养创造力和创新理念，使学生着眼于"大局"，一些项目或课程专门组建由不同专业学生组成的团队，试图通过知识共享产生新的想法。SDU 还开设继续教育课程，尤其是为校友和博士研究生开设，这些大都是课外项目，吸引具有具体商业想法的学生，暑期学校也是继续教育的一种。

创业教育教师希望学生利用他们学科的专业知识来识别和分析问题，并为这些问题找到解决方案，以创造新的价值，创业教育旨在培养学生的这种能力，即创业中所需的创造、发掘和利用机会的能力。商业课程与创业课程的区别是，前者重点在于了解公司的运作方式、价值的产生以及业务流程；而在创业课程中，学生分析的是创立公司之前的步骤，以及在现有公司内推动创新的新途径。SDU 的创业课程遵循一定的结构。教师们希望学生对创业的概念达成一致的理解，即不仅包括创立企业，还包括在现有的企业中推动创新，这一阶段的教学包括讨论和讲授，教师会介绍创业的理论。学生熟悉基本概念后，教师可以开始案例教学，目的是让学生运用理论知识识别、分析和解决公司和客户的"痛点"。

(三)教学方法

讲座、案例法、原型设计是最主要的教学方法。创业教师根据课程内容和学生对这一主题的了解程度调整教学方法，很多方法源自柯伯的"体验学习模式"。创业的基本原理，如概念和定义，以讲座这种简单的形式教授，但课程一定会穿插着讨论，课程的早期阶段就向学生介绍创造力和思维设计的方法，如"商业研究入门营"项目，学生就现实生活中的问题和案例开展为期一周的研讨，在项目结束时要求学生能够识别、理解并解释与创意和创业机会相关的重要概念、理论、方法和过程，能够找到这些概念的联系，能够解释并分析分歧产生的过程，对已有知识产生新的想法。此外，与企业的合作也增加了案例的真实性，学生得以解决真实生活中的问题。

除了教师的反馈，同辈评审也是评估方式之一，同学们根据课程的时间表来进行评估，可能每周评一次或每天评多次，校外合作方也会对项目内容和沟通技巧进行评估。目前，学生使用可视化日志记录自己在项目中取得的进步。可视化日志是指包括文字、图片、草稿、个性测试、视频、绘图在内的一系列可捕捉学生学习过程的形式，学生就有机会看到自己的成果并了解学习的进程，教师也能够帮助学生筛选好的想法，正式考试包括论文和答辩。由于 SDU 有很多创业研究者，因此研究成果经常被融入创业课程。学生在项目结束时可以直接把对课程的想法匿名写在卡片上，无须填写网上问卷。

(四)师资

SDU 聘请了两类创业教师，分别是学术讲师和 IDEA 创业中心的讲师。学术讲师负责讲授理论知识，让学生对创业有一个整体的了解；IDEA 创业中心的讲师主要负责实践的部分，邀请校外合作方参与，讲师不将自己视为传授者，而是启发者，向学生提问引导他们自我反省。创业者或合作方企业的成员经常受邀讲座，他们能为学生呈现创业过程中的具体问题让学生解决，创业者也能讲述自己的创业经历，他们扮演的角色是榜样而不是教师，学生很可能被他们的经历影响而产生创业的想法。IDEA 管理 SDU 的大部分创业课程，负责培训讲师并与各个学院的"守门人"联络，培训以工作坊的形式开展，教师之间有机会分享彼此的知识。

(五)课外活动

除了正式课程，SDU 开展一系列课外活动（见表 7-2），这些活动与产生商业想法或开发可行的商业模型直接相关，参与活动的学生大多已经有了成熟的想法并对创业抱有极大的热情，他们想通过活动详述自己的想法并获得指导意见，这些活动是他们积累人脉的机会。

表 7-2　南丹麦大学创新创业课程的课外活动

序号	活动名称	内容	目标群体	起始年份	参与人数
1	科学创新者	想法转化为商业概念；研究成果商业化	博士研究生	2008	15
2	冒险杯	创意竞赛	全体学生和校友	2012	50
3	商业计划营	为冒险杯做准备的 24 小时工作坊	全体学生和校友	2009	20
4	VIIS	建立学生与企业间的联系	全体学生和企业	2012	100
5	设计周	创意想法的商业化	全体学生和创意行业的校友	2011	50
6	欧洲柏林夏令营	专家辅导、企业参访；一周工作坊	SDU 的学生和德国合作方	2012	30

(六)组织架构

SDU 对创业教育的管理是集中且多层次的。首先在社会科学学院下设立创业与关系管理研究所(IER)，负责创业研究事务。该研究所拥有 13 名博士生、17 名副教授、11 名教授、37 名兼职讲师、2 名博士后、7 名研究助理和行政人员，共 87 人。IER 设置了一个本科项目(经济与工商管理——创业与创新)和一个硕士研究生项目(经济与工商管理——战略创业)，目前有 90 名本科生和 60 名硕士研究生。IER 下设创业和小企业研究中心(CESFO)主要负责研究工作，目前中心有 8 名员工，其中 1 名是丹麦全球创业监管机构的负责人，因此掌握很多国际创业研究的资源。管理 IER 的则是 2005 年教育部成立的 IDEA 创业中心。此外，SDU 还成立了 SDU 商务办公室，负责成果转化事务，因此它与外界保持着密切联系。

SDU 的战略重点是让每一名学生了解创业，因此规定每一个学科至少开设一门创业课程，向学生展示如何运用知识解决实际问题，商科学生则必须参加入门课程。

(七)国际合作

SDU 与 IDEA 创业中心合作与国外大学创办了很多项目，尤其是与其地区接壤的北部德国地区，比如创新文化和创业学生计划就是由 5 所丹麦和德国的大学共同开办的，该项目开设联合创业课程，加强与本地创业者的合作，为学生创造一个运行良好的创业生态系统的同时也促进了本地区发展。

(八)影响与评估

SDU 对创业教育影响力的评估主要通过学生参与度和学生创业自我效能两个指标来评判。学生参与度方面，自 SDU 重视创业教育以来，参与过创业课程的人数从 2012 年的 1757 人增加到 2013 年的 2588 人，增长了 47%，这意味着至少有近 10% 的学生参加过至少一门课程，SDU 也实现了每年增长 5% 的学生的目标。学生创业自我效能方面，创业课程对于学生评判自己的创业能力有积极影响，研究发现参与过创业和创新课程的学生对自己在创造力、规划和管理、资源调配、人力资源管理、财务素养方面的能力比较自信，而这些能力正是用来衡量创业能力和行为的指标。

第八章 法国高校创新创业教育体系

一、基本情况

虽然"企业家"一词起源于法国，但法国并非是最早与最积极地鼓励创业和发展创业教育的国家。第二次世界大战后，美国就将创业作为解决退役军人工作问题、支持他们融入社会的重要政策；法国实施了"现代化与装备计划"，工业得到迅速恢复。20世纪60年代，法国经济开始快速发展。70年代工业经济步入缓慢增长期，这时才开始鼓励创业，部分高校开设培训企业家课程。1978年，巴黎高等商学院（HEC Paris）开设了"企业家"课程，开创了法国创业教育先河。人们认识到，创业教育的对象不应只是精英学校的学生，特别是高等商学院和工程师学校的学生，而应该是更广大的学生群体，包括学习人文社会科学和艺术的学生。90年代末，法国逐渐将创业知识和技能教学融入大学课程。1997年，由创业教育领域的教师及研究人员共同组建了创业学院（Académie de l'entrepreneuriat）。该学院设立在法国国家企业管理教育基金会（FNEGE）旗下，有五条重要的工作原则：一是在教育的各个层次及终身教育领域鼓励创业；二是开发并推广创业教育的教学法；三是促进科技发展及其成果转化；四是促进国际创业教育机构之间的交流；五是促进各类教育机构开设创业课程，刺激政府出台相关的公共政策。1999年，法国政府颁布了《技术创新与科研法》（草案），鼓励大学教师、研究员、博士研究生及技术人员积极参与科技创新，将研究成果转化为生产力。

2001 年，为了继续促进"创业"，法国研究与工业部成立了创业教育实践观察站（OPPE）。今天这一机构已经成了为大学教师及学生创业进行服务并提供资源的重要机构，还在比利时、加拿大等国家设立了分站点。2002 年，罗纳-阿尔卑斯行政大区的大学合作创办了"创业之家"（Maison de l'Entrepreneuriat），该机构旨在沟通当地的各个大学，培养学生的创业精神和创业意识，大学教师或学生都可以在"创业之家"学到有关开公司以及项目运作的各类知识，同时还可以与企业界人士交流，获得创业建议。随后，法国利穆赞、加莱海峡、卢瓦尔河地区、普瓦图-夏朗德、普罗旺斯及阿尔卑斯-蓝色海岸大区也相继建立了"创业之家"，国家每年为它们提供 15000～20000 欧元的资助，与其合作的企业还可以享受国家在政策上提供的优惠。2007 年，实施的《大学自由与责任法》（LRU）被认为是推动发展创业教育的机遇。欧洲债务危机以来，法国经济持续低迷，青年就业问题严峻。作为经济改革重要政策措施之一，法国政府积极支持大学生自主创业，为此陆续出台了一系列政策举措。2009 年，法国教育部发起"大学生—创业者"计划，将创业真正引入了高等教育政策领域。2013 年，"国家创新计划"提出要在高等教育领域培育创业和创新文化，继续加强校企合作。国家除了支持创业课程建设，越来越重视产学合作，积极推进实践平台建设，出台了多项支持学生创业的举措。该计划进一步推动了法国创业教育的发展。全法建立了 20 个学生创业中心；建立了 30 个学生创新、技术转化和创业中心；建立"大学生—创业者"身份；建立创业协调辅导制度；设置"汤普林大学生创业奖"；对学生创业项目实施税收优惠政策；对创新孵化器提供全面的创业支持。2000—2014 年，培育孵化器为 4000 余个创新项目提供支持，成立创新公司 2700 家。到 2010 年约有 300 所高校编制的《创业参考》为学生提供创业教育和创业支持方面的信息。2013 年 10 月 22 日，法国高等教育和科研部长菲奥拉索在访问巴黎马恩-拉瓦雷大学笛卡儿孵化器时，提出了支持学生创业者的新措施和目标：在四年内实现由大学生或大学毕业生创建或重振 20000 家公司；通过发展创业文化，培养学生创业所需的能力；让创业成为撬动高等教育领域教学变革的"杠杆"。法国高等教育和科研部要求高校从本科阶段开始，面向所有大学生开展创新和创业教育。具体来说，高校在本科阶段，开设创业入门课程；在硕士研究生阶段，设立创新管理、项目创业与管理两个专业方向；在博士研究生阶段也开设了相关课程。除了支持创业课程建设，政府有关部门越来越重视产学合作，积极推进实践平台建设，出台了多项支持学生创业的举措。①

(一)完备的创新创业教育体系

1. 注重培育与营造创新创业精神

2011 年 10 月，法国高等教育和科研部发布的一份关于创业能力和创业精神的报告指出，创业教育的人才培养目标不是严格意义上的培养创办公司的人才，而是具备创业精神、态度和能力的人才，创业精神应该在广义上作为一种有益的态度，应用于职业和个人生活中。可见，法国国家层面对于创业教育具有深刻的理解。法国创业教育的经验强调对学生创业创新精神和创新素质的培养，而不应把创业教育仅仅理解为创办公司。在整个高等教育的过程中，特别强调一个强有力的企业者应具有的几点基本能力和必要资质，如自信、社交力、热情，并且学生应将这些能力及早地运用到学习生涯之中。以"走进企业"为例，这一项目是由国际劳工组织(International Labour Organization，ILO)发起，旨在激励青年学生加入创新创业领域，这一组织将创新创业精神视作激发社会工作动机的有力武器，认为在高等教育期间，对学生进行创业意识以及创新意识的培养非常有利于增强他们在就业市场上的竞争力。"走进企业"这一项目的总目标是培养学生的首创精神、革新精神、冒险精神等，为青年学生营造良好的创新创业文化环境。在这一项目中，学生越早地树立创新创业意识，越能够抓住机遇，这样一来，他们不是在被迫地选择职业，而是在做自己未来的决策者。整个"走进企业"项目为师生设计了 120个课时的课程，由一节新生导航课和九个模块内容组成，每个模块都涉及创业意识的关键部分。前四个模块主要开发学生对创业的市场敏感度，教给学生基本知识，另外五个模块围绕创业专业性知识展开，从而让学生有独立创业的能力(见表 8-1)。

表 8-1　"走进企业"项目九大模块

模块一：企业是什么？	模块六：如何创办企业？
模块二：创业意识何用之有？	模块七：企业怎样良好运转？
模块三：企业家应具备怎样的素质？	模块八：如何成为一位真正的企业家？
模块四：如何成为合格的企业家？	模块九：如何制订自己的企业计划？
模块五：如何找到有商业价值的产业？	素质拓展

---

① 张力玮：《法国创业教育发展历程和政策举措》，载《世界教育信息》，2016，29(9)。

这种参与性的课程，以学生为中心，以互动游戏和角色扮演诠释危机度过、模拟协商谈判等，这样有趣的方式使得课堂丰富多彩，生动活泼，非常有利于学生设身处地地处理问题，激发学生的学习兴趣，更好地锻炼了学生的创新意识。另外，学生还可以在学校成立一个自己的公司，这样做更有利于加深学生对企业整个管理层面的理解。

2. 完善的制度保障和支持

(1)建立"大学生—创业者"身份

2014年，法国为创业中的28岁以下大学生或大学毕业生设立了"大学生—创业者"身份，支持他们在创办公司期间享受学生能享有的相关社会福利。项目发起人都可以申请这种身份。

(2)建立创业协调辅导制度

2010年，法国推出了一系列在高等教育机构内推动创业活动的措施，主要任务是确保现行针对学生创业的不同措施之间的衔接、协调与整合，并提出相应的优化建议。同时，每所高校任命一名创业辅导员，与设立在学校内部的就业指导办公室合作，其主要任务是鼓励学生的自主创业活动，并使学生了解进行创业活动可能获得的支持和帮助。

(3)设置"汤普林大学生创业奖"

法国高等教育和科研部自2014年起启动"汤普林大学生创业奖"，为创业中心的大学生和大学毕业生，以及创新项目提供资金支持。该奖项颁发给18~30岁的大学生或毕业三年以内的大学生。依据全法评审委员会对项目的评估，获奖者在创办公司时会获得5000欧元或10000欧元的资助。最有发展潜力的3个项目会获得10000欧元的额外奖励。

(4)对学生创业项目实施税收优惠政策

法国的税收政策一直是新创企业发展的一大障碍。2013年，法国年轻企业家发起"鸽子运动"，指责法国的"没收型"税收，一些创新企业的老板因不愿做"被拔毛的呆头鸽子"而离开法国。为解决这一问题，法国政府将支持创业提上了议程，出台了14项政策以激发全社会的创业活力，包括减税和赋予创新公司优先地位。由于财政上的不足和政治意愿的缺乏，大幅削减税费可能不现实。法国政府高级公务员、投资委员、原欧洲宇航防务集团首席执行官路易斯·加洛瓦(Louis Gallois)就曾提出削减200亿欧元的工薪税，最终政府未能采纳，而采用了税收津贴的方式降低企业赋税压力。

但为了鼓励学生创业，法国给予"高校年轻企业"(la jeune entreprise universitaire，JEU)优先地位，通过减免社会保障分摊金和税收，帮助年轻企业度过创业最初的困难时期。成为 JEU 须满足以下 6 个条件：公司员工人数在 250 人以下、年营业额在 5000 万欧元以下或者公司资产在 4300 万欧元以下；由本科生、毕业 5 年之内的硕士研究生或博士研究生、大学教师、研究人员管理或持有公司；管理者或合伙人在高校的科研成果在公司主要活动中得以体现；创办不足 8 年；自然人、公共性的协会组织拥有至少 50％公司资产；公司不能是经过重组、合并、扩张或重新营业的。

(5)创新孵化器提供全面的创业支持

在 1999 年颁布的鼓励研究和创新的《阿莱格尔法》的框架下，法国教育部支持、成立了 28 个创新型企业孵化器。各孵化器在区域范围内，由各高等教育机构或研究机构设立。这些企业孵化器组建了经验丰富的团队，在空间、设备、智力支持和融资方面为创业项目发起人提供个性化指导，为企业从制订商业计划到第一次融资或第一项产品商业化期间的各个关键阶段提供服务，如项目管理、战略制定、公司筹建、知识产权和财会支持。企业孵化器还会帮助创业项目融资，分析人力资源需求及团队成员素养，为创建公司组建团队。

创新型企业孵化器项目评选委员会依据项目的成熟度、与公共研究的联系以及项目的经济潜力来选择所支持的项目。2000—2014 年，各孵化器为 4000 余个创新项目提供了支持，五年间由各孵化器支持成立的创新公司达 2700 家。[①]

(二)积极促进产学研合作

从阿司匹林到首次全球范围内生产的内燃机，法国为全球贡献的发明和创新引人注目。这得益于法国对于教育和科研的高投入。2015 年，安永会计师事务所(Ernst Young，EY)的调查指出，法国在研发方面的公共支出占 GDP 比例比 G20 国家的平均比例多 2.2％，但在公共研发成果的商业化方面情况堪忧。法国研究人员的人数方面，这些年逐渐与邻国德国缩小了差距，但两国的创新产出，从专利申请量的角度来说，仍然有很大的差距。[②]

法国各地对于促进学校和企业的合作有一些探索：从 1992 年开始，罗纳-阿尔卑斯大区、里昂和格勒诺布尔学区、法国企业家组织(MEDEF)合作启动

---

① 张力玮：《法国创业教育发展历程和政策举措》，载《世界教育信息》，2016(9)。
② EY，"The EY G20 Entrepreneurship Barometer 2013，"US，EY，2013，pp. 2-5.

了一项名为"学校—企业"计划（plan école-entreprise）的项目，以拉近产业界、教育界和年轻人的联系。这项计划受到欧洲社会基金和罗纳-阿尔卑斯大区、MEDEF 的资助。在此计划框架内，罗纳-阿尔卑斯大区"学校—企业"，"想法创造者"创新竞赛（Créateurs d'idées）和"职业世界杯"（Le Mondial des Métiers)等活动得以举办。

近年来，法国政府越来越认识到创业对于拉动经济和解决就业的重要性，高等教育和科研部联合其他部委、协会组织和企业，采取了一系列措施，如建立竞争力中心，设立卡诺研究所，成立促进技术成果转化的组织，等等，推动教育、科研和技术成果转化的发展。政府还承诺为创业者出台支持投资税收的政策，积极促进教育科研和产业界的合作以提升研发转化率。

在高等教育和科研部的倡导下，截至 2010 年 10 月，约 300 所高校(其中有70 余所综合大学)开始为学生编制《创业参考》，提供创业教育和创业支持方面的信息。《创业参考》在高校内支持创业文化的发展，如通过宣传高校与企业、协会组织建立合作关系，实现相关信息的有效传播；企业也可以通过《创业参考》提供实习信息，寻找适合某个创业项目的学生团队，为学生提供指导。

2012 年 10 月，法国教育部长佩永认为仅靠大学三年级实习是不够的，学生应该从初中一年级就开始了解企业和职业。为给学生提供更多的信息，让学生找到更合适的工作，企业应该更好地履行他们在学校的职责。教师也应该在教学中保持与产业界的良好联系。

2015 年 12 月 2 日，法国教育部长娜雅·瓦罗·贝尔卡桑宣布将进一步加强学校和企业的联系。国家的目标是每一名初中生都能参观一次企业，与一位专业人士交流，有一次实习机会，做一个具体的项目。为此，她提出"实习中心"计划，为学生提供更多实习机会，让他们更好地融入职场与社会。她还认为，很多年轻人虽然已经离开学校多年，但仍然无法接近劳动力市场。我们需要加强联系，保证学校所发的学位证书与劳动力市场对能力的需求一致。

二、案例分析

（一）巴黎中央理工大学

巴黎中央理工大学创办于 1829 年，是法国排名前 5 位的工程师学院，致力于国际范围内企业管理精英的培养。新的经济时代对于工程师人才的需求不减反增，巴黎中央理工大学也将其人才培养定位于具有高科技素质的通用人才、能够领导创新项目的专家以及具有广阔文化视野的"国际人"。其培养模式的特性之一就是与经济界的密切合作。企业几乎出现在工程师教育的各个维度。第一，企业可以直接参与教学，法国工程师文凭认证委员会(CTI)规定，第一，20％的工程师阶段的课程要由"职业人员"承担，即校外的执业工程师来承担；第二，企业接纳学生实习；第三，企业参与校委会，与校行政委员会、学术和研究委员会共同承担学校的管理工作。

巴黎中央理工大学除了将创业教育融入日常教学之中，还设立了专门的创业课程引导学生进行创业实践，比如，第二学年开设的主题课和第三学年开设的创业课。创业课是巴黎中央理工大学的特色课程，旨在帮助有创业计划的学生能够在毕业后开办自己的公司，开课时间为每年9月和4月，每次持续两周。教学内容包括从创办公司和公司管理的角度对战略决策、市场财务进行综合性讲解，培养学生的创业者气质和能力，如全盘地考虑问题、质疑接收到的信息、学会创新性思维、树立自信、学会如何说服别人、学会团队管理、进行挫折教育等。创业课会特别聘请一些企业总裁，特别是企业的创始人亲自传授经验。课程结束时学生要向专家评审团陈述其创业计划，1年之内每个计划都会有1名专家跟踪指导。参与该课程的学生职业往往有三类职业走向：自己创业、在创业企业工作或者在传统企业的研发部门工作。自课程开展以来已经帮助本校学生在国内外开设了几十家公司，其中90％的公司目前运转良好。

2001年，巴黎中央理工大学成立了自己的孵化器，旨在支持本校教师、研究人员、学生及校友的创业计划，孵化器的企业配合学校的创业教育，为学生创业计划提供支持。目前已经有5家公司入驻孵化器。

2007年，巴黎中央理工大学对教学大纲进行了修改，进一步明确了其教学培养目标：让学生能够迎接新挑战、具备可持续发展观和社会责任感；接触各国文化，为进入产业界做好准备；在学习中积极参与项目，培养处理具体问题的能力，能够学以致用，尽快进入工作状态。学校非常重视对学生创业与创新能力以及执业能力的培养，并开展了一系列教育创新。例如，新生入学之后并不是马上开课，而是要参加两个星期的研讨会，充分认识当今世界的一些"挑战"，并了解自己的兴趣所在。2007年，"挑战"课共有7个主题，分别是能源、环境、信息与知识、健康与生物技术、城市化、交通与流动、经济变动。基于通用工程师的培养理念，学生在第一学年只学习通识课程，第二学年才开始个性化学习，即便如此，学生在第一学年也会被随机分成小组参加实验室或公司的项目，以培养团队精神，学生还可以参加职业发展与领导小组，第一学期授课 51 小时，第二学期授课 34 小时。另外，所有学生在毕业前都应参加公司实习。

正如欧洲委员会对开展创业教育的定义："只有少数人生来就是创业家，但是教育可以激发年轻人的创业理想。应该让那些愿意自主创业的年轻人掌握基本的技术和市场能力，以帮助他们实现这一愿望。创业不应仅看作自己开公司，事实上，创业是每个公民日常生活和职业生涯取得成功所应具备的一种普遍素质。"法国大学校的实践为创业教育在大学内的开展提供了有益的借鉴。另外，法国高等教育与研究部前部长佩克莱斯指出，创业教育不应仅限于某些学校或某类专业，而应成为整个高等教育的一部分。大学应该与企业合作，实现教育与就业之间的协调，人文与社会科学同样可以带来价值的创新。博士生培养中的选题、质疑、发掘问题、深入思考以及艰难决策同样是创业精神的体现。

(二)法国里昂商学院

1. 学校创新创业教育概况

里昂商学院是位于法国里昂市的一所私立院校，它是国际上排名前列的商学院之一。2019 年 5 月，法国知名报刊《巴黎人报》(Le Parisien)发布了 2019 年法国高等商学院排名。该榜单着重参考商学院的吸引力、国际化程度、研究水平等一系列指标，进而给出相应排名，一直以来在法国都具有极高的公信力。在综合榜单中，法国里昂商学院表现抢眼，大学校硕士连续多年高居全法前四，保持了强劲的发展势头。值得关注的是，法国里昂商学院在创新创业排名中获得了全法第一的殊荣。同时，在双文凭比例的排名中也脱颖而出。

20 世纪 80 年代中期以来里昂商学院一直着重培养学生的创新创业思想，把发展创新创业教育作为商学院的主要目标。如今，里昂学院所有学术项目和其他与"里昂孵化器"相关活动的重心都放在创业教育上。自 2004 年以来，学校的基本目标是"为世界培养企业家"。与这一目标相配合，大量的教职人员投入创新创业教育活动。其中，数十位专门教授广泛覆盖创业教育，另有 30～40 位教授也参与其中。从里昂商学院的案例中我们可以吸取一些经验：第一，创业教育需要长期战略性、连贯性和持续性。第二，法国里昂商学院的优势在于不同的教育、教学、研究，学生培养、辅导，以及与其他活动相结合，在学院创造出创新教育文化。第三，大力关注创业教育，需要不断创新教学。然而，由于里昂商学院是一所私立的商学院，其成功之路可能不容易被公立大学所复制。

自 20 世纪 80 年代中期以来，里昂商学院一直注重发展学生和教职人员的创新创业教育态度和思想。如今，里昂商学院在其所有学术方案和其他活动中都强调创业教育。与创新创业教育相关的活动主要针对攻读学士、硕士、工商管理硕士、国际工商管理学士（EMBA）和博士学位的学生。法国里昂商学院还开展了一系列国际创业项目：全球创业观察（GEM）、全球大学创业精神的学生调查（Global University Entrepreneurial Spirit Students Survey，GUESS）和成功的跨代创业实践（SuccessfulTransgenerational Entrepreneurship Practices ，STEP）。里昂商学院也正在运行一些孵化器项目，并且每年都举办世界创业论坛。

2004，学校的基线发生了变化，将学术中心放在创新创业教育，提出"为世界培养企业家"的理念。这一愿景和使命也涉及众多公司内的企业家、业主企业家和社会企业家。引用法国里昂商学院教授帕布罗·马丁·霍兰所言："创业并不仅指创办自己的公司，而是在于发现和改造机遇，为企业乃至整个社会创造有价值的就业机会。"这个观点背后的想法是教育生产和分配财富的合理性和重要性。里昂商学院对创新创业教育的关注展现了其高度的社会责任感和商业伦理观。

里昂商学院的创新创业教育理念与 1984 年创立的"创业中心"，如今被称为里昂孵化器（Incubateur EMLYON）息息相关。创新创业教育的核心是教学创新，即"在学院的支持下，学生意识地发展符合个人期望、能力和动机的学习项目"。

里昂商学院的使命和愿景的核心是："我们所做的一切都是为世界培养优秀的企业家，继而为社会创造新的财富、价值和正义。"里昂商学院进一步提出其独特的品质是教学改革创新，用创业的方式实施教学。其基本理念是鼓励学生采取主动，将想法付诸实践。而拥有此等思想的企业家，必定能创建出极具潜力的、拥有良好发展前景的创业型企业、活跃性组织或生机勃勃的团体。

培养"创客先锋"是里昂商学院 2023 年的战略发展目标，该项排名也充分反映出学校战略实施的优异成果。法国里昂商学院拥有一支由超过 150 位专家、导师和教授组成的团队，是全法排名第一的企业孵化器，为初创公司提供高水平的专业辅导。成立至今支持了超过 1500 位创业者，创立了超过 1000 家企业，并创造了 11500 个就业岗位。2017—2018 年报告数据显示，里昂商学院全年共孵化了50家初创公司，其中里昂40家、巴黎10家；同时，共加速发展了89家里昂的初创公司，并资助了250多个项目。现在，里昂商学院的使命更加丰富，即以为世界培养"创客先锋"为使命。"创客"是变革的行动者，积极协作建设互联互通的世界。"创客"以行动为先，精于钻研，秉承崇高价值观。"创客"充分体现了里昂商学院致力于培育企业家精神的愿景。它勇于尝试，不断试验，无惧犯错，敢于重来，在前进的道路中不断学习。里昂商学院采用新一代的教育方法，聚焦学术发展和教学模式的创新结合，积极开展学术研究，推进创新型课程设置。

2. 相关课程设置

学士学位课程（全球工商管理学士）：根据课程方案的描述"一切都为未来企业家做准备"，里昂商学院全球工商管理学士课程是一门为期四年的课程。该课程方案的重点是为学生将来的企业业务管理能力奠定基础，每年至少有一个有关创业教育的内容板块。一年级课程的核心目的为"理解"，主要以基础课程、RECAPSS研究项目、系列讲座、实地考察、商业游戏、作业项目、1~4个月的实习为主；二年级课程核心目的为"创新"，主要以基础课程、创业、创新项目、3~4个月在国内或国外的实习为主；三年级的课程核心目的为"发展"，除了学习基础课程外，还可以选择参加3~4个月的学术交流和国际实习，或5~6个月国内或国外的实习，抑或6个月公司内部的工作/学习计划；四年级的核心目的为"成长"，除了共同核心课程和职能及部门专业化学习外，可以选择6个月实习，或12个月公司内部的工作/学习计划。

硕士学位课程：里昂商学院提供7个类目的研究生课程。例如，全球创业计划（the Global Entrepreneurship Programme）支持学生在不同的文化和商业环境中成为"全球企业家"。全球创业计划是一门为期12个月的全日制课程，用英语授课。这是涉及一个当地企业与来自其他国家的学生的为期一个学期的咨询项目。该计划是里昂商学院和美国普渡大学管理学院的双学位课程，由里昂商学院、浙江大学和普渡大学联合运营。以上大学联合成立了一个由全球企业家认可的专家团队参与的国际商学院联合会。中国上海分校区设立全球创新与创业专业硕士，旨在培养学生的创业与创新精神，使学生具有职业管理创新和创业能力。学生将学到作为组织者如何通过创业实践、挑战机遇、现存商机来建立公司，以及谋划并实施创新战略的能力，侧重于技能知识的实际应用。

非专业硕士课程也包含了创业教育的组成部分。例如，在管理学硕士的第一个学期，学生们将学习新的创业基础项目，创建一个虚拟公司。课程向学生们介绍并且带领他们体验整个创业过程，指导学生把创业观念转变成商业计划，进而真正地接触到商业世界以获得反馈。整个过程会有专业团队持续陪同，提供支持和指导，从而使创业项目真正获得成功。新企业创建基础项目（New Venture Creation Basics Project）的目的是帮助学生把创意转化为有形资产价值的第一手经验，发展创业的心态这一未来的成功的关键因素。此外，该方案会提供在国际企业实习12个月的宝贵机会。

　　博士学位课程：里昂商学院博士课程的设置同样关注创新创业教育，第一年博士课程以基础课程为主，包含"创业思想基础"；第二年则是创业、战略和组织理论方面的高级课程，开设"企业家与民主"及"社会企业家"课程，往后几年学生将选择一个督导团队，并着手进行自己的博士项目。在整个博士课程中，通过三年级的教学活动（侧重于为学生提供教学技能）和研究活动，以及参加工作坊、国际会议等，对该课程进行了补充（见表8-2）。

表 8-2　里昂商学院创业创新教育部分重要课程一览表

学士学位		
课程层次	课程目标	针对群体
商业模拟	发展自主制订创业计划的意识	本科一年级学生
创新项目	100课时的课程，培养企业家精神，包括开发一个新的风投项目	本科二年级学生
专业硕士学位（示例）		
课程层次	课程目标	针对群体
全球企业家项目	示例课程： 企业家精神介绍； 创业精神和创新意识； 企业财政学； 组织内部企业家精神介绍	全球创业计划项目的前三个月
专业硕士学位（示例）		
课程层次	课程目标	针对群体
全球企业家项目	示例课程： 社会企业家精神； 企业家的变革管理； 企业家的成长	全球创业计划项目的第三学期

非专业硕士学位(示例)		
课程层次	课程目标	针对群体
创业家硕士项目	示例课程：创业诊断和决策	创业家硕士项目的第五个月
创业家硕士项目	大型企业组织中"内部初创企业"的变迁，企业收购和家族企业的管理	创业家硕士项目的第五个月
国际工商管理硕士学位(示例)		
课程层次	课程目标	针对群体
国际工商管理硕士	创业型领导项目(Entrepreneurial Leadership Project)；长达九月的基于参与者意愿的团队咨询项目	国际工商管理硕士学生
博士学位		
课程层次	课程目标	针对群体
博士项目	创业思想基础(24课时)	博士第一年生
博士项目	企业与民主(12课时)	博士第二年生
博士项目	社会企业家(12课时)	博士第二年生

里昂商学院创业教育的其中一个创新元素是基于"成为具有创新意识的新型企业家"这一理念的大规模在线开放课程。它的设计来自由里昂商学院和里昂中央理工学院联合管理的 IDEA 项目，基本教学方法是思维设计，针对的群体是在读硕士生。MOOC 课程有四位主讲人：让-帕特里克·佩克(Jean-Patrick Péché)负责 IDEA 项目的理念设计；沃比安·米耶维尔(Fabien Mieyeville)，里昂中央理工学院副教授，里昂纳米技术研究所的研究员；菲利普·西尔伯灿(Philippe Silberzahn)，"企业、战略和创新"部门的教授；雷诺·戈尔捷(Renault Gaultier)，IDEA 项目联合创始人。课程安排持续超过 6 周，有 6 个主要模块：①为什么以及如何创新；②如何创出超越基准的先进技术；③如何定义发展轴线和工作假说；④研究解决方案；⑤命题的整合和最终确定；⑥创业项目的价值稳定措施。这门课是免费且开放的，任何人都可以注册学习。在完成学习之后，参与者可以获得免费的证书，或者一张包含身份验证的付费证书。该项目的 3 期课程吸引了至少 18000 名参与者。

里昂商学院最近推出了欧洲创业之旅(European Entrepreneurial Journey, EEJ)，由艾伦·法耶尔教授(Alain Fayolle)为国际工商管理学硕士学员设计和教授课程。EEJ 是一门为期 5 个月的课程，旨在培养学生理解欧洲不同国家背景下情境变量的作用和影响力。基于法耶尔教授的学术网络，EMBA 学生必须在一个给定的欧洲国家研究与企业家有关的问题。每一个由 5 名学生组成的小组要在某一个欧洲国家的创业生态系统中定义一个问题，15 个小组在 15 个不同的国家展开工作。学习期间要求学生们组织一次为期 3～4 天的访问，目的是会见企业家、政策制定者、风险资本家、商业典范、银行家、学者和其他网络合作伙伴。通过一系列活动收集和分析数据，以了解情境变量在多大限度上决定了企业家政策、企业家行为和与创业相关的战略。学生们必须定期向其他小组做报告，与他们分享分析结果，学生的学习行为由一位里昂商学院教授指导。此外，在每个国家都有一名来自法耶尔学术网络的联络人，他们会帮助学生们与各自国家的企业家取得联系。

3. 课外活动

在创新创业教育领域，里昂商学院提供了 3 种主要的课外活动，都是以学生组织的形式开展：世界青年创业论坛（The Junior World Entrepreneurship Forum）、专注于微型金融和社会创业的微型创业组织（Microcrédit），以及里昂青年理事会（EMLY ON Jumior Conseil）。学院十分鼓励学生参加这些活动。

世界创业论坛与世界青年创业论坛由里昂商学院和法国毕马威会计师事务所于 2008 年共同创立。此后，"ACE 创业行动社团"（ACE Action Community for Entrepreneurship）、南洋理工大学和浙江大学作为支持者加入。世界创业论坛是一个全球性的企业家生态系统，其中包括来自五大洲的企业家、社会企业家、政策制定者、专家和学者。世界青年创业论坛与世界创业论坛的宗旨相一致，即"促进和发展全球青年创业，作为创造财富和社会公正的一种方式，为 2050 年的世界做好准备"。世界青年创业论坛是由世界各地学生协会组织的地方性或全国性活动，聚集了不同背景的学生和年轻企业家。世界创业论坛的活动通常侧重于讨论在世界创业论坛上提到的主题，每次论坛持续 2～4 天，以激励人心的对话、有影响力的论坛和网络会议的方式促进和帮助发展青年创业活动。微型创业组织于 2000 年成立，是由里昂学生成立的一个团体。2014 年，约有 20 名学生在组织小额信贷，为外国微型企业家的项目提供资金。里昂青年理事会，是一所里昂管理学院的初级企业，吸引了 40 名项目经理和超过 450 名参与其活动的学生。它是法国历史最悠久的初级企业之一，也是第一个获得根据 1999 年 ISO 9001 标准认证的企业。这些课外活动是主要课程的补充。也就是说，它们提供了将课程活动中获得的技能转移到现实生活中的机会。然而，尽管是在里昂商学院的支持下开展的，但是这些课外活动并不与课程的内容和评价方式相关。

在里昂商学院，并没有专门的法律或规章来管理创业教育。相反，学校显然是在一边施加适当的压力，同时对创业教育的地位给予激励式的认可。里昂商学院创业导向的组织文化给教授职位申请者们一种自我选择的意识引导，使得教授们对创业教育十分感兴趣。

法国管理类学院的一个特点是与当地商会密切相关。在关于里昂商学院的案例研究中，当地商会网络体系覆盖了大约 5000 名企业家。通过这种联系，许多学生项目和研究项目得以开展实践。例如，关于创业政策和实践的影响的研究，已经得以实现。管理类学院和里昂商会之间每年有两三次协调会议。相应地，里昂商学院的成员也在为法国商业和工业协会提供咨询服务以传递企业家精神。

结　语

一、高校创新创业教育生态系统的组成

目前，国内外关于创业教育生态系统的研究对系统中组成要素的分析已经比较深入。试从生物学意义上的生态系统来看，一个生态系统应当包括相互联系的生产者、消费者、分解者和非生物环境四个要素。四大要素在物质循环和能量流动中以各自独特的功能相互依存、相互影响和相互作用，并通过复杂的营养关系紧密结合，构成一个完整的生态系统。

与之相对应，创业教育生态系统也可以划分成四类组成要素（见表9-1）。

表9-1　创新创业教育生态系统四大要素

类别	类似生态系统中的角色	主要成分
第一类要素	生产者	师资团队、课程体系等
第二类要素	消费者	学生、产业界及用人单位等
第三类要素	分解者	产业联络机构、技术转移组织等
第四类要素	非生物环境	创业政策环境、文化氛围等

第一类要素类似生态系统中的生产者，是整个创业教育生态系统的核心，提供创业知识与能量，如创业教育师资团队、创业教育课程体系等；第二类要素类似生态系统中的消费者，包括利用创业教育服务的人员，接收创业教育资源的学生，以及学生最终所进入的产业界、用人单位等；第三类要素类似生态系统中的分解者，承担转换创业知识与能量的职能，并促进各类要素之间的相互联系，如产业联络机构、技术转移组织等；第四类要素类似生态系统中的非生物环境，

包括创业教育的政策环境、文化氛围等。据此，我们可以对创业教育生态系统的要素组成、职能区分、相互关系进行分析。下面简单讨论一下高等学校创新创业教育生态系统中的一些常见要素。

(一)外部要素

1. 环境因素

创业教育体系中包含了许多环境组分，其中最直接的可能就是大学环境。大学环境组分本身就具备丰富的多样性，包括大学规模、区域范围、研究质量、历史和文化、本地网络、学术资源与技术基础等。与此同时，不同大学之间的差异性对学术的派生产品的领域和性质有着重要影响。[①] 也就是说，大学在学术创业方面有着不同的目标、策略和倾向，这也将进一步影响到生态系统中创业教育的开展和进一步的创业成果。举例而言，如果一所大学拥有强大的医学、工程、计算机院系，那么这所大学的学生们可能会比专注于艺术和社会科学的大学的学生更具创业精神。值得一提的是，大学的历史轨迹与文化背景的差异，有的大学专注于教学与技能培养，有的大学专注于学术研究，有的大学致力于社区关怀和社会关怀，有的大学在除传统教学外的职能扩展上较为保守。这样的差异影响到大学能够接触到的区域资源及大学与区域生态中其他组分的关系。举例而言，一些公立院校拥有强烈的推动区域经济发展的使命感，这就使得它们会在促进学术创业精神和鼓舞学生创业做出努力；一些高校有丰富的校友资源，不仅仅在创业资金捐赠上更为慷慨，在产业联系与非直接资金资源上也会对创业教育产生不同的影响。

在大学之外的环境组分包含了各地区和国家政府对大学创业的政策立场以及资源的扶持，不同的国家甚至有不同的支持机制。例如，英国的大学在国家的政策背景下制定了多种学术创业方式，并颁发了一系列支持大学创业的政策计划；丹麦为鼓励学生创业，成立了青年企业创业组织；挪威推动了创业教育培训行动计划，覆盖整个教育体系的同时积极开展教育部、商贸部、地方政府等各部门的联合协作；法国促进学术创业的政策则被纳入了国家政

---

① Clarysse B, Lockett A & Quince T, et al. "Spinning Off New Ventures: A Typology of Facilitating Services," IWT-STUDIES, 2002, 41: 1-32.

府刺激技术创业的更广泛的政策倡议中①，近几年也从支持教师与研究人员创业带来的附加利益转变成更直接地对学生创业的支持。值得一提的是，不同政府对创业教育的目标导向、学生的社会角色定位、高校和教育机构在社会中的作用等问题上都有不同的认识与倾向，这些都会影响到创业教育的展开与实施，是环境因素中的重要差异部分。

地理环境也是关键的要素之一，对于想要开启自己创业实践的人而言，决定在哪里创办自己的公司十分重要，这就需要考察创业者本身的地方归宿倾向，以及自身的创业项目在不同地方的机会与潜力区别。有研究表明，超过半数的学生创业者会倾向于在他们毕业院校所在的地区开始创业，这些可能和在学校外部所能获取的创业支持资源有关，包括家庭资源、社会资源、地方资源等。

技术环境也会对创业教育产生很大影响，在现代，互联网的兴起大大降低了创业成本并激发了学生的创业热情，它能将不易获得的创业机会、信息、知识等变得更易获得，甚至在互联网上也能获取到大量的创业教育资源，如课程、培训、线上分享会等。互联网能够扩大商业机会的传播，也使得开创自己的事业变得更容易，诸如免费创办企业网站、招商与融资、社交网络营销、安全技术支持、用于数据的云存储等，都是技术环境中所能获取的创业相关资源。

文化氛围也是环境要素的一部分，不同国家与地区，甚至是一个国家中的不同地区，其社会风气中对创业的鼓舞程度也不尽相同，有的国家由于政府与高校常年的合作与推动，逐步形成了勇于开拓、敢于冒险的企业家精神与创业氛围，如美国、新加坡，都是世界上创业氛围十分浓厚的国家。不同地区也同样有差异，一个高新技术产业密集、高等教育组织较为集合、互联网资源与信息较为发达的地区，其创业氛围较为消极；以传统工业或农业为主要支柱产业的地方创业氛围更为优秀，在创业倾向、创业教育水平、创业率上都更具优势。

2. 企业家与产业界

创业教育离不开企业界的支持与交互，企业家也是创业教育生态系统的

---

① Mustar P & Wright M. "Convergence or Path Dependency in Policies to Foster the Creation of University Spin-off Firms? A Comparison of France and the United Kingdom," The Journal of Technology Transfer，2010，35(1)：42-65.

一部分，前文中也曾提及，企业家或创新企业高层也会通过担任导师、教练、兼职教授或客座教授、实践指导专家等方式，进一步为整个创业教育生态系统做出贡献。成为商业领域内专业人士或企业家的校友也可以成为针对学生创业的大学基金支持者或创业项目顾问，这些企业家通常也会扮演投资人的角色，甚至提供包括实习机会、创业信息、资源整合、人脉建设等更多支持。

产业界的作用在创业教育系统中不言而喻，完善企业与高校之间的合作渠道、方式和深度，建立联合研究、技术转移、创业活动支持等合作模式已成为当下高校创业教育体系建设的必经之路。产业界直接面向社会经济市场，一方面，它会对高校的创业教育提出新的人才需求与技术要求，许多创新型公司会直接将技术难题以科研项目的形式委托给大学研究院或实验室，并提供一些技术知识和资金支持，而许多高校则会进一步将这样的研究合作转换为创业教育中的实践项目，进一步搭建起学生与企业界的合作桥梁；另一方面，接受创业教育的毕业生可能创立新的企业并加入原有的产业界中，也可能成为专门的技术人才、管理人员、家族行业继承者并投身于产业界中。

3. 风险投资与天使投资

在高校创业过程中，投资是十分重要且关键的一环，有的大学会为自己的学生创业与知识转移寻求投资资源，甚至在创业教育课程中传授风险投资的知识技能。一般来说，主流的投资方主要包含风险投资与天使投资两种类别。

风险投资者可能包括风险投资公司、风险投资家、产业投资公司等。风险投资往往是面向可能有较高资本回报的新型技术或创新服务项目。当然，这样的项目也包含一定的失败风险。一般而言，风险投资公司设有一定的投资门槛，并且其资金来源是通过募集而来，来源较为复杂，规模也比较大，因此很多时候对于学生开办的创业公司来说是较难企及的。与此同时，学生在初创阶段通常较少涉及专利等正式的知识产权机制，这可能也是风险投资公司会较为谨慎地投资学生或毕业生创业项目的原因之一。

天使投资往往是自由投资者，或者是由一些非正式的风险投资组织——天使投资财团，即作为一个财团中的一部分进行创业过程的运作，是一种属于初创阶段的年轻企业或是处于项目构思阶段所进行的一种投资，在高校创业过程中是主要的投资来源。许多天使投资人不仅带来资金，还会带来商业经验、战略规划意见、市场及客户资源等。① 传统来说，天使投资人本身是经验丰富的创业者或职业经理人，甚至是专业的商业专家。在有些创业教育过程中，他们甚至会担任导师、顾问，以及真正的投资人角色，他们也会在公益创业中贡献重要力量。

(二)内部要素

1. 教育者与受教育者

教育者包括创业教育课程教师、创业实战导师、教育学者、技术专家、商业领域专业人士等。教育者的主要作用就是让接受创业教育的学生们掌握专业的创业知识和创业过程中必备的技能，同时也会用除了授课以外的方式为学生们的创业项目提供智力或资源支持。

教育过程并不仅局限在课堂内，有时教育者还会担任顾问、研究员、资源联系人的角色，参与到更为广泛的创业过程中，如律师、技术专家、业内人士或代理人等专业顾问都会在某些时候起到教育的作用。在本研究的采访对象中，就有一位担任学生初创企业顾问的教师，他与他的团队不仅在课程中进行关于创业入门知识的授课，而且会在课程之外专门负责处于萌芽阶段的创业项目，同时兼顾资源联络与项目优化的角色。

传统的受教育者是指高校中的学生，但在当下更为广泛的创业教育系统中，受教育者的多样性被大大提高了。除了常规的高校全日制学生(包括本科生、硕士生、博士生等)，许多国家与地区的创业教育也会面向更多对创业感兴趣的人，如社会创业者、企业的领导层或相关决策者、参与技术成果转换的工作人员、家族企业的继承人、教师、地方政府官员等，都可以在创业教育系统中找到适合自己的教育机会与创业资源。

2. 教育产品与研究成果

教育产品在狭义上指的是创业教育课程，但其实教育的过程体现在方方面面，因此可谓一个集合，包括传统的创业教育课程、不同侧重的创业培训课程、联合课程，创业研究、知识分享会、训练营等。课程是按照学科、专业或学位的专注程度来组织的，它是一套知识体系及其传授方式，往往基于一个确立的教学大纲，其中规定了学习目标、主题和评分标准。这包括决定

---

① Fraser S, Bhaumik S & Wright M. "What Do We Know About the Relationship Between Entrepreneurial Finance and Growth," UK: Enterprise Research Center (ERC), 2013.

在课程中使用哪些材料和案例、练习材料的选择、教学方式、相关概念和知识传递机制等。创业知识主要在课程中集成，不同的教育产品也有不同的侧重，比如，有较为普遍的创业入门课程创业导论，也有比较细化的创业管理、风险评估、企业融资、并购、技术转移、版权法律等；有聚焦于某一领域的专业课程，如医疗行业创业、生物制药学、机器人与编程、自媒体创业课程、新材料开发、电子游戏设计等；也有大量的实训课程及实践项目可供受教育者选择，如企业实习、研究机构科研训练等，都属于更为广泛的教育产品范畴。

创业研究也是创业教育系统中的重要一环，可分为理论研究与应用研究。理论研究可能包含多组织参与背景下出现的创业机会、新经济活动相关的行为者、行动、资源、环境影响和成果、创业教育成效、教学法研究等。[①] 应用研究往往有比较明确的目的，或是带有委托属性，通常拥有对应的客户，可能包含新技术与新材料的开发，算法或软件的开发设计、研究团体积累的理论、知识、方法和技术的市场化转型，以及成熟的商品或服务等，知识与技术的商品化是创业教育中成果转换的关键。

在创业教育快速发展的当下，不少高校或地区也构建了理论与实践结合的"产学研"模式，在常规的教育过程中积极融合实践应用的教学方法，与资深的创业专家或成功的企业家共同引领课堂教学，同时建立与企业的良性互动模式，能为高校的创业教育提供资金支持，用于创新人才的培养以及科研项目的商品化转型，持续为企业提供创新力量。

3. 学生社团和各类活动

社团或俱乐部在创业教育过程中是十分关键的补充，社团通过组织各类线下或线上活动，支持创业氛围的营造与创业精神的发扬，同时为学生和各部门与各类型资源之间建立联系。一些创业型社团是由喜欢创业、极具创业精神的学生们自发组织并建设的，有一些则由学校带领创建、统筹管理。例如，剑桥大学创业社团（CUE）每年都会为学生组织商业活动和企业活动，并提供培训机会，是学生活动的中心，也是大学创业教育系统的关键部分。而麻省理工学院更是有多个商业俱乐部，这些俱乐部通过发起或参与各种创业

---

① Brush C G. "Exploring the Concept of an Entrepreneurship Dducation Ecosystem，" Innovative Pathways For University Entrepreneurship in the 21st Century. *Emerald Group Publishing Limited*，2014，pp. 25-39.

教育活动和实践项目参与到整个创业系统中，如创业者俱乐部、斯隆创新创业俱乐部、尖端技术俱乐部等，大部分俱乐部都是由学生自主发起并组织运营，麻省理工学院官方的创业中心也会提供活动空间与办公区域，以更好地扶持俱乐部的发展。

创业大赛是创业教育中重要的组成部分，在许多国家、地区、高校的创业教育系统中，创业大赛甚至作为全校乃至全国的王牌活动，如麻省理工学院的"十万美金创业大赛"、哈佛大学的"商学院商业计划竞赛"、俄勒冈大学的"创业冠军赛"等，都已经举办了数十年。创业比赛是学生实现创业想法、建立资源联系、实践创业思路的一次机会，通过竞赛的方式最终角逐出最有商业价值或创意的创业团队，获胜者能够得到丰厚的大赛奖励，如最为直接的创业基金支持。这些资金可能来自大学自身，也可能来自企业赞助或慈善机构提供。奖励还可能包括资深创业专家或企业家的咨询建议与资源分享、社交媒体的广泛宣传、技术转移部门的支持等。

其他课外活动同样也是创业教育体系的重要组成部分，通过促进企业家、产业界、社会组织与学生之间共同参与的各类交流活动，如创业日、创业分享会、演讲与论坛、技术会议、商业讲习班等，实现创业精神的传播，创业知识的交流以及资源的联结。

(三)综合要素

1. 创业教育支持组织

创业的支持机制可以由大学内部与外部的各类支持者参与。大学内部的参与者包括研究人员与学术成果商业化的管理人员、大学创业中心或其他研究中心。这些中心与支持创业教育的各行业部门紧密合作。在大学内部，技术转移办公室积极为学生和教师提供知识转移支持，致力于将创业项目或技术成果商业化并得到较好的投资回报，也会积极地寻找外部支持并建立更好的合作关系，支持学生或教师们创建附属企业。一些商学院也开始与技术转移办公室合作，有针对性地进行商业项目开发与知识商品化行动。

大学的创业中心是高校创业教育系统的关键机构，致力于为学生提供多样化的创业教育，教授创新创业所需要的各种技能、知识，同时联系产业界、政府、校内组织等各机构，尽可能地提供创业所需要的资源和服务。

大学慈善事业发展官员可以发挥进一步的支持作用，其职能是通过校友和其他联系人争取捐赠或依托项目投资吸引资金。在这个过程中，大学慈善事业发展官员需要进一步加强与创业生态系统中的其他部分的联合，在捐赠上也有不同的存在形式，可能是直接的捐款，也可以是特定研究的研究经费，甚至是针对学生创业的种子基金、奖学金，等等。

外部支持则包括国家和各地区的公司、基金会和公共部门机构，如知识产权公司、法律顾问机构。如上所述，企业可以在赞助奖项和商业竞赛方面提供支持，并以校友或兼职教授的身份在内部和外部环境之间架起桥梁，他们作为常驻企业家或创业教育导师为初创企业和商业计划助力。知识产权公司负责处理在创业过程中可能引起的产权纠纷问题，为高校创新创业成果相关的知识产权申请与专利保护提供帮助，并可能在法律教育上进一步补充高校的创业教育体系，如在知识产权课程中对专利法、商标法等内容进行强调。法律顾问团或创业法律支持机构则会为高校创业过程中的法律风险进行预防、评估和危机处理。

创业过程中可能会产生多种法律风险，比如，创业者行动是否符合民事法律规范，初创企业的管理制度及金融方案是否健全，以及可能涉及的国家法律、行政法律、地方性法律等一系列法律风险，都是在创业过程中需要特别注意及预防的。

2. 加速器与孵化器

创业教育鼓励受教育者创办自己的事业，从早期创业想法的产生，到正式成立一个初创企业乃至进一步在市场中站稳脚跟，这个过程中孵化器与加速器都是重要的支撑。孵化器随着时间的推移，逐渐从主要侧重于提供办公空间和内部业务支持，发展到提供创业的一系列服务和资源，包括创业教育辅导、公司行政代理、协助评估不同的市场机会、知识密集型服务技术支持、培训咨询、产品开发、创业资金募集、企业网络整合等，在不同类型的孵化器模型中，创业教育系统内的孵化器的主要职能是促进技术的商业化[①]，但所有孵化器的本质是一种为初创企业提供量身定制的一系列企业支持服务和资源，目的是降低创业的成本和风险，帮助企业创建、生存和度过早期阶段，往往关注的是企业"从无到有"的问题。

加速器则是针对前一代孵化模型的缺点而出现的组织，是一种高级的孵

---

① Barbero J L, Casillas J C & Wright M, et al. "Do Different Types of Incubators Produce Different Types of Innovations?" *The Journal of Technology Transfer*, 2014, 39 (2), pp. 151-168.

化器形态，其目的在于短时间内的密集孵化服务，重点是教育和指导，帮助企业突破发展瓶颈，促进企业的快速成长。[①] 其本质上是为具有较好发展潜力的企业提供短期的企业加速发展支持，关注的是企业如何"由小变大"。

孵化器和加速器有助于进一步塑造商业理念，并确定投资者和潜在的市场。孵化器和加速器可以是公有的，也可以是私人的；可能是大学的一部分，又或者与企业界有着密切的联系。但一般来说，孵化器往往采取非营利化的经营方式，由政府机构、学术机构、大学主导，运营资金主要来自高校、政府的财政支持或赞助；加速器则一般由创业投资公司和大型企业进行主导，拥有营利企业实体和风险投资诉求，旨在为目标客户提供更高端的专业化服务。

二、高校创新创业教育生态系统的特征

一个功能完善、运转良好的生态系统，其物质、能量和信息在不同要素之间的流动和转化必然是流畅有序的。同时，组成创业教育生态系统的种种要素，共同呈现出一种互利共生、协同发展的良性状态，并且具备如下一些关键特征。

(一)创业教育生态系统的分层性

传统的生态系统理论曾将整个生态系统结构分成了由小到大的不同层级，如微观系统、中间系统、外层系统、宏观系统。纵观本研究中所涉及的国家和地区所形成的创新创业教育生态系统，无不具有这样的分层特征。例如，新加坡的南洋科技创业中心，其创业教育生态系统也同样在结构上具有分层性的特征：微观层级，由直接参与到创业教育实施过程中的基础性要素组成，如受教育者、中心导师团队、相关机构的科研人员、创业课程体系、校内外实践平台与硬件设施等；中间层级，则由对微观层级各要素进行管理、规划、调控的创业教育要素组成，如创业教育机构、技术转移办公室、政府管理部门等；宏观层级则进一步对下位层级进行宏观上的规范、调控、支持，处于最高的统筹主导地位，包括国家政策、社会风气、企业界要素等。而一个运行良好的创业教育生态系统，信息、人力资本、资源等在不同层级之间上下

① Pauwels C, Clarysse B & Wright M, et al. "Understanding a New Generation Incubation Model: The Accelerator," Technovation, 2016, (50), pp.13-24.

互通，流畅传递。

(二)创业教育生态系统的开放性

在较为完善的创业教育生态系统中，系统内部各组成要素之间呈现一种开放流通的状态，信息、物质、能量等在这样开放的系统中能够进行充分的交换。与此同时，创业教育生态系统与其上位的创业生态系统中的其他子系统，如资本市场、融资途径、文化与社会规范等，也存在着上述互通关系。许多国家和地区的创业中心，已经逐步构建与投资界、产业集群、政府相关部门、海内外科研教育机构等协同发展、交换互通的交互模式，无论是创业者、科技人员、风险投资人、教育工作者等人力资本，还是创业信息、创业能量，都在打破传统教育体系中知识与人力资本在传播与流动上的瓶颈，在更加开放自由的系统中共同参与到创业教育活动中来。

(三)创业教育生态系统的复杂性

创业教育作为一项复杂的教育活动，需要多方共同参与，相互协作。整个创业教育生态系统也同样是复杂的，参与角色具有复杂性，课程体系、导师团队、政府政策、社区文化、技术转移、企业对接等都包含在创业教育生态中。与此同时，各要素在活动开展、价值取向、行为模式等方面也各不相同，但彼此之间相互依存、相互影响，呈现复杂的耦合关系，这样的耦合关系也使得其中一种要素发生改变时，整个生态中会产生一系列连锁反应，这样复杂的特性使得创业教育生态系统往往处在一种动态平衡中，在不同的外界环境与内生环境的影响下协调演化。不仅如此，创业教育生态系统中每个要素的角色定位并非一成不变。例如，新加坡南洋科技大学的技术创业与创新计划协会，原先是消费要素的创新与创业教育硕士项目的学员在毕业后逐渐积累了丰富的商业实战经验与行业资源后，又成为转换要素为年青一代的受教育者传递更多创业相关的信息与机会，共同为构建可持续的创业教育生态助力。

三、对中国创新创业教育体系建设的启示和建议

2015年，《国务院办公厅关于深化高等学校创新创业教育改革的实施意见》发布，确立了到2020年建立健全高校创新创业教育体系、全面普及创新

创业教育的总体目标。但目前来看，国内与创业教育相关的组织机构的健全度普遍较低，许多高校甚至还未建立自己的创业中心、技术转移机构、创业项目孵化器。不仅如此，参与到创业教育的教师团队，大多仅限于校内的教师或行政工作者，少有真正具备丰富实战经验的商界人士。通过前文对不同国家和地区创新创业教育生态系统的分析与阐述，可以了解一个较为完善的创业教育生态系统应该包含哪些关键要素，同时也明晰了不同要素的生态角色与具体职能，比较深入地了解了国际上成熟的高校创业教育体系的主要特征，为中国高校创业教育的改革和发展提供镜鉴。据此，对于中国在构建完善创业教育体系的追求，可以从以下几个方面做出进一步努力。

(一)健全创业教育课程体系与师资力量

作为创业教育生态系统的核心，优质的第一类要素是重中之重。通过前文对不同国家高校创新创业教育课程与培训项目的完整展现，我们不难发现其不仅有针对本科生的创业导论选修课、创业辅修系列课程，还有完全模拟创业周期的创业与创新硕士项目。不仅如此，一些高校开设的一系列创业素养发展项目、考夫曼创业快捷课程等也满足了社会学习者的不同需求，无论是已经走上创业之路的企业家，还是科研人员、商业人士、政府工作者，不同学科、不同职业、不同文化背景、不同国家与地区的人都可以在这里得到优质的创业教育。与此同时，美国、英国、丹麦、新加坡等国家高校创新创业教育中所展现的教育方法与教学理念也值得我们参考，如制度化学习与体验式学习相结合，全球环境下的浸入式培训，角色扮演、实战演练等交互式学习手段，创业 4P 教学理念［目标（Purpose）、激情（Passion）、毅力（Perseverance）和原则（Principles）］，以及软实力创新、设计思维、创新战略管理等国际最新创业教学理念的运用等。中国未来的创新创业教育可以以此为范例，扩展原先较为单一狭隘的课程体系，并引入国际上更为先进且更有效的创业教育方法与教学理念。

师资方面，一般而言，在创新创业教育方面成功的高校通常都组建了跨领域、跨界合作的完善创业教育导师团队。这样的团队包含了专业的创新与创业教育专家，卓越的企业家、创新者，以及知识产权律师、风险投资家、私人投资者等商界人士，甚至是政府相关机构专员。高校把不同专长与能力背景的师资力量聚在一起，共同培养具有 21 世纪卓越全球竞争力的科技公司和相关人才。这对于我国培育创新创业型人才，构建更加全面的创业教育团队同样重要，我们也需要将具备不同领域特长的优秀教育人才聚集起来，而不应局限于高校内的教育力量。

(二)完善创业教育的组织机构建设

完善的创业教育生态系统绝非仅有高校这一个组织结构，对于中国追求"人才、资本、技术、知识自由流动，企业、科研院所、高等学校协同创新"的发展目标，构建各要素之间流通的桥梁十分必要。例如，在美国、英国、日本等国的高校创新创业教育生态系统中，高校内部的创业中心、创业孵化器、技术转移办公室、与社会企业合作构建的创业实践中心、国家级的创业教育扶持机构，都是未来中国可以着重建设并完善的硬件条件，这些机构与组织将在整个创业教育生态中提供必备的知识技能培养、科学技术转移、人力与物质资本流动等重要资源，各自履行自身关键职能的同时参与到创业教育这一主体链条中，保障整个生态内信息流、能量流、物质流的自由互通，并维持创业教育生态系统各要素之间共生共赢的良性平衡状态。

(三)培育有利于创业教育的环境氛围

创业教育生态系统中的各角色都是在共同的环境下生存的，为了创业教育生态各要素都能更加全面且可持续地发展，中国也应该加大在教育环境与社会风气建设上的推动力。在宏观层面，促进创新创业的经济与教育方针的推动不仅要与时俱进，更要落到实处，除加强创新型产业的研发以外，更应该关注如何更有效地将科技成果转移成创新与创业活动。与此同时，中国还需要更进一步加强在创新创业人才上的培养力度，不仅专注于高等教育，更是可以从整个教育体系进行文化与意识上的培养，并且从宏观建设上完善扶持创业教育的组织机构，共同搭建各级合作的创业教育生态圈。高校内部应该更多样的发展创业相关的活动。例如，新加坡南洋科技创业中心的创业创新文化节、各类商业挑战赛及创业论坛等，都是值得效仿或参考的活动案例。高校也可以积极与企业界展开合作，共同扶持创新创业文化，传播、鼓励创业精神，开展各项与创业相关的活动，等等。

主要参考文献

中文文献

[1]陈红喜.基于三螺旋理论的政产学研合作模式与机制研究[J].科技进步与对策，2009，26(24).

[2]陈江.日本高校创业教育：历史演进、发展特征和经验启示[J].现代教育科学，2017(1).

[3]陈孟博.韩国创业教育对我国高校素质教育的启示[J].郑州牧业工程高等专科学校学报，2014，34(3).

[4]陈婷.中韩大学生创业教育比较研究[D].沈阳：沈阳师范大学，2015.

[5]陈雁，符崖，陈晔，等.国外高校创业教育模式与中国高校创业教育的思考[J].创新与创业教育，2015，6(1).

[6]谢丽丽.二十一世纪日本高校的创业教育及其启示[J].职教论坛，2011(7).

[7]范新民.创业与创新教育：新加坡高校教育成功的启示[J].河北师范大学学报(教育科学版)，2014，16(2).

[8]范旭，方一兵.区域创新系统中高校与政府和企业互动的五种典型模式[J].中国科技论坛，2004(1).

[9]韩建华.英国高校创业教育研究[D].石家庄：河北师范大学，2011.

[10]郝杰，吴爱华，侯永峰.美国创新创业教育体系的建设与启示[J].高等工程教育研究，2016(2).

[11]何郁冰，周子琰.慕尼黑工业大学创业教育生态系统建设及启示[J].科学学与科学技术管理，2015，36(10).

[12]胡立强.英国大学生创业教育的特色与挑战探析[J].职业教育研究，2014(9).

[13]胡瑞.传统伦理与世俗消解：英国高校创业教育发展及启示[J].中国高教研究，2013(1).

[14]黄爱珍.美英日创业教育模式的比较及对我国的启示[D].南昌：江西财经大学，2012.

[15]黄兆信，张中秋，赵国靖，等.英国高校创业教育的现状、特色及启示[J].华东师范大学学报(教育科学版)，2016，34(2).

[16]蒋将.日本《青年自立·挑战计划》的研究及启示[J].职教论坛,2007
(1).

[17]金丽.英国高校创业教育探究[D].长春:东北师范大学,2009.

[18]李鹏飞.新加坡高校创业教育特点与启示[J].南京理工大学学报(社会科
学版),2009,22(4).

[19]李世超,苏竣.大学变革的趋势:从研究型大学到创业型大学[J].科学
学研究,2006(4).

[20]李卫东.大学组织行为发生机制的理论分析框架[J].清华大学教育研究,
2015,36(2).

[21]李艳霞.组织生态学视角下的大学跨学科团队成长机制研究[D].哈尔
滨:哈尔滨工业大学,2016.

[22]李志永.日本高校创业教育[M].杭州:浙江教育出版社,2010.

[23]林仕岛,李汶锦,刘思雨,等.新加坡高校创业教育机制模式及其路径
研究:以南洋理工大学为例[J].海南广播电视大学学报,2015,16(2).

[24]刘海滨.高校创业教育生态系统构建策略研究[J].中国高教研究,2018
(2).

[25]刘莉萍.日本和新加坡创业教育比较研究及启示[J].工业和信息化教育,
2015(2).

[26]刘林青,夏清华,周潞.创业型大学的创业生态系统初探:以麻省理工
学院为例[J].高等教育研究,2009,30(3).

[27]刘敏.法国创业教育研究及启示[J].比较教育研究,2010,32(10).

[28]刘曙光,徐树建.区域创新系统研究的国际进展综述[J].中国科技论坛,
2002(5).

[29]刘智慧.大学生创业教育现状及对策研究[D].合肥:合肥工业大
学,2015.

[30]柳岸.我国科技成果转化的三螺旋模式研究:以中国科学院为例[J].科
学学研究,2011,29(8).

[31]罗国锋,王金玲,周超.五所世界名校创业教育体系的经验与启示[J].
创新与创业教育,2013,4(2).

[32]罗志敏,夏人青.欧美发达国家创业教育发展新动向[J].高等工程教育
研究,2013(2).

[33]梅伟惠,陈悦.美国高校创业教育新纪元:"创业美国计划"的出台、实

施与特点[J]. 高等工程教育研究，2015(4).

[34]梅伟惠. 美国高校创业教育模式研究[J]. 比较教育研究，2008(5).

[35]潘燕萍. 从"自上而下"向"创业本质"的回归：以日本的创新创业教育为
例[J]. 高教探索，2016(8).

[36]庞世佳，蒋春洋，高云. 日本高校创新创业教育的剖析与借鉴[J]. 高教
学刊，2015(21).

[37]齐崇旭. 浅谈国内外大学生创新创业教育发展现状[J]. 现代经济信息，
2016(18).

[38]任胜钢，陈凤梅. 国外区域创新系统研究新进展[J]. 外国经济与管理，
2006(4).

[39]尚洪涛. 借鉴英国经验构建我国高校创业教育模式[J]. 中国电力教育，
2009(24).

[40]沈东华. 美国高校创业教育课程设置及其启示[J]. 中国高教研究，2014
(11).

[41]沈雁. 丹麦创业教育政策探析[J]. 高等工程教育研究，2011(3).

[42]沈雁. 丹麦大学创业教育模式研究：以哥本哈根商学院为例[J]. 高等工
程教育研究，2015(3).

[43]施永川，王佳桐. 韩国高校创业教育发展的动因、现状及对我国的启示
[J]. 华东师范大学学报(教育科学版)，2019，37(1).

[44]孙龙. 韩国高校校企合作模式新发展[J]. 考试周刊，2016(77).

[45]唐华. 高新技术产业集群创新系统的构建[J]. 财经科学，2004(6).

[46]田玉敏. 国外高校创新创业教育的理念、模式与路径[J]. 中国国情国力，
2016(4).

[47]王晶晶，姚飞，周鑫，等. 全球著名商学院创业教育比较及其启示[J].
高等教育研究，2011，32(7).

[48]王志强. 一体与多元：欧盟创业教育的发展趋势及其启示[J]. 教育研究，
2014，35(4).

[49]吴敏. 基于三螺旋模型理论的区域创新系统研究[J]. 中国科技论坛，
2006(1).

[50]徐世平，史贤华. 国外高校创新创业教育研究述评：兼论我国高校创新
创业教育的路径探索[J]. 曲靖师范学院学报，2016，35(2).

[51]徐小洲，胡瑞. 英国高校创业教育新政策述评[J]. 比较教育研究，2010，

32(7).

[52]闫佳祺，关晓丽．美国、英国和日本高校创新创业体系的多案例研究及启示[J]．当代教育科学，2015(21).

[53]杨玉兰．美国研究型大学创业教育课程设置探析：基于三所大学的实证研究[J]．现代教育管理，2014(2).

[54]杨哲，张慧妍，徐慧．韩国高校科技成果转化研究：以"产学研合作基金会"为例[J]．中国高校科技，2012(11).

[55]叶维．美国创新创业教育课程组织的模式分析：以百森商学院、斯坦福大学、密苏里大学为例[J]．重庆广播电视大学学报，2017，29(2).

[56]于璐．英国大学创业教育课程研究[D]．沈阳：辽宁师范大学，2015.

[57]于苗．对日本高校创新创业教育的分析与借鉴[J]．安徽文学（下半月），2016(5).

[58]张冰，白华．"高校创新创业教育"概念之辨[J]．高教探索，2014(3).

[59]张昊民，陈虹，马君．日本创业教育的演进、经典案例及启示[J]．比较教育研究，2012，34(11).

[60]张昊民，郭敏，马君．新加坡创业教育的国际化策略[J]．创新与创业教育，2013，4(1).

[61]张会亮．牛津大学赛德商学院创业教育探析[J]．外国教育研究，2008，35(11).

[62]张力玮．法国创业教育发展历程和政策举措[J]．世界教育信息，2016，29(9).

[63]张丽慧．英国高校创业教育模式研究[D]．天津：天津师范大学，2016.

[64]张琼，陈颖，张琳，等．新加坡南洋理工大学与国内高校创新创业教育的异同探析[J]．电子科技大学学报（社科版），2017，19(3).

[65]朱春楠．韩国高校创业教育动因及特色分析[J]．外国教育研究，2012，39(8).

[66]卓泽林，王志强．构建全球化知识企业：新加坡国立大学创新创业策略研究及启示[J]．比较教育研究，2016，38(1).

[67]邹瑞睿．新加坡大学生创新创业教育特色及其启示[J]．合作经济与科技，2017(9).

[68]邹晓东，陈汉聪．创业型大学：概念内涵、组织特征与实践路径[J]．高等工程教育研究，2011(3).

英文文献

［1］Wahid A，Ibrahim A，Hashim N B. The review of teaching and learning on entrepreneurship education in institution of higher learning［J］. Journal of technical and Vocational Education，2016，1(2).

［2］Brush C G. Exploring the Concept of an Entrepreneurship Education Ecosystem［M］. Emerald Group Publishing Limited，2014.

［3］Eesley C E，Miller W F. Impact：Stanford University's Economic Impact via Innovation and Entrepreneurship［R］. 2012：60-79.

［4］Chell，Review of skill and the entrepreneurial process［J］. International Journal of Entrepreneurial Behaviour and Research. 2013，19(1)：6-31.

［5］Chiu R. Entrepreneurship education in the Nordic countries-strategy implementation and good practices［M］. Nordic Council of Ministers，2013：46.

［6］Danish Agency for Science，Technology and Innovation. Strategy for Education and Training in Entrepreneurship［R］. Copenhagen：2009.

［7］Department for Innovation，Universities & Skills. Innovation Nation［R］. 2008.

［8］Department for Innovation，Universities & Skills，Entrepreneurship Skills：literature and policy review［R］. 2015.

［9］Ebbers I，Mikkelsen K. University of Southern Denmark：IDEA Centre for Promoting Entrepreneurship Education across the University［M］//Entrepreneurship Education at Universities. Springer International Publishing，2017：51-75.

［10］Edward B. Roberts and Charles E. Eesley. Entrepreneurial Impact：The Role of MIT — An Updated Report［R］. 2011：51-82.

［11］Etzkowitz H，Webster A，Gebhardt C. The future of the university and the university of the future：Evolution of ivory tower to entrepreneurial paradigm［J］. Research Policy 29，no. 2：313 30. EY. The EY G20 Entrepreneurship Barometer 2013［R］. US：EY，2013：2-5，7.

［12］Haggard S，Low L. State，Politics，and Business in Singapore，in：Terence Edmund Gomez Political Business in East Asia，pp. 301-323，2011.

［13］Turner C H. Teaching innovation and entrepreneurship：Building on the Singapore experiment［D］. Cambridge：Cambridge University Press，

2009.

[14] Henry C, Hill F, Leitch C. Entrepreneurship Education and Training: Can Entrepreneurship Be Taught? [J]. Part 1. Education and Training, 2005, 47(2).

[15] Bischoff K. University of Cambridge, United Kingdom: Persistently Innovating Entrepreneurship Education Models [R]. sepHE Case Study-University of Cambridge v2.1, 2015.

[16] Lee H L. 2010. Speech by Prime Minister Lee Hsien Loong at the Research. Innovation and Enterprise Council's press conference[R]. Singapore: 2010.

[17] Low L. Entrepreneurship Development in Ireland and Singapore[J]. Journal of the Asia Pacific Economy, 2005, 10(1).

[18] Walport M. Strengthening entrepreneurship education to boost growth, jobs and productivity[R]. Council For Science and Technology, 2016

[19] Nanyang Technological University (NTU). Nanyang Technological University annual report (various years)[R]. Singapore: 2008.

[20] Naomi Williamson, Shane Beadle, Enterprise Education Impact in Higher Education and Further Education[R]. Department for Business, Innovation and Skills, 2013.

[21] OECD(2008), Entrepreneurship Review of Denmark, OECD Publishing, Paris.

[22] Pak Tee Ng. The Quest for Innovation and Entrepreneurship in Singapore: Strategies and Challenges[J]. Globalisation, Societies and Education. 2012, 10(3).

[23] PG Greene, CG Brush, EJ Eisenman, H Neck, S Perkins. Entrepreneurship Education: A Global Consideration From Practice to Policy Around the World[D]. 2015: 69-78.

[24] U. S. Department of Commerce. The Innovative and Entrepreneurial University: Higher Education, Innovation & Entrepreneurship in Focus [R]. Washington: 2013.

[25] Wright M, Clarysse B, Lockett A. Venture Capital and University Spinouts[J]. Research Policy. 2006, 35(4).

法文文献

Olivia Chambard. La Promotion de l'Entrepreneuriat dans l'Enseignement Supérieur. Les Enjeux d'une Création Lexicale[J]. Mots. Les langages du politique，2013(2)：103-120.

日文文献

[1]アントレプレナー教育研究会．起業家精神を有する人材輩出に向けて．日本：通商産業省新規産業課，1998：3-4.

[2]南方建明．大阪商業大学における起業教育．日本：起业教育研究会，2011：4.

[3]日本経済産業省.「大学院起業家教育データベース」はじめました.日本：経済産業政策局新規産業室，2009(4)：3.

[4]小樽商科大学大学院商学研究科．小樽商科大学大学院ビジネススクール案内．小樽：小樽商科大学，2011：3-9.

[5]中小企業庁編.2007年度版中小企業施策利用ガイドブック.2007：3-4.

韩文文献

[1]In Soo Choe，Hwa Sun Lee，Gun Hee Lee，等．国内大学创新课程现况及内容分析：以前30位大学为对象．韩国教育过程学会(教育过程研究)，2012，30(2)：179-199.

[2]Jang Ji-hyun. 大学水平对培养大学生创业的影响分析：影响因素分析及今后对策．韩国公共行政学会(韩国公共行政学报)，2016，30(2)：205-231.

[3]Jeong Hwa Kang. 振兴产学合作教育过程的考察．数字政策研究(韩国数字政策学会)，2011，9(3)：261-271.

[4]Ji Seon Jung. 支持产学合作效率化方案研究：以人力养成型产学合作支持事业为中心．韩国职业能力开发院研研讨会，2007：179.

[5]Mi Sook Oh. 对四年制大学旅游管理专业的专业教育过程特性的探索性研究．旅游学研究，2010，34(5)：111-130.